蘇州文藝評論

夏湖

苏州市文学艺术界联合会　苏州市文艺评论家协会 主办

朱栋霖　主编

文匯出版社

以历史的名义

卷首语

朱栋霖

生机勃勃、精芜并存的中国文艺向何处去？当代文化大师、艺术经典、新人新作从何产生？世纪命题正挑战我们的智慧与思维。

因应这个文化挑战，苏州文联推出了一系列激励精品新人的计划，并且以苏州历史文化名人命名。有文学“叶圣陶奖”、美术“沈周奖”、美术新人新作“唐寅奖”、书法“张旭奖”、评弹“马如飞奖”、民间文学“冯梦龙奖”、工艺美术“子冈奖”、文艺评论“金圣叹奖”等。历史上，明清两代苏州文艺独领风骚，在文学、美术、书法、戏曲、曲艺、工艺百巧、园林艺术等领域开创一代艺术，奠定了明清五百年中国艺术的道路。沈周、唐寅是开一代画风的明代吴门画派领袖，唐代张旭被称为“书圣”，马如飞是苏州评弹开创大师，冯梦龙以“三言”吴歌成就中国通俗文学第一人，金圣叹以才子书评点在中国文艺评论史独占鳌头，陆子冈玉雕无人匹敌，叶圣陶是从苏州走出去的五四文学名家。历史也是资源，历史的辉煌激励今人创造新的辉煌。

2015 年第二届苏州文艺评论“金圣叹奖”揭晓。著名学者范伯群以三十年通俗文学研究成就获本届荣誉奖，周良的《苏州评话弹词艺术概论》以探讨评弹叙述的新内容获一等奖。获一等奖的还有林家治、缪智、周新月、潘讯。缪智的理论思考富有高度，周新月的吴门篆刻研究素以严谨扎实著称，年轻的潘讯撰写评弹艺术家克服了资料匮乏的困难。尤需提出的是林家治三十多年来孜孜不倦专治吴门画派。他并非来自专业研究界，他是美术研究界的“票友”，他完成了《仇英研究》《明四大家研究与艺术鉴赏》《吴门画派研究词文精粹》《吴门画派主要成员活动年表》等，吴门画派研究成果累累。此次获一等奖的作品《吴门画派研究论文选集》汇集其主要学术思考。林家治、周新月的成就令我们期待更多学术名家诞生，而苏州文化史上，文学、美术、书法、戏曲、曲艺、工艺、园林都留有许多学术空间期待开掘探讨。

第六届鲁迅文学奖引起人们关注，苏州一位作家、一位理论家摘冠，也可称不负苏州辉煌历史文化的厚望。幽居于乡村的叶弥，以《香炉山》充满诗意与人性深度的探索获得短篇小说奖。作品构思精巧，文字细腻，叙述流畅，富于艺术张力。女主人公夜游香炉山时与陌生男子的相遇，也是一颗戒心与一颗爱心的邂逅。叶弥以灵动的笔法，挖掘丰富而幽深的女性内心世界，以不着痕迹的浮世情怀，叩问人性深处的奥秘。伴随着香炉山上的那轮明月和传说中的神灯的升降，女主人公紧闭的心扉逐渐敞开，其中蕴藏着作者对人性的温暖而美好的期待。

获得本届理论奖的鲁枢元教授，曾以文艺心理学探讨在新时期文坛引人注目。本世纪初从海南大学来东吴园任教，成为我的同事。近年来他开拓生态美学，这是一门前沿学科，我也不时读到他赠我的新著。《陶渊明的幽灵》思考深邃、学识丰赡，是关于陶渊明的当下解读。全书视野宏阔，将古典情怀与前沿问题相融合，跨学科、跨国度地阐释一位古代诗人，提出了“自然浪漫主义”的概念，致力于开辟生态美学、生态文学、生态批评的新视域，是对“人与自然”关系的重建寻求一份东方式的解答。

本书连续两年特设鲁迅文学奖苏州得主专版。2014 版为叶弥专辑，2015 版为鲁枢元专辑。有专题访谈、名家评论、获奖者自述，值得一读。

目　录

卷首语　朱栋霖

苏州市文学艺术界培育和践行社会主义核心价值观、向文学艺术高峰迈进座谈会书面发言选登

中国文联第七届当代文艺论坛苏州子论坛专辑

23　第九届中国文联文艺评论奖颁奖、第七届当代中国文艺论坛同期举办

28　文艺：方向与责任的苏州实践　成从武　王伟林　缪　智

38　核心价值观视野下苏州当代美术创作的思考　李超德

44　杨守松的“昆曲之路”——评长篇报告文学《大美昆曲》　庄　吉

59　市井风情里的“世俗人生”——中国当代文学中的“苏州书写”　曾一果

86　试论江南山水画风的历史传承与发展　戴云亮

98　略谈当前昆剧折子戏恢复的原则与策略　王　宁　付少武

107　自觉担当历史使命　振兴地方戏曲艺术——县级市如何做好地方戏的保护和传承　朱利华

116　与大众文化共舞　谋求苏州文艺新发展——以苏州微电影创作为例　陈卫萍
125　刍议当代文艺评论者的“三维”与“尺度”　胡笑梅

133　提升评论水平　引领创作方向 ——苏州市第二届金圣叹文艺评论奖颁奖座谈会召开
135　苏州市第二届金圣叹文艺评论奖获奖名单

第六届鲁迅文学奖苏州获奖评论家鲁枢元评论专辑

139　第六届鲁迅文学奖授奖词　鲁枢元
141　鲁枢元的获奖感言　鲁枢元
144　传统文化是民族精神之根——撰写《陶渊明的幽灵》的点滴体会　鲁枢元
152　生态文学创作更要关注弱势群体　鲁枢元
157　突破与路径——评鲁枢元《陶渊明的幽灵》　吴秉杰
166　做精神自由、学术独立的学者——记第六届“鲁迅文学奖”得主鲁枢元教授　胡艳秋
179　鲁枢元的生态批评空间——鲁枢元教授访谈录　李金来

吴门谈艺

拙政园里文人画

190 我仰望遥远的星空 贺 野

194 名园雅集 徐惠泉

196 平行世界的水墨游戏 林 舟

202 说起文人画 车前子

204 以笔墨舞之蹈之 荆 歌

206 朋友聚聚 陶文瑜

210 兴致尽了，就回家——吴地文人画杂议 朱文颖

217 文人 亦 然

219 读夏回 薛亦然

224 航拍需要高度——捕捉民航客机舷窗外的风光 陈曙光

233 雄强朴茂　神气充沛——关中陶文及其他 周联一

文学时空

青年评论家专辑

240　青春一梦留痕——评尼楠的《仲夏之梦》　张　颖
248　“在黑夜中的治孤战里”——论苏野的“拟古诗”创作　杨　隐
261　谦逊的自我——臧北诗歌印象　思不群
274　倒淌的河流——关于吴苏娟的纪实写作　朱红梅
282　幸福的阐释与阐释的幸福——徐玲作品印象　胡笑梅

292　许瘦蝶文学创作　许　霆
306　抉微钩沉　探幽发隐——评黄恽新著《缘来如此》　孙中旺

苏州市文学艺术界培育和践行社会主义核心价值观、向文学艺术高峰迈进座谈会书面发言选登

市作家协会主席　王　尧：

文学历来是文化的重要组成部分，在审美和精神层面上承担着文化建设的重任。以社会主义核心价值观引领文学创作，是推动社会主义文艺大发展、大繁荣的必由之路。在文化转型之后，社会日趋多元和多样，核心价值观的主导作用也就显得尤为重要。核心价值观的内涵也体现了作家的精神高度、思想内涵，以及影响文学的审美境界。在践行社会主义核心价值观的过程中，文学以其独特的魅力发挥着不可替代的作用。苏州市的文学创作有着优良的传统，改革开放以来更是取得了突出的成就，在塑造文化苏州、丰富人民群众的精神生活等方面做出了积极的贡献。苏州作家既尊重创作规律，又唱响主旋律，形成了践行社会主义核心价值观的扎实基础。近年来在“五个一工程”奖、“鲁迅文学奖”的评审中取得了骄人的成绩，形成了以社会主义核心价值观引领文学创作的良好氛围。

市戏剧家协会主席　王　芳：

习近平总书记提出：牢固的核心价值观都有其固有的根本，培育和弘扬社会主义核心价值观必须立足中华民族优秀传统文化，抛弃传统、丢掉根本就等于隔断了自己的精神命脉。

中华文明五千年悠久历史孕育了无数优秀的文艺作品，而昆曲就是中国优秀传统文化宝库中一颗璀璨的明珠。大量的优秀剧目传承和发扬了中华民族传统的精神命脉和核心价值观：忠孝节义、敬老爱幼、惩恶扬善、坚贞不渝。杜丽娘为爱一往情深，为爱可以死去，又因爱得以重生，汤显祖浪漫主义的生花妙笔，让多少少男少女被杜丽娘的坚贞爱情所感动，这也不正是对今天那些闪婚闪离、脆如薄纸的爱情观一个深刻的鞭挞和批判吗？元曲《荆钗记》中所描写的温州已婚的穷书生王十朋高中状元，但对万丞相施加淫威欲强逼入赘为婿的荒唐行径严词拒绝，他高唱“糟糠之妻不下堂、贫贱之交不可忘”的凛然大义不正传递了“富贵不能淫、威武不能屈”的高洁情怀吗？如此风范，难道不值得今人去学习去尊崇吗？

作为一个文艺工作者，几十年来受党的培养和厚爱，理应做社会主义核心价值观的忠实践行者、宣传者、弘扬者。德艺双馨的标杆是所有文艺工作者所追求的目标，有德无艺不能创造出优秀的艺术作品，有艺无德只是一个可怜的没有灵魂的所谓机器。只有德艺双馨才能更好地为人民服务、为社会主义服务，才能登上人生和艺术的最高峰，成为一个弘扬主旋律、传播正能量和社会主义核心价值观的模范践行者和体现者。

市曲艺家协会主席　袁小良：

党的十八大以来，中央高度重视培育和践行社会主义核心价值观。习近平总书记多次做出重要论述、提出明确要求。中央政治局围绕培育和弘扬社会主义核心价值观、弘扬中华传统美德进行集体学习。而我们作为文化产品的生产者、传播者，一切有理想、有抱负、有担当的文艺工作者都应响应时代召唤，用自己的思想和行动走在建设社会主义核心价值体系的最前列，成为社会主义核心价值体系的坚定信仰者、积极传播者和模范践行者。

我们深深觉得，要想塑造别人的灵魂，文艺工作者首先要塑造好自己的灵魂。文比人寿，艺比天高，文艺家的良心代表着一个社会的良心。一个优秀的文艺家，必然具备出众的艺术才华和艺术素养，也必然具备高尚的职业精神和良好的艺术品格。在人民的火热实践中使自己的思想受到教育、心灵得到净化、感情得到升华，努力攀登艺术的高峰和人生的高峰，使他们成为道德品行和人格操守的示范者，成为优秀文化的生产者和传播者，成为人品、艺品俱佳的人类灵魂工程师，为社会主义道德建设发挥表率作用。

市音乐家协会主席　周友良：

优秀文艺作品是社会主义核心价值观的形象表达和生动阐释，在潜移默化地引领风尚、教育人民方面具有独特的优势和重要的作用。作为一名文艺工作者，我们应该首先从自身出发，从生活中的小事出发，修身律己、磨砺品行，坚决反对拜金主义、享乐主义、极端个人主义，将核心价值观内化于心，外化于行。其次，强化作为音乐家的社会责任感和使命感，以最大的热情和昂扬的激情投入创作，将核心价值观融入作品创作的全过程，尊重音乐创作的客观规律，发挥音乐艺术社会功能的广泛多样性，运用新颖的创作手法和表现方法，以精湛、文雅、优美、高尚为标准，创作符合时代要求的音乐作品，用作品感染人、滋养人、启迪人，发挥文艺作品育人化人的重要功能。最后，音乐的内容是丰富多彩的，音乐的形式是多种多样的，音乐的社会功能是主次分明的。我们要坚持以社会主义核心价值观为指导，制定正确的、符合实际的对待音乐功能的方针和政策，使各种音乐艺术形式、艺术风格、艺术流派拥有宽松的、开放的、包容的创作环境，鼓励音乐艺术家解放思想、大胆创新，使音乐艺术更能丰富地表现人民群众的生活，发挥更巨大、更宽广的社会功能，弘扬正能量。

市舞蹈家协会主席　于丽娟：

为人民服务是我们党的根本宗旨，也是我们党员的根本宗旨，中国梦就是坚持以人为本，就是要实现人的全面发展，从人民群众根本利益出发，谋发展，促发展，不断满足人民群众日益增长的物质、文化需要，让发展的成果惠及全体人民。

舞蹈家协会的工作旨在繁荣、丰富人民的精神生活，传承弘扬中华民族的优秀文化，营造爱党、爱国、爱大家的和谐的氛围。核心价值就是广大舞蹈工作者的共同追求，“爱国、为民、崇德、尚艺”，摒弃一切向钱看，继续把社会效益放在首位，共同向艺术高峰迈进。

市美术家协会主席　孙君良：

《中国文艺工作者践行社会主义核心价值观倡议书》发布以来，在全国文艺界引起了强烈的反响。倡议书的发布非常及时、非常必要，它在激励美术工作者追求“德艺双馨”、传递正能量、做全社会的表率等方面发挥了重要作用。

作为一名美术工作者来说，践行社会主义核心价值观最基本的重点是，从我做起，从现在做起，排除不良风气的影响，多创作出反映新时代、塑造新形象的好作品，倡导正能量，热心于社会公益事业，踏踏实实地为国家繁荣、民族振兴、实现中国梦做出自己的事业担当。我们清醒地看到，文化精神是一个国家的支柱和软实力，作为美术家不仅自己要在艺术探求上做到精益求精，更应塑造高尚的人格魅力，从而引领社会风尚，影响青少年，对社会有所贡献，在人生发展过程中，学习文化、感受艺术，以美育树人，提高民众文化素质，这是美术工作者不可推卸的责任担当。

市书法家协会主席　华人德：

2008 年 4 月 20 日，苏州成为中国书法家协会命名、授牌的第一座“中国书法名城”。这和苏州深厚的文化底蕴与历代出现的一大批杰出书法家，以及苏州书法家协会同人们的共同努力是分不开的。六年来，我们组织举办了“吴门书道——中国书法名城苏州作品展”、四届“中国·苏州书法史讲坛”、连续三年的书法教育“千百工程”、第二届“得意之作展览”等。并每年到海外，如新加坡、日本、法国、美国，以及全国十余个城市和台北进行吴门书道巡展和交流，作品从书协会员中挑选，轮番展出，这样让更多的作者有展示作品的机会。今年苏州书协还出版了《中国（苏州）书法史讲坛文集》和《书法学术小丛书》，后一种是多位会员中的博士和青年学者撰写的。吴门书道馆的建立和开放，为青少年增添了一个教育场馆，也多了一个宣传苏州书法的窗口。以上许多活动和项目都得到了苏州市各级党政部门的支持，书法教育也是这几年书协作为长期坚持重点抓的一项工作。

今年苏州市书协将按时换届，我衷心希望新的一届有一个出色的学术带头人，有一个团结精干的主席团班子，制定切实可行的长期规划，作风正派，认真踏实，继续为提高市民素质，培养、发现和推介书法人才，营造氛围、夯实基础，抓好机遇、富有创意，为向文艺高峰迈进多做有益有利的事。

市摄影家协会主席　张炎龙：

在认真学习了习近平总书记关于培育和践行社会主义核心价值观的重要论述后，对文艺工作及文化事业今后的工作有了深刻的方向和目标认识。文学艺术工作者应该更加自觉、更加主动地践行社会主义核心价值观，做社会主义核心价值观的坚定守护者和模范践行者，树立公众人物良好的社会形象，为各界践行社会主义核心价值观做出表率。落实到实际应围绕立德树人的根本任务，结合实际，创新途径，扎实推进，切实把培育和践行社会主义核心价值观融入我们协会的教育全过程中去。

首先，我们要把弘扬社会主义核心价值观作为艺术创作的宗旨，运用民族语言，谱写百姓心声。其次，培育和践行社会主义核心价值观，坚守我们的价值观自信，必须发挥文艺作品的作用，必须弘扬文艺形象的强大感召力和文艺家勇于担当的人格力量。摄影家们要牢记社会责任和价值追求，以饱满的热情投入到艺术创作中，坚持自身的职业操守，创作出优秀的文艺作品，为人民大众服务。实践一再证明，创作出好的作品是一条铁律。而好作品，恰恰是人民群众所喜闻乐见的，体现人民心声、反映人民真实生活和强烈愿望的，摄影创作的核心价值观究竟是什么？是拿奖，是入围？是争夺文化的政绩？都不是！是光影育人，是人格精神的塑造，是民族素质的提升。

市影视家协会主席　瞿长林：

培育和践行社会主义核心价值观，是坚持中国特色社会主义道路，理论、制度自信的内在要求，是整合社会力量、凝聚社会共识、推进社会和谐进步的重要途径。作为时代发展的记录者、先进文化的传播者，影视艺术工作者理应成为弘扬社会主义核心价值观的先行者。

去年以来，协会以及团体会员单位积极引导影视工作者把社会主义核心价值观融入创作实践，在纪录片、影视剧和动漫等方面加大创意策划和投入力度，创作一系列具有鲜明时代特征和厚重人文精神的精品力作。协会还成功组织举办“中国梦·我心中的梦”——苏州首届微电影原创大赛，发动社会力量，通过影视创作表现对于真善美的追求，借助互联网新媒体平台集中展播，共同传播正能量。

目前，协会会员已经超过三百名。在积极吸收新鲜血液、增进协会生机和活力的同时，协会将陆续成立影视评论、纪录片等相关专业委员会，进一步完善协会组织建设，充分发挥桥梁纽带作用，提升工作质量。创新组织作品研讨、映展交流、影视评论、社会采风等各类活动，活跃创作氛围、拓展创作思路，不断创作出引领风尚、为时代放歌、为群众喜闻乐见的影视精品，让苏州这座文化底蕴深厚、现代经济繁荣的“双面绣”城市涌现出一批又一批“德艺双馨”的优秀影视艺术家。

市杂技家协会主席　张加宏：

好的文艺作品应该是：教育人民、引领时尚、服务大众的。杂技魔术类节目也是一样的，每位杂技工作者，应该用自己的肢体语言和魔术智慧，化为实际行动创造出引领时尚的好作品，来践行社会主义核心价值观。我作为从业多年的魔术工作者，应该通过自己的言传身教引领青年的同行们，带好自己的徒弟和学生们，尽力净化朋友圈，传播正能量。创作出好作品不是为了获奖，而是为了服务于广大观众，为人民表演。坚守核心价值观，碰到少数艺人为了赚钱迎合一些主办方的低级趣味，出现一些不分场合、不分观众群、不健康的东西，我们的杂技魔术艺人应该远离他们，不与之为伍。正确看待演出市场，不能光看演出费的高低，主动积极参加社会公益活动，做一个有正能量的杂技魔术艺人。

市民间文艺家协会主席　徐卓人：

社会主义核心价值观的基本内容，是倡导富强、民主、文明、和谐，倡导自由、平等、公正、法治，倡导爱国、敬业、诚信、友善。这正是我们民间文艺家追求的方向和期盼实现的社会风尚。民间文艺家的社会生活，需要有这种价值观的氛围，国家富强，是国家繁荣昌盛、人民幸福安康的物质基础；民主，是人类社会的美好诉求；文明、和谐，是经济社会和谐稳定、持续健康发展的重要保证，人们安居乐业，才能创作出更好的符合人们喜爱的民间文艺作品。自由、平等、公正、法治，是通过法制建设来维护和保障公民的根本利益，是实现自由平等、公平正义的制度保证。人们可以自由、平等地创作。要创作出传统文化与现代生活相结合的优秀民间文艺作品，必须具有爱国、敬业、诚信、友善的基本素质。因此，践行社会主义核心价值观，向文艺高峰迈进，是我们民间文艺家努力的方向。我们承诺，一定坚定不移地践行社会主义核心价值观，使我们的民间文艺更加繁荣、健康地发展。

市文艺评论家协会主席　朱栋霖：

文艺评论家是艺术家的知音与诤友。文艺评论，又称文艺批评，以其历史的深邃与理论的高屋建瓴来检视、指导创作，批评家应该锤炼真知灼见，以灼然之见点燃创作，指点艺术探索的迷径。

评论家与艺术家的对应关系，可以有三种情况：仰视、平视、俯视。我们“仰视”历史上杰出的经典作品，历史典范的资源让后人取之不尽。就当代评论言，评论家与艺术家个人之间应是“平视”，是对话与交流关系，切磋创作的成败得失，探讨艺术规律。对具体作品个案，评论家应“俯视”，他融合古今中外的美学经验，站在历史与美学的高度，检视与剖析创作现象，揭示成败得失。

理论与评论文章不参与指导创作实践，是当代文艺评论的缺憾。文艺评论，以真知灼见和艺术胆识显示出自我的尊严与主体的独立存在。

杨守松：

每个人都有梦。作家也有作家的梦，作家的梦会体现在自己的作品里。《昆山之路》正文开头第一句话就是："中国是一个梦。"

二十五年了，经济在发展，文化在提升，我的"梦"也从写经济的《昆山之路》，走上了写文化的《昆曲之路》和《大美昆曲》。

文化需要全民族的努力，文化需要长期的积累。不积跬步，无以成千里。为了实现社会主义核心价值，我们要努力攀登文化的高峰。

经济和文化，是中国梦的基础和灵魂。都有了，社会主义就不是乌托邦，就如《昆山之路》结尾所写："中国梦，永远属于你。"

金曾豪：

中国梦的提出，是对社会主义核心价值观的确立，是对一种有着清晰的价值判断的生活方式的重建。在这样的时代背景下，作为一个作家，我们更加需要发挥文学建构梦想、启迪心智、锻造人格的独特功能，与时代的召唤同频共振，传播健康、强大的正能量和精气神。

在这个民族复兴的伟大进程中，一代又一代孩子正在成长。他们将在一个更加开放的中国和一个更加一体化的世界里长大成人。作为儿童文学作家，我们希望他们的童年记忆里不但有丹麦的《安徒生童话》、美国的《时代广场的蟋蟀》、英国的《哈利波特》，还有一个又一个传递社会主义核心价值观和中国气派的中国故事。

为了这个，我们只能更加勤奋地去思考、去写作，吐蕊结籽，把社会主义核心价值观和中国理想、中国气质变成一颗颗种子，种进他们的童年里。

这是我们的责任，也是我们的光荣。

姜兴龙：

我是第十三届全国“五个一工程”奖歌曲类的获奖者，我的获奖歌曲作品名称是《春雨江南》。现为苏州市音乐家协会创作委员会主任，吴中区音乐舞蹈家协会主席。我曾于2004年创作了歌曲《走江苏，爱江苏》，并以排序第一的成绩，获得了中国音乐金钟奖，使苏州在专业音乐创作上实现了零的突破。歌曲《春雨江南》获得中宣部“五个一工程”奖，再一次刷新了苏州音乐创作的纪录，它是苏州在全国“五个一工程”奖中歌曲创作上的破冰之旅，是一次零的突破。两个作品前后历经了十年时间，可谓十年磨一剑。感想颇多，下面做一些简单交流：

我认为，获奖的两个基本要素：一是个人努力，二就是创作环境。个人努力在这里就忽略不提，我只想谈创作环境对艺术家的影响。在我看来，创作环境主要是：自然环境、社会环境、人文环境、政策环境。自然环境、社会环境以及人文环境对艺术家的影响，就艺术家个人本身而言是各不相同的，所以我重点谈苏州在文艺创作上的政策环境对我创作的影响。

新一届文联领导班子在文艺创作上的创新之举，让艺术家感受到，文联是真正在为艺术家服务，“不拘一格降人才”这句话真正落到了实处。开创性地采用委约创作机制，解决了创作者的后顾之忧。零门槛：只要有才能，就能有机会。充分体现了一个城市的文化胸襟。我是一名基层的文艺工作者，当代中国音乐创作两个国家级奖项落户一个地级市，并且由一个人获得，如果没有优越的政策环境那是很难想象的。尤其令人可喜的是：文艺创作的自力更生得到了充分的说明。一支文艺苏军队伍正向我们走来。

总结上述的发言：我深深体会到，在我的身后，有一个强大的文化苏州和暖心的文联。

叶　弥：

近来网络上流传着一篇梁启超在清华的演讲，总的意思就是说，求学的根本是学做人。做人的根本在于第一要不惑，对人对事要有准确的判断力。第二要不忧，不计较成败得失，就是“仁者”，仁者不忧。第三要不惧，不惧者是有勇气的人，不做自己和别人的奴隶。做好这三件事，就成为一个人了。

对事物有了正确判断，才能公正对待人和事。不计成败，才能真正地敬业。当一个人无所畏惧，便是真正的自由。

社会主义核心价值观里，有“公正、敬业、自由”这些字眼。

鲁迅在1905年时就提出，中国要立国，关键是“立人”，即改造国民性的问题。

富强、民主、文明、和谐、自由、平等、公正、法治、爱国、敬业、诚信、友善。二十四个字的社会主义核心价值观，一脉相承了中国近代以来民生的愿望，作为作家，就是要写出反映社会现实的作品。

鲁枢元：

自然环境的破坏与人的精神境界的滑坡，显然是一个世界性的问题，几乎成了现代社会的通病。在我看来，这是由于启蒙理念的片面发展、割裂了自然与人的关系酿下的恶果。而在中国古代传统文化中，所蕴涵的关于人与自然的和谐相处之道却极为丰富，如“生生为易”“道法自然”“民胞物与”“天人合一”等古训中全都蕴藏了无比卓越的生存大智慧。不少西方学者已开始从中国传统文化中学习如何与自然和谐相处。如诺贝尔物理学奖得主、比利时科学家普里戈金（Iliya Prigogine）就曾指出：“中国文明对人类、社会与自然之间的关系有着深刻的理解，中国的思想对于西方的哲学家和科学家来说，始终是个启迪的源泉。”中华民族的这些生存智慧也体现在伟大诗人陶渊明的生平与创作中。不忘本才能开辟未来，善于继承才能更好地创新，我们的文学艺术应当在吸取民族传统文化精华的基础上，为营造新时代的生态文明做出应有贡献。

陆伦章：

9月24日晚，湖北潜江。

当我走上第二十一届曹禺戏剧文学奖领奖台的时候，我没有想到创作过程中的甘苦，甚至煎熬，而是从内心感到一个苏州人的自豪。是苏州这方水土哺育了一个农村业余作者的成长，是文化苏州给了我追求理想的勇气。苏州是江苏文化的高地，中国戏剧家协会主办的《剧本》编辑部提出：9月号《剧本》封面人物的介绍文章应由苏州作家、鲁迅文学奖获得者范小青来写。范小青主席欣然应允，很快写出了《背后的力量》一文。

三次获奖，都是在退休之后。我坚持，因为我感恩。

虽然我没有获得过全国和省的“德艺双馨”艺术家称号，但我做到了退休前跟退休后一个样，人前和人后一个样。我记住了“戏比天大，德如地厚”，始终坚持以人民为中心的创作导向，坚守艺术良知和职业操守，牢记文化担当、社会责任和价值追求，做一个务实敬业的苏州人，做一个崇德尚艺的苏州人。

颁奖之前，湖北省委领导宣布第三届中国（潜江）曹禺文化周开幕，潜江体育场内，几万观众欢声雷动。颁奖之后，中国音乐家协会、曲艺家协会、杂技家协会的文艺志愿者演出了一台精彩的文艺节目。我把五排二座的座位让给了抱着孩子坐在地上看戏的母亲。

离开体育场，门口居然还聚集着几百个没票进场的群众。我问他们最想听谁的？有人说想听于文华唱歌，有人说想听姜昆说相声，还有人居然说想看看中央电视台的节目主持人鲁健。

我一下明白了，观众根本不在乎你得过什么奖，而在乎你这个人在台上台下给观众留下什么印象。

在返回苏州的火车上，同行的一位上海青年剧作家向我提出一个问题，江苏的有些戏都和评奖互动，这些戏占有多少市场份额？培养了多少观众？有多少青年成了艺术家的粉丝？

很尖锐，也值得深思。我想，每一个文艺工作者都需要树立公众人物的良好形象，为社会注入正能量，为广大观众践行社会主义核心价值观做出表率。这才是每一个获奖者真正值得追求并为之奋斗终生的目标。

袁小良：

一是思想认识上有新高度。当今时代，各种思想文化交流、交融、交锋频繁，社会意识多元、多变、多样，迫切要求我们坚持不懈地用社会主义核心价值体系引领社会思潮，努力扩大共识、增进团结，既在尊重差异中增加社会认同，在包容多样中确立思想主导，又有力抵制各种错误腐朽思想的影响，把思想和认识统一到十七届六中全会精神上来，把智慧和力量凝聚到十七届六中全会确定的奋斗目标上。

二是创作表演上有新提升。想人民所想、写人民所愿，为人民放歌、为人民抒情、为人民呼吁，创作生产更多无愧于历史、无愧于时代、无愧于人民的优秀作品，鼓舞和激励广大人民群众共同创造幸福美好的生活，建设中华民族共有精神家园，努力塑造国家文化形象，不断增强国家文化软实力。

9月15日，中国曲艺最高奖“牡丹奖”在南京揭晓，苏州获得了三项大奖，分别是苏州评弹团的中篇《秀神》获得“节目奖”，常熟评弹团的短篇《招牌菜》获得了“文学奖”，中国苏州评弹博物馆的袁小良获得了“表演奖”。

“牡丹奖”作为文化建设的重要一环，代表了曲艺创作表演的最高成就，赋予了苏州不一样的时代气质与文化气息。

苏州一个城市就获得三个奖项，在全国地级市名列榜首，展现出这座城市向文化艺术高峰迈进的强劲实力。

在获奖节目中，众多文艺工作者秉持“文以载道，以文化人”的主旨，自觉主动地将社会主义核心价值观融入文艺创作中，用他们熟悉和擅长的各种艺术形式，传递真善美，贬斥假恶丑，弘扬主旋律，传播正能量，为国家凝聚文化力量，为社会描绘共同理想，为人民构建精神家园。

节目奖中篇评弹《秀神》，将评弹与刺绣结合在一起，让观众在体验两种相迴艺术的同时，对人性与价值观有了更深刻的了解。

文学奖短篇弹词《招牌菜》，立意深刻，弘扬传统的孝爱精神，贴近生活、贴近群众，使观众产生强烈共鸣。

表演奖袁小良演绎的是一回自编自导自演的新作《约会》，既是正能量的题材但又接地气，叙述了一位为实现中华民族伟大复兴的中国梦而毅然回国的中国留学生的爱情故事，是集思想性、艺术性和趣味性为一体的佳作。

苏州曲艺家协会不但在比赛中勇攀高峰，更坚持让艺术进万家，让群众共享文化发展成果。苏州以“面向群众、面向基层，推出更多群众喜闻乐见的优秀作品和文艺演出”为宗旨，评弹进校园、评弹进乡村，成立了评弹志愿者服务队，开展了“送欢乐到基层”“道德评弹”巡回演出等活动。

王荣庆：

非常高兴代表苏州科技学院在这里做一个交流发言。前不久在苏州举办的中国音乐金钟奖合唱比赛中，我校音乐学院合唱团以精彩的演唱和卓越的表现，荣获金奖，为学校、苏州市、江苏省赢得了荣誉。6月底由苏州市承办的中国民间文艺山花奖舞龙比赛中，苏州科技学院舞龙队不负众望，获得山花奖。在8月全国第二届美术作品展中，我校五位画家作品入围全国美展。喜讯次第传来，令我校师生倍感兴奋、深受鼓舞。成绩的取得，是上级领导特别是苏州市委宣传部、市文联等关心支持的结果，也充分体现了苏州科技学院近年来加强文化建设、弘扬社会主义核心价值观、在建设有品位大学和培养高素质人才方面所做的不懈努力。借此机会，我想谈几点体会。

一、学校高度重视以弘扬社会主义核心价值观为重点的文化建设。文化是一个学校发展进步的灵魂。多年来，苏州科技学院始终以高度的文化自觉推进学校的改革发展和建设事业，把学校文化建设置于新形势下加强高校内涵建设这一大背景下来观照，把立德树人、培育和践行社会主义核心价值观作为人才培养的出发点和落脚点。加强文化建设的顶层设计，制定实施了《苏州科技学院“十二五”文化建设发展规划纲要》，确立了建设“有特色、有活力、有品位”的多科性大学的奋斗目标和“文化美校”战略，作为支撑学校发展的五大战略之一。突出一条主线：以社会主义核心价值观教育为重点的人才培养工作主线；加强两个重点：学校文化载体和文化品牌建设；完善三个保障：体制机制保障、人才队伍保障和基础设施保障。发挥师生共建共享的主人翁作用，整合各方资源，形成建设合力，唱响时代主旋律，积极弘扬正能量，营造扎实进取、健康向上、丰富多彩、高雅大气的文化育人氛围。

二、依托我校特色优势学科和领军骨干人才做好文化建设这篇大文章。做好学校文化建设，学科是基础，人才是关键。学校党政高度重视文化建设，加大文化艺术类学科和场馆设施建设的投入力度，四方延揽高素质文艺人才，也涌现出一批理解文化、热爱文化、关心文化、全身心投入文化建设的人才。近年引进的音乐学院院长、青年指挥家陈正哲博士，注重音乐品牌打造，加大国际交流和国际师资招聘力度，成效明显。音乐学院在民族器乐演奏、合唱声乐、苏南地方音乐研究等领域造诣颇深。以中国粉画艺术泰斗杭鸣时教授为代表，中国“金陵百家”金奖获得者王嫩、吴晓洵、顾志军等一批中青年画家为中坚的画家群体，群星闪耀，多次荣获国家级大奖或入围全国美展。苏州市专门为杭鸣时教授成立了粉画研究院，展现了重视文化、重视人才的情怀。此外，我校还依托人文社会学科、艺术学科、建筑规划学科等特色优势专业，主持或参与了苏州古城保护研究、苏州城乡一体化研究、大型国学丛书《儒藏》标点、《苏州通史》编纂、“复社”研究、端午节申遗研究、大运河申遗研究、昆曲评弹研究、苏南地方音乐研究，与江苏省苏州昆剧院开展文化共建，等等。

三、以学校文化建设成效为苏州文化事业大发展大繁荣做贡献。苏州科技学院地处苏州，首先是姓“苏”，这就决定了我们在吸收苏州丰富厚实的文化营养的同时，有责任有义务服务于苏州经济文化建设事业，有责任有义务为这个传统与现代交相辉映的历史名城贡献我们的微薄之力。苏州科技学院“服务荣校”战略的核心，就是把学校的人才培养、科学研究、社会服务和文化传承与创新，放在苏州、江苏经济社会发展的大背景下来考量，以服务地方的积极作为推进学校的内涵建设，以服务地方的显著成效展示学校的社会责任担当。

近年来，苏州文化建设主线明确，大手笔不断，文化事业和文化产业发展迅速，高层级、高水平的文化活动不断举办，群众性文化活动蓬勃开展，在丰富市民文化生活、提升苏州文化影响力的同时，也为我校展示学科特色和人才培养水平提供了难得的机遇，我们也十分珍惜这一机遇。自上半年接到市委宣传部、市文联要求苏州科技学院参加中国音乐金钟奖合唱选拔赛和中国民间文艺山花奖舞龙比赛的通知后，学校党委要求“认真组织，全力以赴，圆满完成任务”，并明确了以音乐学院、体育部为主组织，党委宣传部参与协调配合的工作机制。在市委宣传部、市文联的指导下，我校相关团队和师生，放弃了假期休息，克服了一系列困难，坚持从严训练，高标准要求自己，最终取得了优异的成绩，交出了一份令人满意的答卷。在9月初苏州承办的“苏州月·中华情”央视中秋晚会上，我校除参加合唱表演外，还组织了二百名大学生志愿者参与晚会志愿服务工作，志愿者们认真负责的工作精神也受到了市文明办的高度评价。

文化建设是一项打基础、利长远的工作，重在涵养水源，重在人才队伍建设，重在展示特色。下一步，我校将围绕培育和践行社会主义核心价值观这一主线，进一步发挥学科和人才优势，认真研究苏州文化建设的理念、思路和举措，不断深化与苏州地方的文化合作与文化共建，特别是在苏州物质和非物质文化遗产的传承保护、苏州古城保护、苏州历史典籍的整理研究、音乐和美术文化繁荣发展等方面，主动作为，善于作为，发挥学校文化的“溢出”效应和“发散”效应，以文化建设的成效促进学校各项事业的健康发展，为苏州文化大发展大繁荣做出我们应有的贡献。

中国文联第七届当代文艺论坛苏州子论坛专辑

第九届中国文联文艺评论奖颁奖、第七届当代中国文艺论坛同期举办

“习近平总书记在文艺工作座谈会上的重要讲话提出了一系列富有创见的新思想、新观点、新论断，进一步阐明了当代中国文艺繁荣发展的重大方针原则、目标任务和时代要求，是指导我们繁荣文艺创作和文艺评论的科学指南。我们要以讲话精神为引领，自觉担当起文艺评论的历史使命和时代责任，为多出优秀作品保驾护航、为引导文艺创作激浊扬清。”11月5日，在由中国文联主办，中国文联理论研究室、中国文艺评论家协会、江苏省文联、苏州市文联承办，江苏省文艺评论家协会、苏州市文艺评论家协会协办的第九届中国文联文艺评论奖颁奖典礼暨第七届当代中国文艺论坛上，与会人员对习近平总书记主持召开文艺工作座谈会并发表重要讲话倍感振奋，深受鼓舞。

中国文联党组书记、副主席赵实，中国文联党组成员、副主席夏潮，中国文艺评论家协会主席仲呈祥和许先锋、陈先郡、陈建文、庞井君、章剑华、蔡丽新、成从武等中宣部、人社部、中国文联、江苏省、苏州市有关部门领导，以及来自全国各地的艺术家、文艺评论家、专家学者、本届文艺评论奖获奖作者代表和中国文联各团体会员单位代表、当代中国文艺论坛征文作者代表、各省级文艺评论家协会负责人共两百余人出席颁奖典礼。夏潮主持颁奖典礼和论坛开幕式。

“我的这篇文章只是对中国戏剧现状和未来发展的一点个人思考，不足之处还请大家指正……”“获得这个奖我既感到兴奋，但又觉得有

些惶恐，如果说有什么体会和大家分享的话，那就是实践出真知，我是带着自己从事舞蹈创作中的困惑向未知世界探索才有了这样一点小小的成果……”颁奖典礼上，获得特等奖的刘厚生和资华筠简短而又虚怀若谷的感言，引起热烈掌声。

本届中国文联文艺评论奖共收到六百三十件参评作品，其中，中国文联四十八个团体会员报送的作品四百八十九件，社会自荐作品一百四十一件。最终，朱良志的《南画十六观》、资华筠和王宁的《舞蹈生态学》、贾芝的《拓荒半壁江山——贾芝民族文学论集》获著作类特等奖，蒋述卓的《流行文艺与主流价值关系初议》、刘厚生的《建设社会主义文化强国，戏曲怎么办？》、饶曙光的《华语电影新发展及其前景》获文章类特等奖。陶庆梅的《当代小剧场三十年（1982—2012）》等五部专著获著作类一等奖，姜昆的《使二人转更好地“转”下去》等二十一篇文章获文章类一等奖。傅强的《叙事的嬗变——新世纪军旅小说的写作伦理》等十二部专著获著作类二等奖，张永刚的《当代西南边疆少数民族文学的主体倾向》等九篇文章获文章类二等奖。中国电影家协会等十五家单位获组织工作奖。

苏州大学文学院教授、博导王宁撰写的《浮华背后的危殆：论当代昆剧的隐形消亡》获文章类一等奖，江苏省文艺评论家协会会员、苏州市委政策研究室副处长潘讯撰写的《关于“苏州评弹口述史（百年）”的构想》获得二等奖。

赵实在颁奖典礼上讲话。她说，在全党和全国文艺界深入学习贯彻习近平总书记在文艺工作座谈会上的重要讲话，推动中国特色社会主义文艺事业全面繁荣、全面发展的新形势下，举办第九届中国文联文艺评论奖颁奖典礼暨第七届当代中国文艺论坛，是中国文联和文艺评论界学习贯彻习总书记讲话精神的重要举措和实际行动，对于进一步推出优秀文艺评论成果，动员和引导广大文艺评论工作者把握文艺评论导向，促进文艺评论繁荣，共同担当起新形势下文艺评论工作的历史使命和时代责任，具有十分重要的意义。

赵实表示，自第八届中国文联文艺评论奖在云南举办两年来，中国文联认真贯彻落实中央的要求和中宣部的工作部署，高度重视和大力推动文艺评论工作，着力推动全国性的评论行业社团组织建设，大力实施文艺评论工程，积极加强文艺评论队伍建设，团结凝聚广大文艺评论工作者，有针对性地开展了一系列积极健康的文艺评论，取得了新的成效。

赵实指出，习近平总书记高度重视文艺评论工作，并提出了很多新的更高要求。深刻领会总书记重要论述，要充分认识加强新形势下文艺评论的极端重要性，准确把握文艺评论的正确导向和文艺作品的评价标准，始终坚守文艺评论的基本立场和美学追求，努力锤炼文艺评论的优秀品格。文艺创作和文艺评论是推动文艺繁荣发展不可或缺的两个轮子，只有文艺评论和文艺创作两轮驱动、双翼齐飞，文艺事业才能兴旺发达。坚持正确导向和科学标准，是做好文艺评论工作的根本要求和重要前提。只有把握正确评论导向，运用科学的评价标准，才能有力辨别文艺创作领域的是非曲直、有力推介优秀文艺作品、有力针砭文艺作品的弊病、有力批驳错误倾向和思潮。

赵实表示，批评精神是文艺评论的安身立命之本，如果丧失了这个根本，文艺评论的价值就荡然无存。文艺评论之于文艺创作，既是“诤友”，也是“伯乐”；既是“啄木鸟”，也是“报喜鸟”；既是“苦口良药”，也是“阳光雨露”。衷心希望广大文艺评论工作者树立起勇于担当社会责任、敢于直面问题、善于客观批评、勤于学习思辨的职业精神，倡导以理服人、与人为善的评论原则，倡导公道直言、实事求是的评论风气，说真话、讲道理、辨是非、敢担当，既坚持标准、坦诚相见，好处说好，不足处说不足，又杜绝无原则吹捧和恶意贬损，真正做到激浊扬清、褒优贬劣，不断提高文艺评论的公信力、战斗力、说服力，营造文艺评论的良好氛围。

赵实强调，文联是党领导下的人民团体，繁荣发展社会主义文艺事业，做好文艺评论工作，繁荣文艺创作，团结凝聚大批优秀文艺人才，是文联的天职。中国文艺评论家协会和各级文艺评论家协会，要积极动员引导广大文艺评论工作者，认真贯彻落实习近平总书记的重要讲话精神，把坚持正确导向、繁荣文艺评论事业、团结评论人才作为重要任务，密切团结凝聚文艺单位、社科研究机构、高等院校、新闻媒体等各方面的文艺评论人才和力量，精心组织重点项目和重点作品的研究，及时分析当代中国文艺思潮的新变化，准确研判文艺发展新态势，注重加强阵地建设，巩固和扩大传统媒体阵地，积极主动树立互联网思维和新媒体思维，充分利用博客、播客、微博、微信等社交媒体和即时通信工具，有效拓展文艺评论的传播空间。注重加强文艺评论队伍建设，努力为文艺评论家服务，加大对青年文艺评论人才的培养和扶持力度，办好各类文艺评论研修班，为评论家研讨交流、深入生活、培训研修、成果出版等创造条件、提供帮助，努力团结一支钟爱评论事业、德才兼备的评论人才队伍，推动文艺评论事业蓬勃发展。

由中国文联主办的文艺评论奖设立于2000年，每两年评选一次，涵盖文学、戏剧、电影、音乐、美术、书法、曲艺、舞蹈、民间文艺、摄影、杂技、电视共十二个文艺门类，旨在按照中央关于加强文艺评论工作的指导精神，评选优秀文艺理论评论著作与文章，表彰优秀文艺评论工作者，推进全国文艺评论的创新和繁荣，促进文艺事业健康发展。

当日举行的第七届当代中国文艺论坛上，仲呈祥、资华筠、尹鸿、陈振濂、吴为山、范伯群、蒋述卓、刘永泽、王伟林等九位专家，以“新形势下文艺评论的责任与作为”为主题作了主旨演讲。王一川、侯光明、陈逸恒、唐凌、田科武、饶曙光、陈晓云、贾杲、周铁东、蔡少华等嘉宾分别参加了以“文艺的评价标准”和“文艺与市场”为主题的两场圆桌论坛，进行了充分交流和研讨。大家表示，广大文艺评论工作者要深入学习贯彻习近平总书记在文艺工作座谈会上的重要讲话精神，科学分析当前文艺评论工作面临的时代任务，深入研讨关系文艺评论发展的一系列重大理论和实践问题，努力构建科学的文艺评价体系，更好地发挥文艺评论引导创作、提高审美、引领风尚的重要作用。

文艺：方向与责任的苏州实践

成从武　王伟林　缪　智

今天的文艺论坛想说三个问题：一是这次论坛的重要意义，二是苏州和文艺评论的特殊关系，三是从苏州的实践看文艺的方向和责任。

一、文艺方向与责任的时代要求

这次文艺论坛是在习近平总书记召开文艺座谈会的重要背景下召开的，是中国文联以习近平总书记在文艺座谈会上的重要讲话为旗帜，推动文艺的创作与评论向着“最能代表一个时代的风貌，最能引领一个时代的风气”的中国梦方向、“向着追求真善美是文艺的永恒价值”的主题奋力前进的重要会议。

文艺评论的方向与责任，既是文艺创作和评论中的一个永恒话题，也是一个常说常新的时代命题。说是永恒的话题，是因为自上古时期《尚书·尧典》提出“诗言志”这一被朱自清视作中国古代文艺理论的“开山纲领”后，中国的文艺评论和文艺创作就将“文以载道，以文化人”的社会责任，视作文艺的精神命脉始终坚守着；说是常说常新的时代命题，是因为在不同的时代，不仅在文艺的创作和评论中，总会有不良的倾向在干扰着文艺社会责任的更好体现，而且时代变了，文艺反映社会现实、体现时代精神的要求也会发生变化，这就需要通过思想与观点的相互激荡，在激浊扬清中，让文艺的创作与评论在与时俱进中，体现时代的活力、风采、精神品格和创新的文艺样式。

在中华民族实现伟大复兴的历史进程中，中国文联重提新形势下文艺的方向与责任，是有其非凡的意义的。其非凡之处至少在于：

第一，这是对全球文明对话时代的深刻认识和把握。冷战结束以后，随着世界进入新的世纪，文化的相互激荡、新的产业形态的加快发展，吸引了世界的眼球。全球文明对话和文化从“跟跑”转向“领跑”的重要背景，要求中国文艺通过方向和责任的进一步认识，体现文化的中国力量、体现文化的中国责任、体现文化的中国创造、体现文化的中国价值。用文艺工作者的创造性劳动，在全球文明对话中体现文化的中国力量、中国责任、中国创造、中国价值，这应是中华民族伟大复兴中文艺复兴的重要标志。

第二，这是对习近平总书记提出的以人民为中心的创作导向的重要坚持和主动回应。这就是要将“吹响时代前进的号角是文艺工作者的力量所在、作品是文艺工作者的立身之本、创新是文艺工作者的个性体现、高峰是文艺工作者的不懈追求”的时代责任铭记在心。将“成为时代风气的先觉者、先行者、先倡者，通过更多有筋骨、有道德、有温度的文艺作品，书写和记录人民的伟大实践、时代的进步要求，彰显信仰之美、崇高之美”作为文艺工作者的自觉追求。

第三，这是对当前文艺现状的积极引导和把握。在社会主义市场经济的社会环境中，文艺创作中低俗、媚俗、庸俗的不良倾向，文艺评论中精神品格的缺失，面向市场“向钱看”不良风气的不同程度存在，使文艺的创作与评论“存在着机械化生产、快餐式消费的问题”。“低俗不是通俗，欲望不代表希望，单纯感官娱乐不等于精神快乐”，文艺需要通过方向与责任的引导，在市场经济大潮中不迷失方向，永远坚持以人民为中心的创作导向，创作出更多无愧于时代的优秀作品。

二、苏州和文艺评论的特殊关系

中国文联第七届当代文艺论坛的主题是“新形势下文艺评论的方向与责任”。由这次论坛的主题，我想到了与“新形势”相关的一段旧历史。这段旧历史见证了苏州是中国文艺评论的重要发源地，这段历史的开创者就是吴公子季札。

据《左传·襄公二十九年》(前544)载，吴公子季札出使鲁国，在“请观于周乐”后，对周乐作了评论。在春秋时代，“乐”是诗、乐、舞一体的综合性概念。《诗三百篇》中，风、雅、颂各类诗篇，也都是配乐的，有时还结合舞蹈，《墨子·公孟》中就有“诵诗三百，弦诗三百，歌诗三百、舞诗三百”之语。因此，“观乐”实际上同时包括了听乐、观舞和欣赏诗歌，而季札对“周乐”的评论，实际上就是对诗歌、音乐、舞蹈的文艺评论。就中国文艺评论史而言，在季札之前，还从未有人对具体的作品进行过评论。所以，季札可以称之为中国文艺评论的开山鼻祖。季札在对周乐的评论中，不仅强调了文艺的认识作用、伦理作用，而且是中国历史上乃至世界历史上把“美”的概念引入文艺批评的第一人。

今天，有朋自各方来，在寻根问祖中，在延续季札开启的文艺评论事业中，在传承文艺社会作用的精神命脉中，就“新形势下文艺评论的方向与责任”进行探讨，也就有了特殊的意义。

三、苏州的实践、认识和思考

文艺评论的方向与责任与文艺创作的方向与责任是须臾不可分离的。因此，从一些成功的作品出发，用“实践—认识—再实践—再认识”的方法，总结和探讨文艺创作和文艺评论的方向与责任，将会是一个重要的角度。下面我就结合苏州文艺近几年的创作，谈一点认识和思考：

体现灵魂，在源于对人民、对生活、对自然深情挚爱的思考中创造文艺的时代价值。

我们通常说文艺工作者是人类灵魂的工程师，文艺作品怎样才能体现灵魂呢？对生活对时代进行独特的深情思考，并将这种思考熔铸在艺术作品中，以此引起社会的关注和思考，这是苏州作家体现文艺的方向和责任的一大特征。

对生活的深情思考，使作家叶弥的短篇小说《香炉山》发现了时代征途中人的精神缺失和社会的诚信缺失造成的危机感。

一个乡村女教师，在花码头镇出了杀人案后，为了放松心情，在去香炉山看“俊”月时，在夜色中迷路了，面对一个不相识的帮助者，总是怀疑他是不是不怀好意，同样的当她到村里问路时，“村民们对陌生人都很冷漠，都疑心重重”。“一个向善的行为，却引起了向恶的猜测”的故事情节，将当今社会人与人之间遇事往往先从功利出发，信任的基础“只是一只手机或一百块钱”的典型现实展示了出来。当怀疑成为社会心理，就意味着社会向善力量的散失，而担心和焦虑也就会成为我们生活的一部分。小说正是通过对乡村教师一路的“担心和焦虑”的叙述和渲染,创造了美好愿望或许会因人与人之间信任的缺失而迷路的意蕴。

以向善的行为，培育社会向善的力量，小说以“我尤其感谢苏给我的一夜之爱”，向生活向社会发出了这样的诉求。

如果说《香炉山》发现的是社会诚信缺失引起的人的精神缺失的危机感，那么鲁枢元的评论专著《陶渊明的幽灵》则从现代社会工业化、商业化、城市化的滚滚红尘引起的生态危机中发现了陶渊明的当代价值。鲁枢元从欧洲人把“人与上帝”看作人类必须面对的“元问题”中引发出“人与自然”这一比“人与上帝”更为周全的“元问题”。上帝死了，失去的是人的精神寄托，自然死了，失去的是人的物种生命。由这样的“元问题”开题，鲁枢元沿着由生命而生态、由生态而生存、由生存而诗意栖居的哲理逻辑，对陶渊明崇尚自然的人文价值进行了纵横捭阖、穿古越今的开掘，并以“新时代的灾难与困境将再度把人们逼上回归之路”为结论，为陶渊明唱响了“幽灵”的颂歌，为时代发出了“魂兮归来”的呐喊。

与《陶渊明的幽灵》异曲同工的是金曾豪的儿童文学《凤凰的山谷》。小说以如诗如画般的抒情笔调、人对动物心理和行为的细致观察，在“一个挂着一匹瀑布”的美丽山谷中，人与自然和谐相处的生活场景中，抒写了一只叫纠纠的黑色大公鸡的命运。这只能斗败鹰的非凡大公鸡，竟然在“凤凰的山谷”的开发仪式中被当作了祭品。

然而，就在纠纠成为祭品的一刹那间，“瀑布崖顶上的一声爆炸声”震断了水脉，“凤凰的山谷”终因人类对自然的过度开发而毁于一旦。人对自然的开发，随时都可能成为破坏生态、毁灭自己的一次次仪式。《凤凰的山谷》就以这样的喻义，表达了作者对“人与自然”关系的思考。

如果说“自然的人化”代表了社会的进步，那么“人的自然化”就可能代表了人类的进步。这是上述三部优秀作品给我们留下的一个重要启迪。

以文艺的样式警示社会问题和生态问题，在认识生活中，发出了时代的声音，体现了人民的忧患，在艺术的求真中，引出了向善的力量，这是深情思考所创造的美学价值，也是深情思考所体现出的新形势下文艺的方向和责任。

体现传承，在源于对民族优秀文化执着深爱的精神守望中追求文艺的魅力特色。

我们通常说“文化是民族的血脉，是人民的精神家园”。文艺作品怎样才能体现“民族的血脉和人民的精神家园”呢？对民族优秀文化的价值、对先辈创造的文化业绩进行深入的挖掘，并将这种挖掘转化为文化的生命力、凝聚力、创造力，以此引起社会对民族优秀文化的敬爱之心、敬畏之情、薪火相传之情，这是苏州作家体现文艺的方向和责任的另一个重要特征。

对昆曲的大爱深爱，使杨守松在报告文学《大美昆曲》中发现了昆曲这一被其称之为神曲的中国经典文化符号无比的审美价值和无穷的认识价值。

这样的认识价值首先体现在对昆曲美的历史发现上，“美声美，唱而不舞；芭蕾美，舞而不唱；交响美，不舞不唱。唯有昆曲，且歌且舞，亦文亦武”。正是这种艺术的大美，使昆曲在超越时空的影响中，产生了文化的凝聚力和生命力。这种凝聚力和生命力在《大美昆曲》中变成了“昆剧传习所”“十五贯”“两省一市昆剧工作座谈会”“中国昆剧节”等一个个故事，变成了俞振飞、古兆甲、白先勇、贾馨园、顾笃璜、郑培凯、蔡正仁、王芳、吴新雷等一个个人物，变成了两个聋子的对话、为王选送行、匡亚明是唯一的听众、我是张学良、侯北人无“芳”不诗、收藏家惺惺相惜等一个个细节。这些故事、这些人物、这些细节有的以昆曲复兴中的一个场面出现，有的以昆曲复兴中的一个火种出现，但更多的是以涓涓细流的方式，讲述了蕴藏在昆曲复兴中社会的力量、民间的力量。这些场面、这些火种、这些力量从昆曲文化的历史深处走来，汇聚成昆曲复兴的力量，又向着更远的目标走去。这种力量其实就是中华文化凝聚力和生命力的体现，是中华民族精神命脉的重要展示。

读《大美昆曲》你可以发现在昆曲的大美中有一种时代的壮美在书中体现。“1921年，在上海，中国共产党诞生。1921年，在苏州，昆剧传习所成立。”《大美昆曲》这两句不同寻常、有着高度历史感和时代感的开场白为全书提供了两个重要的背景：一个是昆曲代表着的中国民族文化的历史背景，一个是实现中华民族伟大复兴的时代背景。这两个背景的交织与融合，使全书产生了“横看成岭侧成峰”的审美价值，昆曲的复兴之路其实是中华民族伟大复兴的一个侧影。用时代之魂点燃历史之根，用历史之根滋养时代之魂，艺术的大美和时代的壮美的交织，民族文化之根的力量和中华复兴时代之魂的召唤汇聚而成的交响，就是《大美昆曲》体现出的文艺的方向和责任。

在历史背景的发现中体现时代价值，在时代之魂的召唤中发现民族文化的价值，在“历史的观点”中有“美学的价值”，在“美学的观点”中有“历史的价值”。这是精神守望所创造的美学价值，也是精神守望所体现出的新形势下的文艺的方向和责任。

体现创新，在源于对艺术创造充满热爱的不懈努力中追求内容和样式的突破。

我们通常说“创新是一个民族进步的不竭动力”。文艺作品怎样才能通过创新体现出文艺发展的不竭动力呢？创新意味着突破，内容的突破、样式的突破、风格的突破。用突破体现文艺的生命力创造力影响力，这是苏州作家体现文艺的方向和责任的又一个重要特征。

姜兴龙作曲的《春雨江南》，是苏州音乐创作的破冰之举和零的突破。作品使用了评弹、苏剧、锡剧、沪剧等诸多元素，大胆突破常规歌曲创作上的调性布局和结构布局以及节奏布局，在时尚气息和地域元素的结合中，在作品的张力的有力体现中，实现“一次当代民歌创作中传统与创新相结合的完美突破”。这种突破以对时代精神的深情理解，将春雨江南后的景色、人民对幸福家园向往的心情、中国对美丽梦想追逐的豪迈，以抒情的时代旋律，丰富的节奏变化，直抵人心般地唱了出来。江南的韵味，祥和恬静的基调，高潮处人们内心由衷的自豪感与蓬勃的进取心，使歌曲既洋溢着强烈的时代气息，又体现了开阔的意境。

文化的多样性和文艺家的创作个性决定了突破的方法和途径是多种多样的，《陶渊明的幽灵》的突破是借鉴西方后现代生态批评方法的突破，是中国诗性精神借助西方批评方法而形成的诗性哲理的突破。《大美昆曲》的突破是艺术样式的突破，全媒体时代叙事特征碎片化的结构方式、口述史的细节和情感形成的散文似的形散魂不散，历史事件的纪实性和细节真实性，是这部作品在看似琐碎中体现了宏大。《凤凰的山谷》的突破是艺术风格的突破，金曾豪过去的动物小说大都着眼于通过描写动物的生存困境，来喻意人类的未来困境。贯穿其间的似乎是现实主义的基调和镜子的认识作用，但在《凤凰的山谷》中，作品的基调变成了田园牧歌、诗情画意。这种风格的变化，其实是作家对“人与自然”的认识深化了，其创作的指导思想已经由人是“自然的主人”变成了人是自然界的一部分。

用认识的深化形成文艺家们的创新动力，使文艺创作体现先进文化的前进方向；用创新的突破丰富和发展艺术的表现力，使文艺的形式和表现手段与时俱进。在对时代使命的认识深化和文艺规律认识的深化中，体现和开掘先进文化的前进方向，这是新形势下坚持文艺的方向与责任的一条重要经验。

体现生态，在源于对文艺事业大爱的精神追求和守土有责中，形成良好的文艺生态，推动社会主义文艺的大发展大繁荣。

“昆山腔而昆曲，昆曲而昆剧，六百年间，二百年成形，二百年辉煌，二百年衰颓。”杨守松对昆曲的这一概括，说出了艺术发展的一个规律：文艺的创作和评论是要耐得住寂寞的。耐得住寂寞的背后是社会责任的文化担当，是文化自觉的精神追求。苏州文艺正是在耐得住寂寞中和守土有责中，将创作视作中心任务，将作品视作立身之本，形成了推动文艺大发展、大繁荣的文化生态。

在苏州，耐得住寂寞的文艺家很多，姜兴龙用一年时间完成了一首歌的作曲、鲁枢元用六年时间完成了《陶渊明的幽灵》、杨守松用八年时间完成了《大美昆曲》，范伯群更是用三十年时间，通过对近现代通俗文学的研究，为填平俗雅鸿沟，做出了开疆拓土的贡献。

在耐得住寂寞中，顾芗荣获“梅花大奖”，金曾豪、王一梅多次荣获全国优秀儿童文学奖，陆伦章三次荣获曹禺戏剧文学奖，华人德四度荣获中国书法兰亭奖，姚建萍四度荣获中国民间文艺山花奖，朱栋霖荣获第八届中国文联文艺评论奖特等奖。

苏州在文学、戏剧、音乐、书法、民间文艺、文艺评论等各门类一再突破的群体现象，说明了苏州文艺已经形成了一个很好的文化生态。这个生态的形成，是守土有责的体制机制建设。

为了提升苏州文艺创作的整体水平，打响苏州文学艺术品牌，促进苏州文艺由“高原”向“高峰”迈进，市委宣传部采取了一系列的措施推动文艺精品的创作生产：

一是制定推动文艺精品创作生产的规划蓝图。在调查研究的基础上，与市文联联合制定并出台了《苏州市文学艺术界“十二五”行业建设行动计划》，根据《行动计划》，组织实施了“家在苏州”精品创作工程、德艺双馨人才建设“三霞”工程、名家荟萃“三走”品牌工程、“文艺之家”组织网络建设工程。

二是搭建立足苏州、面向全国的开放性项目平台。组织举办了苏州作家与中国当代文学研讨会、中国（苏州）音乐家联袂采风创作、庆祝新中国成立六十五周年·第九届中国音乐“金钟奖”合唱比赛暨惠民演出、第九届中国文联文艺评论奖颁奖暨第七届当代文艺论坛等国家级活动平台，邀请了全国知名专家学者为苏州的文学、音乐把脉，营造了良好的文艺生态环境，有效提升了苏州文学、音乐、文艺评论等艺术门类在全国的影响力和竞争力。

三是构筑文学艺术事业科学发展的长效机制。设立了与中国文联、省文联所属协会重大文艺奖项相衔接的十一个文艺门类的专业奖项，如“叶圣陶文学奖”、音乐“吴韵奖”等，并制定了各奖项评比细则。

用耐得住寂寞体现文艺的精神追求，用守土有责体现文艺的社会责任，苏州的文艺在这样的文化生态中，正向着“一上一上又一上，一上上到高山上。举头红日白云低，四海五湖皆一望”的文艺高峰迈进。

核心价值观视野下
苏州当代美术创作的思考

李超德

最近，习近平总书记发表了文艺座谈会上的讲话，中共中央办公厅去年年底印发的《关于培育和践行社会主义核心价值观的意见》，引发了当前社会主义文艺核心价值观的大讨论。作为一名视觉艺术的实践者与研究学者，我见证了苏州改革开放三十多年艺术思潮的流变与发展，而且还是直接的参与者，体会良多。我想用对苏州当代视觉艺术文化立场的思考，来谈谈我对社会主义文艺核心价值观的一些看法。同时，从另外一个侧面，表达对思想解放与文化艺术繁荣发展的褒扬。

学习讲话精神，我们应该深刻领会“艺以载道”“以文化人”所蕴含的思想内涵，认真思考当代文艺如何处理好“方向与责任”“时代与传统”“创新与坚守”“个性与共性”“形式与内容”“政策引领与喜闻乐见”“核心价值观与艺术本体规律”“艺术市场与经典留存”“雅与俗”等重大理论问题，把握好社会主义文艺所强调的坚持民族文化传统和弘扬时代文化精神的文化强国梦的大方向。联系到苏州的美术发展现实，我觉得作为当代视觉艺术的美术创作至少从以下三个方面加以认识。

一、苏州当代美术创作应该拥有什么样的文化立场

苏州在元明清三代曾经是全国的美术重镇，可以说苏州美术史是半部中国美术史。苏州当代美术在新时期也有了长足的发展，出现了许多优秀作品和优秀画家，繁荣了苏州当代文艺。但我们也应该看到，美术创作也遭遇了发展瓶颈，在美术界和学术界关于传统精神与现代文化的讨论，似乎一直存在着针锋相对的紧张关系，许多学者站立在“文化本位主义”的立场，试图把握自身的话语权，并且借用传统与现代两个词来标榜自己或贬低他人。

而探讨所谓“当代艺术与文化苏州”，更是遭遇到理论与实践中无法僭越的鸿沟。历史的沉埋与时代的律动，让苏州的当代美术创作无法突破传统江南思维定式下人们对苏州美术的固有概念。说起苏州，人们总有一种小文人心态，不是喜欢从黄昏落日的城墙角去寻觅昔日的辉煌与亘古，就是常常到烟雨迷蒙的水巷湖边去品味隽永的诗意和忧伤。然而，这种怀古的悠思和对传统的啧啧赞叹，消磨了现今苏州文化人和艺术家确立当代艺术自信与表现的意志。

面对时代的步伐，有着改革开放三十多年的文化积累，我们必须站立在传承与创新两个基本点上，确立美术创作的文化立场，从“苏州的

当代艺术应该表现什么？文化苏州应该反映什么样的精神风貌？”这两个核心问题上加以探讨，方能揭示当代美术创作的创造性本质，创作出符合时代精神的优秀作品。

二、苏州美术创作如何显示当代性

揭开历史的帷帐，历史与传统给予苏州太多的滋养。余秋雨先生说的那个“白发苏州”，曾经是“黑发苏州”，苏州曾经是代表中国历史、政治、经济、文化前进与发展的区域。她曾经是新兴经济与文化形态发展之地，她充满着生气。她的流行艺术，即今天的传统艺术（昆曲）引领着时代风尚。我非常不认同所谓“小苏州”的说法。苏州作为明清两代的时尚之都，各项艺术活动和工艺美术精品辐射全国，焉能说“小”？冯梦龙在其小说中写到唐寅等“吴门四家”的扇面行销京都，能说不是领视觉艺术潮流之先？徐扬的一幅《盛世滋生图》，那种大场景、大气象能是所谓的“忧伤”“寂寥”“长吁短叹”所能包容的？“机梭之声通宵达旦”“丝绸牙行千百家”的描述，说明了苏州工商业发达。“日出万匹绸”“衣被天下”，苏州的服饰风靡京华。崇祯帝后“皆习江南服饰”“吴有服而华，四方慕而服之”，说明苏州是时尚的城市、发展的城市。伴随着经济的繁荣，文化艺术独领时代潮流，开一代风气，苏州的美术、工艺、戏曲、文学代表着那时的“当代艺术”。

鉴于上述逻辑起点，我从不否认苏州传统美术、工艺、戏曲、文学的优秀，更不怀疑苏州文化积淀为当代苏州提供的文化与信念支撑。然而，不用回避的是，当代苏州经济与文化艺术之间出现的发展不平衡却让我感到深深的忧虑。苏州的当代美术创作应该是一种什么样的情态？由于当代艺术发展趋向于综合化和观念化，实际上表象的艺术形式涉及面可能广得多。当代艺术包括了戏剧的、戏曲的、音乐的、电影的、电视的、设计的、绘画的、文学的等等广义的艺术现象。我们讨论的当代视觉艺术，实质是当代美术范畴的艺术现象。

苏州当代美术创作中不缺乏传统笔墨，不缺乏传统题材，更不缺乏小趣味和文人的玩味，我们应该肯定作为文艺多样性的体现，这些样式也是大众审美活动必不可少的。

今天，西方当代美术已经从架上绘画发展为观念艺术、行为艺术与传统绘画并行。在中国，经过数十年的禁锢，在改革开放的三十多年中，视觉艺术已经从单一走向多元。即便是中国画也从传统的笔墨技法的描摹与猜度，发展到探索性水墨和综合性材料的运用。中国画的题材，也从古典山川河流、花卉、人物和飞禽走兽，发展为都市题材的探索。然而，综观苏州当代美术，尽管佳作精品层出不穷，但是能够体验当代生活、反映当代生活、形式与内容有大创新的大作品还不多见。

学习讲话精神，联系到苏州美术发展现状，需要我们共同地反思：如何体现其“当代性”，用大的视觉，出大的作品。我所强调的当代性，并不表示我反传统，相反我非常热爱传统，我所讲的当代性，恰好是传统在今天的发展和延续，而不是僵化了的传统。文化遗产要保护，文化艺术更要发展。怀古的“热梦”要做，那是回归精神的故国家园，但扬起畅想的风帆，讴歌时代精神，让大众的审美充满光敏感，那才是理想的彼岸。

三、苏州美术创作必须反映当代苏州文化

“艺术当随时代。”当代苏州经济发展，新都市的崛起，正影响着人们的思维模式，影响着人们的生活观和价值观。今天的苏州人正悄悄地改变着自己的审美趣味，“双面绣”的理论是对当代苏州的最好解读。农耕文化、市井文化正在成为前尘旧事，怀古的热梦是都市人心灵深处

的罗曼蒂克。工业文明和大数据时代的到来，苏州已经摆脱了传统意味的苏州，苏州人对传统的眷恋，也渗透进了骨子里那种温厚的人文情感，对传统的回归，我们可以把它看作是都市文化的一种补充。如果对显而易见的现代生活视而不见，那是对苏州传统与现代的极大误读。当代美术当然应该反映这种变化，美术创作应该投身于这样一种火热的生活并充满激情地表现它。具体地讲这种表现应该着眼于以下三个方面加以理论定性与思考：

1. 美术作品表现题材的现实性

艺术的本质是生活之反映。苏州艺术界的同人不能对当代艺术的表现样式视而不见。经济基础决定上层建筑，有什么样的生活，就应该有什么样的艺术。表现题材的现实性不能被“矫饰与虚无”的消极浪漫主义所取代。一种快乐的、优雅的都市趣味应该浸染我们的心灵。传统要保护，精神要发扬，但不能助长伪绅士趣味、伪草根趣味和伪民俗趣味。让真正的苏州人特有的那种温情主义和人文底蕴流淌到血液里，用提炼过的精神内核和语言抒写现实的浪漫。

2. 美术作品表现方法的多样性

视觉艺术注重内容与形式的多样性，内容是当代的，形式与表现方法也应该是当代的。即使是传统的题材也应该有新的形式探索和语言表达，从而让存留的作品能够经得起历史记忆的洗刷。技法层面的探索，不应囿于传统的思维定式。综合材料的运用从技法又上升为观念。中国传统绘画中的笔与墨，实则上是既是技法的又是观念的，更是趣味的。

3. 美术作品观念的包容性

我们应该看到当代艺术发展中有不健康的东西，更有发展过程中的不确定性。就作品内容而言，反国家意志，反人类、暴力与色情的内容不在包容之列，但是审美观念的包容阻力仍然很大。习惯与约定俗成成为评判的标准，人们仍然尊崇自古希腊以来两千多年的审美理论建构，对艺术作品的欣赏与批评，常常借用传统的审美理论解释新兴的艺术样式，就如同用评判足球的规则，评判一场橄榄球，南辕而北辙。

三十多年的改革开放，改变了中国，这种社会的、经济的、人文的变化，让人心动。我认为苏州当代美术创作的人文气质应该是潜藏在苏州人心里的特有的情感，而不是矫揉造作的小文人心态。文化苏州应该树立的是体现当代性的文化精神，苏州的当代美术应该是多样化的视觉艺术形态。

让我们从容不迫地期待国家的稳定、经济的有序、教育的力量、文化的基础、个人学养的修炼，高举精神文明建设的大旗，鄙视小农意识的泛滥，扼制假贵族与暴发户心态导致的文化堕落。用一种全新的视野，克服狭隘的文化心理，在苏州这块文明的乐土上，为营造一种体现社会主义核心价值观的美术创作前景而出力。

杨守松的“昆曲之路”

——评长篇报告文学《大美昆曲》

庄　吉

当记者问及杨守松对《大美昆曲》获得“五个一工程”奖有何感想时，作家回答：

> 至少没激动吧。有朋友说可能我早就“功成名就”，对获奖有点“麻木”。其实，“功名”二字是文学的累赘。我写昆曲没有任何名利之累，有没有奖，什么奖，以及世间冷暖，都无妨，我只顾走我的“昆曲之路”。[1]

那么，这位只顾走自己的“昆曲之路”的人，到底要走什么样的路？究竟做了些什么？他的所作所为在当下又有何现实意义？本文将对此做一番探究。

责任与自找“麻烦”

当下中国文化界中最要紧而又最缺乏就是两个字——责任！正如林

1　茅玉东：《大美昆曲成就大美人生——对话作家杨守松》，《昆山日报》，2014年9月15日。

肯所言："人所能负的责任，我必能负；人所不能负的责任，我亦能负。如此，你才能磨炼自己，求得更高的知识而进入更高的境界。"

笔者认为，一个文化行者之所以能立足于世并引领文化潮流最终赢得世人尊重，就是因为他对于民族、国家、社会有着一种无可推卸的责任，只有勇敢担当起"人所不能负"的责任和时代赋予的使命，亲历事件、探索未知、记录人文、见证历史、历经磨难、深刻反思并告诉世界，才不辜负自身所处的时代。杨守松就是这样一位当代的文化行者。

有记者问杨守松："作为一位作家，写经济的《昆山之路》，与《哥德巴赫猜想》等一起入选改革开放三十年三十篇优秀报告文学；写文化的《大美昆曲》又获得政府最高文化奖。这是一位作家的两种"极致"。对于一位作家来说，这是一种怎样的追求？是不是有着一种特殊的使命感、责任感？"他答道：

> 不敢说"使命"，仅仅是自己给自己找的"麻烦"。怎么去写昆曲的，现在想想还真是有点说不清楚，好像鬼使神差，就这么闭着眼睛往里面撞，往里面走。
>
> 写经济和写文化，都不是绝对的，经济中有文化，文化中有经济。对我来说，在昆曲发源的昆山生活了几十年，从"昆山之路"走到"昆曲之路"，也是题中应有之义，是顺理成章

的“变化”。[2]

不过要说的是，题材变化了，做人和追求是一贯的，没有变，也不可能变。

事实上，担当起一份责任就必须付出相应劳动、心血乃至付出代价。以至杨守松得出这样的结论：“获奖很热闹，采访很寂寞。”

退休后，经过一段时间的思考，杨守松准备了十万元，开始走自己的“昆曲之路”。当时，除了妻子，外界没有一个人知道他在做什么。为什么要写昆曲？怎么去写昆曲？又打算写到什么程度？对杨守松而言，一切都是个未知数。就这么他鬼使神差闯进了昆曲的世界。其实，这就是责任，一个文化行者的责任，当然自找的“麻烦”顺理成章地来了，个中滋味“一言难尽”。特别是杨守松那次九死一生的经历：

> 2008 年 12 月 5 日，与中国艺术研究院的一位专家约好，上午 10 点见面。这天北京气温突降，可是为了省钱还是坐公交，谁知到站后依然问不到地址，无助的他只好在寒风中等待，打车寻路。好不容易看到马路斜对面一辆出租车下客，没有了从容，也没有了安全意识，一头猛冲过去，于是遭遇车祸，人在地上翻了一圈，一阵空白之后，他挣扎着支撑起来，反光镜被他撞碎，肇事车辆绝尘而去。他记下了车辆牌照，抬头看到墙上的挂钟：9:41，九死一生！[3]

---

2 茅玉东：《大美昆曲成就大美人生——对话作家杨守松》，《昆山日报》，2014 年 9 月 15 日。

3 茅玉东：《八年穿越昆曲六百年——杨守松的“昆曲之路”》，《昆山日报》，2014 年 9 月 12 日。

有时候，杨守松也会扪心自问："你是谁？你来做什么？你是代表文化部还是代表你个人？很难。可是，迈出去第一步，就没有余地、没有退路了，只能往前走。""为昆曲，要写好昆曲，只能这样，必须这样，也心甘情愿这样！"说到底，记录昆曲、记录历史、记录曲家就是杨守松的责任，昆曲就是他的牵挂、他的一切。

杨守松常常说："个人的力量是非常微小的，至少我清楚，我只能做一件事，就是昆曲……"十年来，他在采访和写作的同时，一直在尽一己之力，为昆曲做一点小事。总之，为昆曲他愿意：

> 在昆山开发区支持下，出版了王芳的也是苏州昆曲界的第一张光盘；取得当时正仪镇领导的支持，请人撰写了《昆曲探源》一书，第一次提出了"昆曲源头"这个学术专题；跑到苏州财政局找严文奎局长，要了六万元，为昆山老艺术家高慰伯出版传记；台湾的曲友为蔡正仁制作DVD，在资金短缺无以为继的情况下，也给了力所能及的资助；还有，在巴城政府的支持下，出版了有关昆曲的连环画系列……
>
> 经过两年多的努力，企业家沈岗出资，江苏省昆编排了《我的"浣纱记"》；和陈东宝一起努力，企业家王强在巴城老街建了昆曲水磨会所；来回奔波，巴城政府为俞玖林解决了实际问题，他在老街的工作室，也已经进行规划并进入设计阶段；跑淀山湖找镇长，戏曲之乡有了小昆班，找书记，周雪峰的光碟得以做成；顾卫英在北京办专场，找不到理解和赞助，就尽自己的绵薄之力，给予支持。[4]

4　杨守松：《为昆曲，我愿意》，《昆山日报·尚周刊》，2014年9月21日。

“昆虫”化蝶三部曲

有观点认为，杨守松身上具有三重文化属性：作家、昆曲研究者、“昆虫”。对此作家并不认同，他说：

> 再次声明，对昆曲，我不是研究，不敢叫“研究”，至多是一个“昆虫”罢了。与昆曲有关的人和事，我知道得比较多，仅此而已。[5]

那么，这只可爱的“昆虫”是如何一步一步地“化蝶”的呢？笔者观察到，从 2009 年 6 月的《昆曲之路》到 2011 年 5 月的《昆虫小语》，再到 2014 年 1 月的《大美昆曲》，杨守松在他的“昆曲之路”上成功破茧并实现了三步跨越。

杨守松对昆曲的第一部献礼之作是长篇报告文学《昆曲之路》，全书共三十万字，分三部分，第一部分讲述了六百五十年来昆曲的发展与兴衰，第二部分讲述了近百年来特别是新中国成立以来社会各方面对昆曲的关爱与保护，第三部分讲述当前昆曲研究者和业内人士对昆曲艺术及其前景的看法。内容涉及昆曲的由来、万历至乾隆的盛况、汤显祖的《牡丹亭》、虎丘曲会、昆剧传习所、《十五贯》救活一个剧种，以及列入“人类口述和非物质遗产代表作”以来昆曲保护传承的新成果等，从对昆曲艺术魅力的传达、对昆曲界众多曲家的写照、对各家剧团各路流派的描绘，到对昆坛上发生的各种争论的介绍等。评论界公认：

---

5 茅玉东：《大美昆曲成就大美人生——对话作家杨守松》，《昆山日报》，2014 年 9 月 15 日。

《昆曲之路》作为一部优秀的长篇报告文学，整部作品具有很强的现实意义。它不仅仅是对昆曲历史的梳理和昆曲命运的总结，不仅仅是对昆曲在新中国成立以来起死回生的同情和爱戴，不仅仅是对当前社会昆曲繁荣的颂扬和讴歌，而且《昆曲之路》是在借昆曲这一优秀传统文化作为载体来描绘中国文化的历史传承和中国人民对自己文化的呵护。[6]

经过两年的奔走积累，杨守松结集出版了《昆虫小语》一书。其中的文章多为小品文，一事一议，点滴趣闻，全书分五个部分，第一辑《古与今》、第二辑《缘与源》、第三辑《院与团》、第四辑《人与戏》、第五辑《我与你》。作家在序言中这样自述：

写《昆曲之路》，心灵有了某种契合与慰藉。

美声美，唱而不舞。芭蕾美，舞而不唱。交响美，不舞不唱。唯有昆曲，且歌且舞，亦文亦武。昆曲集文学、艺术之大成，为中国文化之至峰至美。[7]

这本《昆虫小语》十分低调，几乎没有引起媒体和学界的关注。笔者以为，这部作品应该是作家对《昆曲之路》的一种补充，同时，也是为《大美昆曲》的创作做积累与准备。

事实上，《大美昆曲》全书共分三部分，上篇《古与今》讲述昆曲

---

6 《杨守松长篇报告文学〈昆曲之路〉研讨会在京召开》，中国作家网，2009年11月23日。

7 杨守松：《昆虫小语》，人民文学出版社，2011年5月。

的历史命运故事，中篇《人与戏》讲述昆曲艺术家的命运故事，下篇《缘与源》讲述那些与昆曲有着各种各样缘分的昆曲爱好者、昆曲专家的故事。评论认为："作品熔历史现实信息和人物性格命运、故事传奇和精神情感内容等于一炉，既有秋高气清的开阔，又是花团锦簇的丰茂，很有昆曲幽妙婉转、情真意切、如诗如画的节奏和氛围，十分具有阅读的诱惑力量。"[8]

不难发现，《大美昆曲》在结构布局和语言风格等方面与《昆虫小语》基本一致，其语言风格和行文方式与杨守松早期作品《救救海南》《昆山之路》等经典作品一脉相承，属于典型的杨氏语言风格，并使得第一部《昆曲之路》结构上的"曲牌体"回归到了作家最得心应手的自由体，其夹叙夹议的文风自然组合，读者不时能够倾听到作家内心世界的独白，十分丰富。作家自己总结：

> 前者（《昆曲之路》）比较下意识地追求形式上的美，用章回体来布局，以昆曲的曲牌作为标题，就是这样一种心态的表现。
>
> 写《大美昆曲》，开始也想延续这样的思路，可是很难，有点作茧自缚的预感，所以赶紧取消了"章回体"，也不用曲牌来做标题，这样写起来自由得多也自信得多。[9]

8　李炳银：《昆曲历史与现实命运的文学复活——评杨守松〈大美昆曲〉》，《苏州日报》，2014年5月2日。

9　茅玉东：《大美昆曲成就大美人生——对话作家杨守松》，《昆山日报》，2014年9月15日。

身为“昆虫”的杨守松，这份自信还来源于另一方面，经过十余年的昆曲浸润之后，杨氏语言风格中比以往的文字更多了一份“昆韵”，对昆曲的赞美溢于言表，以至于自然而然地把昆曲之美融入了他的行文之中，或许就是传说中的“昆虫范”吧。比如，作家写昆曲在备受欺凌的年月时，写道：“五六搭剩水残山，七八个颓梁乱瓦。莫道是天籁之音，都付与断井残垣！”直接化用了《牡丹亭·游园》【皂罗袍】里的唱词。[10] 又如，作者在《大美昆曲》前言中诗歌化的结构和对仗，明显受到了昆曲的影响：

昆曲大美。

美到极致，雅到奢侈！

嫡嫡亲亲的美人呵……

美人如花隔云端。

大美小众——如花美眷，似水流年。

曲高和寡——孤芳自赏也顾影自怜。

雨丝风片，断井颓垣，残梦一线！

问天，暗自神伤，何时拍雅曲，明月度新声？

问地，潸然泪下，何方佳人在，良宵觅知音。

……[11]

10 顾星环：《缘于痴爱的纪实与谈美——读杨守松〈大美昆曲〉》，中国作家网，2014年4月3日。

11 杨守松：《大美昆曲》，江苏文艺出版社，2014年1月。

传承与“创新”之辩

是传承还是创新？或许是当今昆曲界面临的最大困惑。从联合国教科文组织的角度来看，作为古典艺术瑰宝的昆曲是“人类口头与非物质文化遗产”，保护与传承是第一位的，希望中国能够原汁原味地、忠实原著地传承昆曲经典剧目。但是当今中国处于一个变革时代，所谓的“创新”思维从某种角度上常常左右着人们对古典艺术经典的传承之路。对此，杨守松从《昆曲之路》时的倾听者一步步走进来，并在《大美昆曲》中成为一名述评者。

比较而言，《大美昆曲》与《昆曲之路》在着眼点方面更注重当下昆曲传承的命运和现当代昆曲人的生存状态，这种采访和交流是广泛而深入的，不仅囊括了全中国的现况，甚至观照到了世界各地人们对昆曲的态度：

> 这些来自各地的有关昆曲的人和故事，非常的使人动心和钦慕，是作家杨守松出于对昆曲的大爱，而走近并写给所有用心用力地推动昆曲健康发展的人们的赞美诗篇。在作品描述到像俞振飞、白先勇、古兆申、郑培凯、余志明、曾永义、洪惟助、蔡欣欣、朱惠良、陈启德等等这些海内外中华子孙对昆曲的珍爱情怀和无私培育行为时，作家的笔墨在一种纯粹的理解中有明显的感动节奏传递；在书写到因为各方人士的关注，如今在各地不断在延续和新生着的舞台展演着像《牡丹亭》《玉簪记》《紫钗记》《桃花扇》《送京》《长生殿》等等剧目，并有像张继青、华文漪、蔡正仁、裴艳玲、顾卫英、李鸿良、孔爱萍、黎安、魏春荣、梁谷音、岳美缇、张静娴、柯军、沈映丽、雷玲、王芳、汪世瑜等等活跃在昆曲舞台上的优秀演员的精彩演出，不但将昆曲空前地推向现实生活，还很好地推向

巴黎、纽约、柏林、东京等世界很多地方，并受到热烈欢迎的情形时，作家的激动和喜悦流动在字里行间。[12]

书中，杨守松在描写两位“传”字辈老先生吕传洪与倪传钺互相打电话的情景时，场景几近令人心酸：

两个老人耳朵都不好了，打电话时“越说声音越响亮，尽管，谁都听不见对方在说什么”。杨守松用了一句苏白：“两个聋聱在打电话！”看似幽默，却是“以乐景写哀”，“一倍增其哀”。[13]

足见昆曲传承之难、昆曲传承之危、昆曲传承之痛！好在近年来“昆曲传承计划”的全面展开和实施为昆曲保护与传承指明了方向。然而传承与“创新”之辩如何看待、如何拿捏？仍然是不可回避的问题。评论界自然也不会轻易放过这一环节，有评论认为这部分比较能够展现杨守松在“述”和“论”方面的思考与功力：

有关“创新”的问题被写了将近两节。杨守松先是请出昆曲前辈顾笃璜对“青春版”《牡丹亭》大加指摘：“白先勇宣称，原汁原味，只删不改。……实际上，不可能，损伤很多！他们以为，这样改了，接近观众了，他们不知道，观众是要培

12 李炳银：《昆曲历史与现实命运的文学复活——评杨守松〈大美昆曲〉》，《苏州日报》，2014年5月2日 。

13 顾星环：《缘于痴爱的纪实与谈美——读杨守松〈大美昆曲〉》，中国作家网，2014年4月3日。

养的。真正的昆曲观众是要用高标准来培养的。这样做，其实是自己丧失信心了。对民族、对文化丧失信心了！”正当读者觉得有理又保持惶惑之时，此节竟戛然而止，给读者一个进一步思考的机会。接下来，杨守松用整整一节正式讨论这个问题。此节以张允和的一句诗“不须自冻阳春雪”作标题，起首便搬出张允和的日记：“昆曲一向是演现代戏的”，演《鸣凤记》是因为严嵩倒台，演《桃花扇》是为了反清，演《五人义》则是“在魏忠贤出事后四五年”。《庄子》讲究“重言”，即借长者、尊者之言以自重，那么张允和的话被置于此处，便如定海神针一般定住了与顾笃璜相左的另一种观念。接下来便是一系列例子，从昆曲《小放牛》、昆曲《焦裕禄》这种带有时代色彩的创新，到如今张军、柯军的颇为前卫的先锋实验，佐证的都是张允和的观点。同时杨守松又掉转头说顾笃璜“骨子里就是创新的，他反对的是那些以创新的名义糟蹋了昆曲的人”，并举了顾笃璜改《白兔记》和《长生殿》的例子。随后他四两拨千斤地揭示出一个真理：若说昆曲只能原汁原味不能改，“那么，又有谁见过二百年、三百年、六百年前演出的原汁原味呢？”但他立即又进行自我反诘：创新虽然必要，但是不能“胡编乱造”“标新立异”“劳民伤财”，不能因为要对政治或市场妥协就彻底丧失独立性。杨守松在这场讨论中好似双手互搏，实际却是眼观六路、耳听八方，在各种意见中做出了自己的判断。[14]

14　顾星环：《缘于痴爱的纪实与谈美——读杨守松〈大美昆曲〉》，中国作家网，2014年4月3日。

笔者以为，大多数受访者本人对传承与“创新”的看法是模糊的，甚至是片面的，作家在倾听诸多评说和议论中，存在对所谓的“创新”定位和内容左右摇摆的现象，对“创新”主体应该是政府还是院团？是剧作家还是赞助人？是传承人还是“义工”？语焉不详。使得作家的观点不得不使用否定式来表达：

> 如“昆曲不是陈列品”“昆曲不是三陪女”“昆曲不是流行文化”“可以创新，不能改造”等，也许是复述了专家的观点，但都是作家用思想整合的基本判断……[15]

事实上，作为“人类口头与非物质文化遗产”的昆曲是什么呢？是音乐。昆曲之所以可以流传而且永远不会消亡，就是因为有曲牌，她的每一支曲牌都有与曲牌名相对应的曲谱，即工尺谱。因而，就昆曲本身而言，只要是能够按工尺谱来演唱就算完成传承的要求了。由此可见，曲牌、平仄、音律以及发声方法乃昆曲的核心，这个不能动！昆曲在数百年的舞台化进程中，大量吸收元杂剧和南戏的舞台表演元素，中国古典戏剧中最经典的昆剧舞台表演体系最终形成，其核心是绕梁三日的音韵、管弦丝竹的配器、举手投足的程式、一桌两椅的抽象、典型人物的服饰、人物塑造的脸谱等等。而这些正是当下人们看得见的昆曲舞台艺术的主要载体，捍卫和保护昆剧舞台表演体系的优秀传统，成为保护和传承昆曲这一非物质文化遗产的重中之重，缺一不可。凡是昆曲与昆剧舞台表演体系中必须依靠人们口口相传的相关内容都不能动！昆曲不能搞“转基因”，不存在所谓的“创新”之说。

15　木弓：《迎接昆曲的大美时代——读杨守松长篇报告文学〈大美昆曲〉》，《光明日报》，2014 年 4 月 1 日。

然而问题来了，现在承担昆剧表演体系保护与传承的主力军，是国内的七大昆剧院团，所有昆剧院团面临的现实困境是要演出、要面对观众、要养活自己，还要以演养人、以演养传，就不得不迎合市场需要和观众趣味，所以舞台上的许多东西必须“改革”，连剧本也不得不压缩或改编。而上至中央、下至地方，各级政府扶持高雅艺术的热情高涨、层层加码，美其名曰“文化工程”“创新奖”，结果把昆剧经典戏目改成话剧者有之，改成昆歌者亦有之，相当“山寨”。作家不禁大声疾呼：“文化遗产不是文化商品！”

现在的问题是，历史上流传下来的经典折子戏不下千出，20世纪的传字辈等尚能演五六百出，现有昆剧院团加起来只能演二三百折，折子戏流失的速度超过保护与传承的进度。说一千道一万，就昆曲而言，保护与传承是第一位的，整个21世纪，即使没有任何所谓“创新”，凭七大昆剧院团和现有人才也来不及……

谁来“拯救”昆曲?

百余年间，曾经辉煌的昆曲从巅峰跌到低谷，特别是经历了20世纪的沧桑、伤痛乃至折腾，昆曲人流浪失落的尴尬境遇令人唏嘘，但昆曲人顽强地生存着亦让人欣喜。进入新世纪，昆曲人的命运又将如何?谁来“拯救”昆曲?杨守松苦苦追寻着，这大概就是作家跋涉千万里想要寻找的“昆曲之路”。

对于昆曲的前世今生，对于昆曲人的前途命运，作家以高度的文化责任和深厚的人文情怀加以观照，他以为：

> 白先勇说：“有钱不一定能做出文化……”古兆申说：“一切向钱看，比政治挂帅更危险”，“联合国也救不了昆曲”。

昆曲是一种超越了政治国界和历史的文化对象。昆曲最需要的是对于她有一种真切感受和浓厚的文化爱戴情怀。

很多在各种岗位从事着昆曲艺术事业的人们，无论是台后的支持策划，还是台上的新老演员，很多人都是在自觉的物质付出和收入微薄的情况下专注于这项“雅曲”事业的，这都因了昆曲的美，因了他们的爱。因此，他们自然地成了杨守松真实感动和描述的对象。[16]

此外，作家在采访过程中，在参与昆曲文化的整合与建设过程中，逐渐形成了关于民族文化建设这个宏大课题的一些思考：

作品通过讲述昆曲历史与时代和现实的关系告诉我们，当代现实中民族戏曲那么困难，表面上看，好像是传统艺术跟不上时代的需要，好像必然要被淘汰。其实，在相当多的时候，问题并不出在传统艺术，而在于现实本身。昆曲那么美，但发展起来就是很困难。原因就在于，经济高速发展、超常规发展的现实让人失去了接受传统艺术之美的心态，让人的精神失去了欣赏传统之美的功能。要改变这种现状，需要一个国家、一个民族有共同的文化认知和共同的文化理想。[17]

由此可见，昆曲人的命运也是时代的命运，昆曲的回归也将预示着

16　李炳银：《昆曲历史与现实命运的文学复活——评杨守松〈大美昆曲〉》，《苏州日报》，2014年5月2日。

17　木弓：《迎接昆曲的大美时代——读杨守松长篇报告文学〈大美昆曲〉》，《光明日报》，2014年4月1日。

理性的回归。最终，杨守松得出了这样的结论："只有中国政府，只有改革开放，才可以、必须也能够拯救昆曲！"《大美昆曲》或者还可以引发人们对"拯救中国文化"的更多思考……

事实上，在《大美昆曲》中，人们常常会感受到作家一种很"低"的姿态，有对先贤高士的景行仰止，也有对民间"草根"的不吝赞美，杨守松以为：

> 昆曲是中国文化的极致，极致的"大美"。中华民族的灵魂在文化，而昆曲是文化的极致，自是一个图腾，书中有写。对文化要有敬畏之心，若没有了敬畏之心，没有了起码的道德和良知，只能是"捣糨糊"。我对文化比如昆曲，就是那种高山仰止的感觉。
>
> 昆曲需要政府和民间、昆曲人和昆曲爱好者比如粉丝们的两条线两个方面的传承和推广，有人对"草根"不屑一顾，我不，所有为昆曲尽心尽力的人，无论官方还是民间，我都感谢他们。[18]

是的，我们要感谢所有热爱昆曲艺术和为昆曲艺术付出时间、付出劳动、付出心血的从业者、研究者、传播者、爱好者、粉丝们，感谢作家杨守松，感谢他为昆曲、为中国传统文化所做的一切！

---

18 茅玉东：《大美昆曲成就大美人生——对话作家杨守松》，《昆山日报》，2014年9月15日。

市井风情里的“世俗人生”

——中国当代文学中的“苏州书写”

曾一果

内容提要：从陆文夫开始的当代“苏州书写”自觉继承了“三言”、“二拍”等中国传统小说的市井叙事传统，描摹世俗风情，刻画市井人物，形成了具有浓郁市井趣味的创作倾向。当然，在不同历史背景和成长环境下，每位作家的市井写作差异很大。本文试图通过对不同作家作品的解读，考察在不同时空维度下，苏州当代作家如何记忆和书写苏州，重构和开拓中国小说的市井叙事传统。

在中国当代城市书写研究中，北京、上海、香港都是热门话题，但是对于苏州这样一座历史古城鲜有人关注，其实苏州不仅有两千五百多年的悠久历史，而且自明清以来文学艺术繁荣昌盛，明代小说家冯梦龙便是苏州人，由他编辑的短篇小说集《喻世明言》《警世通言》《醒世恒言》（“三言”）至今还有巨大影响。

苏州当代作家陆文夫、范小青、苏童、朱文颖、叶弥等人，继承“三言”“二拍”的市井叙事传统，关注市井日常生活，形成了具有浓郁市井风情的创作风格。有人这样评价苏州当代作家：“苏州作家们身上或多或少浸染了苏州这方水土给予他们的滋养。他们各自在自己的创作园地里进行不懈的人生、社会思考和艺术创造，他们将苏州文化、苏州地方的人文风景——精彩地汇聚笔下，形成了我国文坛一道独特的风景线。”[1]本文即通过解读不同作家作品，考察苏州当代作家如何自觉继承和重构中国小说的市井叙事传统，并从本土文化出发书写苏州，为中国当代文学提供独特的“市井故事”。

一、开启“小巷人物志”

自新文学革命以来，继承唐宋明清等中国传统市井小说的中国现代通俗小说备受打压，范伯群在其《插图本中国现代通俗文学史》“绪论”里指出中国现代文学史是“知识精英话语”占主导地位：“中国现代通俗文学或被作为‘逆流’而加批判，或被作为‘配角’而充当陪客。”[2]他进一步指出，在中国现代文学史上，知识精英文学侧重于“借鉴革新”，而中国现代通俗文学则侧重“继承改良”——继承中国古典小说，服务对象是“市民大众”，描摹的是市井社会的“世态人情”。不过，中国现代通俗小说虽被新文学家们猛烈批判和攻击，却以或隐或现的方式顽强生存。在20世纪80年代初，邓友梅、陈建功等人掀起的“京味小说”便承继传统，缅怀富有世俗趣味的市井生活；与此同时，苏州的陆文夫也回到市井世界，开启了苏州当代作家的“市井书写”。与邓友梅、陈建功等京味小说家相比，偏居江南古城的陆文夫有点孤单，他单枪匹马地专心绘制苏州的古城风景，讲述小巷深处的市井人情，尽管他并非土生土长的苏州人，却因长期书写苏州而赢得了“陆苏州”的美誉。

陆文夫的苏州书写有明清以来苏州文人的“市井情怀”，他与民国通俗小说大家周瘦鹃、范烟桥及程小青交往频繁，深受他们生活方式和思想文化的熏陶。尽管1949年就参加革命，但因与周瘦鹃等人关系密切，在“文革”中，陆文夫被视为“周瘦鹃徒弟”受批斗。自从进入苏州中学读书起，古城便不知不觉地成为他创作的源泉：“文学与苏州的美景合成了一种针剂，把那艺术的基因注进了我的血液里。”[3]在苏州传统市井文化浸染下，陆文夫的文学一开始就显示了“别样风情”。《小巷深处》（1955）、《葛师傅》（1960）等早期作品已流露出浓厚的“市井趣味”。在回忆成名作《小巷深处》发表经过时，陆文夫强调他并非“另辟蹊径”，刻意与当时写英雄、写工农兵等主流大叙事保持距离：

> 我写《小巷深处》时，并非是故意要想创造一个什么“小巷文学”，也没有想到要在大写工农兵、大写英雄的时代别出心裁来写一个妓女从而引起轰动（现在不会轰动），实在是因为解放初期我采访过苏州市的“妇女生产教养所”。[4]

解放初期的新闻报道已有了不少禁忌，许多方面不能报道，这促使陆文夫有了写小说的想法，于是有了《小巷深处》。随着《小巷深处》的轰动，陆文夫开始有意识地将目光对准“旧社会”，不合时宜地创作了一系列与当时主流题材相去甚远的“小巷文学”。不过，陆文夫这样解释其创作，他说人们常讲历史是“人民群众创造的”，可翻开各种历史典籍，“所看到的只是些帝王将相、英雄美人，再加上点风流才子、游侠名妓等等，所谓的人民只是一个虚词而已。大人物被历史记载下来了，小人物又在哪里？帝王将相被记载下来了，张三、李四又在哪里？”[5]如何记录和反映普通人的生活,他认为重任只能“落在小说家的肩上了”。陆文夫还说鲁迅翻开整个封建社会史之后发现了两个字“吃人”，他翻开人类生活史之后也发现了两个字“吃饭”：“事实证明，‘老三篇可以不读’，不吃饭却是不行的。”[6] 1949 年就参加革命的陆文夫敏锐地意识到革命战争并非人间常态，“吃穿住行”才是根本，而苏州自古就是一个吃喝为主的“市井城市”。学者赵园曾盛赞北京有市井之气，“饮食文化”是“老北京人文化优越感的一份实实在在的根据”。[7]相比于北京，陆文夫认为苏州更有市井传统，“苏州不是政治经济的中心，没有那么多的官场倾轧和经营的风险；又不是兵家必争之地，吴越以后的两千三百多年间，没有哪一次重大的战争是在苏州发生的；有的是气候宜人、物产丰富、风景优美，历代的地主官僚、富商大贾、放下屠刀的佛、怀才不遇的文人雅士、人老珠黄的一代名妓等等，都喜欢到苏州来安度晚年”。[8] 这里没有钩心斗角、刀光剑影的“宫廷大戏”，只有平凡热闹、闲暇舒适的“市井生活”。在《美食家》中，“吃”是人生第一要义，当写到朱自冶有上朱鸿兴吃“头汤面”习惯时，小说特强调朱的行动“只有苏州的中老年人才懂”。

在20世纪80年代“改革开放”语境里，陆文夫以其市井故事反思只重视帝王将相、忽视市井小民的“宏大叙事”，亦借此批评日益急功近利、浮躁喧嚣的社会风气。20世纪末江苏美术出版社曾推出“老城市丛书”，《老苏州》的文字便出自陆文夫之手，在《老苏州》的“序言”中，陆文夫发出了这样的“感慨”：

> 一座半圮的石桥、一幢临河的危楼、一所破败的古宅、一条铺着石板的小街、一架伸入河中的石级……这些史无记载的陈迹，这些古老岁月漫不经心的洒落，如今都成了摄影家们的猎物，成了旅游者的追逐之地。那些旧时代的老照片，也成了书店里的卖点，人们在走向现代化的时候，为何又回过头重温那逝去的岁月？
>
> 曾几何时，我们向往过西方的大桥、汽车的洪流、摩天高楼、乡间的别墅和那如茵的草地，我们把石桥、危楼、古宅、石级视为贫穷与落后。如今，在国内的某些大城市和开发区，与西方的距离正在缩短，一样的高楼林立、汽车奔流、一望无际；那些新建的公寓楼、小别墅，明亮宽敞，设备齐全，冷热任意调节，真有点儿不知今夕是何夕？[9]

陆文夫意识到“现代化”虽然提供了先进的设备和舒适的环境，却忽略了“自我”与“过去”的关联，故而，他要在“怀旧”中重构丰富多样的传统城市生活图景。解放前，陆文夫在苏州读书，十分熟悉旧时市井生活："漂亮的车子配上漂亮的车夫，特别容易招揽生意。尤其是那些赶场子的评弹女演员，她们脸施脂粉、细眉朱唇、身穿旗袍、怀抱琵琶，那是非坐阿二车子不可。阿二拉着她们轻捷地穿过闹市，喇叭嘎咕嘎咕，铜铃叮叮当当，所有人的行人都要向他们行注目礼；即使到了书场门口，阿二也不减低车速，而是突然夹紧车杠，上身向后一仰，嚓嚓制动两步，平稳地停在书场门口的台阶前，就像上海牌的小轿车戛然而止似的。女演员抱着琵琶下车，腰肢摆扭……便消失在书场的珠帘里。那神态有一种很高雅的气质，而且很美。"如果对传统市井生活不熟悉是写不出这样的场景的。当有人称赞陆文夫小说富有散文诗意时，陆文夫却说一切"自然而然"，是其"切身经验"而已："我熟悉小巷深处的各种人物，也知道这些人在解放前后的变迁。我认识现今成了女工的妓女，也记得她们在解放前站在昏暗路灯下的情景。我住过耦园，也知道苏州的各个园林，那留园的假山、西园的茶社，这一切都会自然而然地进入到我的小说中来。"[10]

陆文夫将创作比作建造"苏州园林"。[11]他自己便像历代香山帮工匠一样精心建造着纸上的"市井之城"，描摹苏州的种种世路风情：深宅大院里的大户人家，街头挑担的商贾小贩，纱厂里干活的技术工人，改造所里的从良妓女，还有各种小人物出没的园林寺庙、深宅小巷、茶肆酒楼……经由他的妙笔，无不逼真地呈现出来。在其笔下，传统市井生活虽平凡普通，但绝不低级庸俗，那由小贩车夫、评弹女子、饕餮之徒组成的市井世界，同时也是一个文化世界，朱自冶的吃不单是为了填饱肚子，而是代表了一种传统的生活方式和文化精神；朱源达手中的毛竹板虽然由一根普通竹子做成，没有任何秘密，可在"朱源达的手掌里却能发出美妙的音响"。这就是中国传统市井社会的魅力。

值得注意的是，陆文夫当年毅然奔赴解放区参加革命就是因为看到国统区苏州普通市民生活悲惨："物价飞涨，民不聊生。冬天，玄妙观的屋檐下常有冻死的饥民，可那权势豪门之中、酒楼青楼之内，仍然是花天酒地，嫖娼宿妓。瘦骨嶙峋的黄包车夫，拉着大腹便便的奸商，一路疾走，气喘如牛，这是什么社会？”[12]但后来他反而被“传统的世界”所吸引，其文学道路发人深思。

二、“本土意识”的觉醒

陆文夫是一位很有文化自觉的作家，在现代化如火如荼的1988年，他还逆“时代潮流”创办了《苏州杂志》，潜心挖掘、收集和整理“过去”，重构传统苏州的市井、人文和地理景观，他的努力唤醒了苏州当代作家们的“本土情怀”。受其影响，范小青、叶弥、朱文颖等苏州作家纷纷将目光投向“本乡本土”，书写有苏州地方风情的人与事。在这些苏州书写中，范小青最具有代表性，被视为周瘦鹃、陆文夫之后苏派文学的“新掌门人”。[13]其小说生动地反映了“改革开放”之后土生土长苏州人“本土意识”的觉醒。

范小青生于上海，三岁时随父母迁到苏州，苏州自此成为她创作的主要源泉：“我在苏州写作最大的感受，就是我是一个苏州人，我与苏州是融为一体的。”[14]她甚至声称从1984年之后只写家乡苏州“那一块地方”。[15]从《小巷人家》（1986）、《裤裆巷风流记》（1987）到《城市之光》（2003）、《城市表情》（2004），跟陆文夫一样，范小青的作品大多围绕着苏州寻常街巷中的普通市民展开，但跟陆文夫用传统文人眼光看小巷世界不同，范小青直面苏州当代小市民的“日常世界”，在《裤裆巷风流记》“引言”里，她写道：

> 苏州人杰地灵，苏州历来以帝王将相、才子佳人而闻名，无数文人骚客留下的文章典籍，大都以他们为主体。

然而，帝王将相、才子佳人只能是苏州极小的一部分，苏州的绝对量是芸芸众生、市井小民，是他们的喜怒哀乐。[16]

范小青将历代“苏州书写”做了如下划分：一是关于“帝王将相、才子佳人”的文人书写，二是关于“芸芸众生、市井小民”的市井叙事。她认为关于“帝王将相、才子佳人”的“文人书写”长期占据主流位置，而占据苏州城绝对量的“芸芸众生、市井小民”没有得到重视，她要为他们“塑碑立传”。陆文夫也关心市井小民，但其小说显然被范小青划归“文人书写”那一类传统——以传统文人眼光书写市井生活，反映的是传统文人的思想旨趣。范小青则强调自己是“小市民”的一员，以小市民身份书写苏州：

我不大信命，可我却知道，我写小说，很难让人“冷不防”，不大可能使天下震惊，也许是命中注定。苏州人从来都是小家子气的，我也是小家子气的。

应该培养自己的大气，却不能伪装自己。当我们还没有练就三昧真气，还缺乏大家风范的时候，我就是我，小家子气的，不时露出些小市民的本相，乡下人兮兮的，并且不以为羞耻，不知道这是不是苏州人的特点。[17]

《裤裆巷风流记》完成于1987年，彼时文坛正兴起“新写实主义”，范小青以小市民“代言人”身份起家，自然被归入“新写实主义”的行列。“新写实主义”的流行反映了大陆城市本土意识的苏醒。伴随着改革深入，社会深层矛盾凸显，城市底层生活日益受到关注，当时的《上海文学》还呼吁人们关注“自己周围的日常生活”。[18]正是在1987年前后，池莉开始关注汉正街的小市民，王安忆从“寻根文学”撤退书写上海；范小青则留心起自己成长的城市，努力为苏州当代小市民“摇旗呐喊”。

范小青的作品指出，那些在文人和游客眼中充满诗意的苏州名胜风景，对日日操劳的小市民而言毫无“浪漫色彩”。在《城市民谣》（1997）中，外地游客到古城看著名景点长街，但是在长街生活多年的小市民钱梅子，却从未认真地看过长街一眼：“她像一个匆匆忙忙赶路的过客，每天匆匆地穿过长街去上班，再匆匆地穿过长街回家来，做饭、做家务，长街不曾在她心里占一点点位置，她不知道长街是美的，还是丑的。”[19]与钱梅子一样，《裤裆巷风流记》中的阿惠、卫国等都在巷子里长大，苏州小巷是他们的生活空间而不是审美游玩对象。他们为了生活，每天卑贱而快乐地忙碌：“阿惠走到一处停下来了，摊主是同阿惠差不多年纪的小姑娘，面孔不好看，身段蛮好，身上的、手里拎的、摊上摆的，全是顶新式的港衫，嘴巴里一口糯答答的苏州话，招徕顾客，活络得不得了。”[20]这座城到处是和阿惠一样年纪的普通女孩，她们是改革一代的苏州土生土长的市民，生活辛苦却乐观向上。

“小家子气”“小市民本相”“乡下人兮兮的”，是范小青总结出的苏州人特点。范小青并不认为这些特点有啥不好，在她眼里，苏州是有点“小家子气”——居住此城的小市民平凡庸俗、斤斤计较，但“小家子气”的苏州是小市民日日生活的“我城”。这座古城自然有过无数“大户人家”，《裤裆巷风流记》中的吴家便曾是“大户人家”：“光是大门就气派得不得了，八扇头的墙门一字排开，墙门木料全是上等银杏木。进大门一方天井，天井后面又是八扇墙门排开，开进去是门厅，也就是现在讲的门堂间。门堂间西面有一过道。方砖铺地的过道夹在高墙之中，幽深阴暗，延进去二百多公尺长。过道中央原本有一口暗井，住家怕小人出事体，老早就封起来不用了。过道南北通，把大宅分作东西两落。东面一落总共六进，前面四进分别为门厅、轿厅、大厅、女厅……老早辰光这种大开间，一间小至三四十平方，大至七八十平方，气势庞大，派头十足。”[21]只不过，历经沧桑岁月，今非昔比，吴家后人仍住在吴宅中，过的却是普通生活，有时连小市民也不如，见了人“点头哈腰，低头顺眼”。[22]在新时代里，这座城所有的人都是为生活奔波的“小市民”。城乡关系也在变化，张师母自认为是“城里人”，当有人劝其女儿阿惠去做“小老娘”，她坚决不同意：“小老娘我们不做的，这种事体是安徽人做的，我们穷归穷，苦归苦，小老娘不做的。我这一世人生帮人家，做下等事体，反正人也老了，我女儿不做下等事体的。”[23]可在改革浪潮中，这样的城市面子也保不住，阿惠虽然没做成“小老娘”，现实却逼她四处找活。

同样关注“市井小民”，范小青剔除了陆文夫的文人情怀，立足当下，放眼未来，看到的是时代变化的积极作用——“改革开放”为苏州小市民提供了平等发展的机遇。无论是曾经辉煌的“大户人家”，还是为一日三餐奔波的“平头百姓”，均得靠本事吃饭。《城市民谣》中的钱梅子是一个下岗女工，下岗后生活陷入困顿，为了生活，她做过招待所服务员，炒过股票，与亲友合开过饭店，吃尽苦头，但其经营的饭店倒闭后，她没有泄气，而是满怀信心走向“新的生活”；《裤裆巷风流记》中的阿惠自小长在小巷里，没见过世面，经历种种挫折之后，她反而变得有主见了，“不管怎么样，汽车总归是朝前开的”，在小说结尾里，阿惠勇敢地上了一辆开往陌生世界的汽车。通过阿惠、钱梅子等小市民，范小青展现了古老苏州的“青春活力”。

在讴歌苏州当代小市民阶层时，范小青没有排斥“宏大叙事”，相反，她将当代小市民的“喜怒哀乐”置于时代潮流中加以表现，突出变化时代对小市民物质和精神世界的影响：“苏州的每一根血管里，都渗透了时代的新鲜血液，苏州的每一个角落里，都感受着变革的猛烈震荡。苏州人的喜怒哀乐，他们的细碎的、烦琐的、杂乱的日常生活，始终紧系在全社会的总命脉上。”[24]像西西在《我城》中写香港本地市民对香港感情一样，范小青的小说扎根苏州，反映了苏州作家“本土意识”的真正觉醒，在这里，小市民对苏州有很强的认同感和归属感，苏州是他们赖以生活的“我城”，操着吴侬软语的小市民们在“我城”中生活，虽然每天为鸡毛蒜皮之事争吵不休，但这不妨碍大局，反而增添了“我城”的热闹气氛，谁家真遇到事，街坊邻里又挺身相助，这就是“我城”的魅力。

范小青讴歌与时俱进的苏州小民，肯定平凡庸常的市井生活，乐于接受古老苏州的变化，不过，她也深知变革时代的古城苏州本色不再，传统市井生活与现代社会的内在冲突在所难免：“苏州城里同吴家这宅房子大同小异的建筑，大街小巷处处有，只不过近几年拆的拆，坍的坍，不少地方已经面目皆非、光彩全无了……”[25]可口可乐等西方文化也乘着改革东风侵入苏城大街小巷,原本单一纯正的市井空间变得芜杂不堪。

三、另类的“市井叙事”

在中国当代苏州书写之中，陆文夫继承中国传统小说的市井叙事传统，将目光投向“过去”，描写苏州传统“市井风情”；范小青立足“现实”，讴歌苏州当代小市民的平凡生活，书写城市本土意识之觉醒。在他们之后，叶弥、朱文颖等人也从市井出发，书写对市井人生的不同理解。如果说陆文夫的市井书写是传统文人型的，范小青的市井书写是新写实主义型的，那么苏童的市井书写则是先锋主义型的，朱文颖的市井写作属于新古典主义型的，他们的创作反映了苏州当代作家本土意识的不断加深，体现出市井叙事的不同维度。在这些作家中，苏童并非严格意义上的市井小说家，他是20世纪80年代先锋文学的主将。但是有人就认为1989年之后苏童已不再是“先锋作家”，[26]苏童自己也说：

> 二十来岁，我是反叛的，反常规的，那时，我认为，按照常规写作是可耻的，按照这个意义来说，先锋就是反常……到了《妻妾成群》之后，我对传统小说方法有了兴趣。做一个永

远的先锋作家不是我追求的……有时向传统妥协、回归传统也是一种进步。[27]

大学期间，苏童不仅遍览博尔赫斯等西方作家小说，还大量阅读了“三言”“二拍”等中国古典小说，他盛赞过三位中国历史上杰出的短篇小说大师，排在首位的便是冯梦龙。苏童还分析过《红楼梦》和《金瓶梅》的差别，在他看来：“《红楼梦》描写的不是世俗生活，而是官宦大家庭中的人情冷暖……而《金瓶梅》这样的东西迎合的是民间，干脆赤膊上阵，把市井人物的喜怒哀乐都火辣辣地写了出来。”[28]而他更喜欢《金瓶梅》的“市井书写”。苏童自小生活于苏州城北的市井小巷，对下层社会有一种天然亲切感，这是他创作的最重要源泉：“我是从我从小就非常熟悉的一条狭窄破旧的小街落笔的。它是一条穷街，也是多少年来被市政建设所遗忘的一条街……那全是一些日常生活的镜头，没有任何戏剧化的成分，我记起了小时候怎样走到母亲所在的工厂食堂吃午饭，记起了那边桥下的公共厕所，记起了和我当时同龄的孩子与他们母亲吃午饭的情景。那种视觉印象自然是混乱的，说不上有多少美，但里面透出鲜活的生命气息。”[29]

因而，苏童从“先锋撤退，回归传统”并不让人惊讶。不过，苏童或许并非真的离开了先锋。他强调：“从某种意义上说，背叛先锋本身就是一种先锋，同时写作者宣告效忠于先锋的浮躁，就像宣告效忠于传统现实主义的保守陈腐一样有害”，“我不知道我是否对于先锋小说有过真正的背叛”。[30]既承认自己“回归传统”，却又说不知道自己是否对先锋有过“真正的背叛”，显然，苏童对传统的“回归”和对先锋的背叛没那么简单。如何理解苏童作品中“回归”和“先锋”的关系呢？

“三言”“二拍”是我比较喜欢的类型，它市井生活的气息很浓，呈现出万花筒般的人生，对此我很感兴趣。其实我本身不是一个对历史很感兴趣的人。但有人把我的作品概括为新历史主义，这是他们的语汇，我不反对。[31]

苏童曾这样解释他为何喜欢“三言”“二拍”，不仅是因为“它的市井生活气息很浓”，更在于它能“呈现出万花筒般的人生”。苏童敏锐地发现“三言”“二拍”等传统市井小说所展现的“万花筒般的人生”与“先锋文学”有内在的共通性——均关注个体存在境遇。在《蒋兴哥重会珍珠衫》《卖油郎独占花魁》等传统话本小说中，“巧合”和“偶然”经常推动着故事情节发展，“巧合”“偶然”恰恰意味着人物的命运具有“不确定性”，而先锋文学的核心思想亦是思考个体不确定性的存在境遇，由此，苏童看到了“传统”与“现代”的“契合点”，反过来，他也从先锋视角重新阐释中国古典小说，将《红楼梦》看作是“一部人生的百科全书”，《金瓶梅》则是“古典文学中的先锋派”。[32]

《妻妾成群》（1989）、《我的帝王生涯》（1992）是苏童“回归传统”的几部代表作。《妻妾成群》讲述了一个封建大家族里女人们争风吃醋的故事，《我的帝王生涯》讲述一个帝王宫廷政变后的人生遭际。这些作品的共同特点是回到“过去”，讲述一段鲜为人知的“历史故事”，不过，苏童关注重点不是“历史”，而是历史中的“人”。在谈《我的帝王生涯》写作经过时，他强调就是要通过“帝王与最为普通的江湖艺人身份之间的转换”去表达某种“不确定性”[33]。《米》亦是如此，本来苏童想将其写成“城市新兴产业工人的生活史”，[34]但是写史的“大的设想”未能实现，小说最终变为南方的“市井传奇”。苏童无意于“宏大历史”，他称自己“向传统回归”不是“投降”，而是“一次腾挪”，是借中国传统小说的叙事框架，表达先锋理念——即对复杂人性的关注：

因此在写作《一九三四年的逃亡》《罂粟之家》以后，我是有意识地撤退了。重新拾起故事，重新塑造人物。同时，我

> 要寻找写作来源，我当时寻找到的最丰满的东西恰好就是最传统的、最中国化的素材。如《妻妾成群》，一个封建大家庭，男权屋檐下的女子的身影，我看见它背后潜藏着巨大的人性空间。[35]

“最传统的”“最中国化的素材”背后潜藏着“巨大的人性空间”，这是苏童“回归传统”的根本原因。苏童说《妻妾成群》这样的“老故事”完全可以改写为“四个机关女职员和一个上司的关系”的“新市井故事”。

苏童虽也像陆文夫一样“回归传统”，但在本质上差异很大，苏童看重的是市井社会呈现出的“万花筒般的人生”，而陆文夫欣赏的是传统市井世界流露出的“优雅闲适”。在《城北地带》（1993）、《肉联厂的春天》（1994）等作品里，苏童还直面现实的“市井人生”。《城北地带》等故事大多发生在一个叫“香椿树街”的市井街区，苏童小说多次对这一街区环境加以描绘。不过，这里的街区景观不是诗意的，而是庸俗无聊和混乱肮脏的，陆文夫笔下那富有诗意的河道、茶馆、桥梁、店铺在此变得毫无美感。虽然“香椿树街”的名称还颇有“田园诗意”，但苏童却反讽地指出：“香椿树街上其实没有一棵香椿树，这条诗意缺乏的城北小街唯一盛产的花卉就是夜繁花，而人们通常把这种花的花名理解成夜饭花，夜饭花的名字或许更贴近香椿树街嘈杂庸碌的现实。”[36]“香椿树街”没有赏心悦目的小巷风景，也没有青春活力的小市民，有的是庸俗不堪甚至凶险阴暗的市井生活。丢弃女儿的耍蛇人父亲多年后再次来找女儿滕凤，却被女儿无情地赶到桥洞里；三个男孩随意就将走夜路的锦红杀害、投河自尽的美琪阴魂在雨季里频频出现、年盛卿一把火将自己的茶馆烧毁……“香椿树街”的每一个空间都令人不安，而这样的市井空间在实际生活中竟都有“原型”。[37] 苏童以“另类的市井叙事”揭开了南方城市生活的灰暗一面：

南方人的脑子活络，他们特有的生存境遇，造就了他们对环境特殊的反应方式，他们必定要永远和人打交道，否则就无法在此立足。这培养了智慧和思维的多样性和丰富性……那么多的人在有限的地方都在扩充自己的生存空间，见缝插针，所以平直的巷子在那么多人挣脱生存空间的战争中变得弯曲起来。[38]

苏童无意开展“道德说教”，批评自私自利的“世俗男女”，相反，通过对南方狭小市井空间的“另类叙事”，苏童小说展现了人性的复杂和命运的无常。无论是写历史还是写现实，苏童关注的是世俗社会中的“人”本身，他说：“人写好了一切大的问题都解决了。”[39]古今市井社会“万花筒般的人生”，恰好为其理解“复杂的人性”提供了无数生动的素材。正是通过对市井社会这个“富矿”的深耕，苏童有效地调整了中国传统小说与西方先锋文学的关系，其作品反映了苏州作家对本土认识的深入。

四、从“市井人物”到“新市侩”

赵园曾说：“中国有的是田园式的城市，这类城市对于生长于乡土中国、血管里流淌着农民的血的中国知识分子，绝不像西方现代城市之于西方知识分子那样异己。”[40]在陆文夫的《美食家》《小巷深处》中，苏州小巷温情脉脉，富有“田园诗意”。即使是在范小青笔下，改革初期的苏州市井小巷依然散发着纯朴的乡土气息，例如在范小青的《城市民谣》第一章就有这样城乡交往的“和谐场景”：

每日的白天，上班的上班，上学的上学，向绪芬呢，就在

> 大门外的街上，摆一个茶水摊，向家老宅从前的厢门间，开出一家便民小店，店主老三喜欢开了收音机听评弹，听得摇头晃脑，店门口，就是向绪芬的茶水摊，从好多年前开始向绪芬就一直在长街的小店门口摆茶水摊，向路过的人供应茶水，从前农民摇了船上城里来，船若是停在长街沿河，他们上岸来，他们也许会感到饥饿感觉口渴，他们看到向太太的茶水摊很高兴，他们摸出几分钱买一杯茶喝。[41]

范小青的小说不像陆文夫的小说那么富有文化气息，向现代城市迈进了一步，但其笔下的苏州依然缺乏“现代味”。而1970年出生的朱文颖却竭力摆脱乡土羁绊，塑造现代市民形象，可在叙事策略上却采用了一种更加古典化的手段。朱文颖曾发表过《浮生》（1999）、《高跟鞋》（2001）、《水姻缘》（2002）等小说，小说具有浓厚的古典主义色彩，有的直接改编于古典小说或历史传记。朱文颖对古典的钟情，不但表现在借用《红楼梦》、《史记》中的故事作为底本，也表现在对语言文字的把握上，正是此文字感，使她一度被誉为“苏州的张爱玲”。发表于1999年第3期《收获》上的《浮生》的开头“狐”一节就这样写道：

> 芸娘取了一枝并蒂茉莉，插在鬓上。刚才洗头的时候，婢女小红在水里放了些桃红花瓣，那是今年春天时蓄下来的，院里那棵老桃树，一夜风雨下来，便是满地的落红，芸娘让小红备了两只陶罐，装满了，一只埋在隔壁沧浪亭爱莲居的屋檐底下，另一只则用来熏茶焙香。[42]

这一段仿佛是来自《聊斋志异》或《红楼梦》里的某个场景，连姓名都有一种“古典韵味”。评论家吴俊认为朱文颖小说独特之处在于“把当代的生活维系在历史的也可以说是近于古典的精神中，使现在活在过去之中”。[43]朱文颖承认她一直在寻找一个东西，而这个东西就是所谓的“古典”，但她认为现实中找不到“古典”，只能在“过去的故事”里找到：“在‘过去的故事’里寻找它或许要容易些，但现在我找不到它了，它被蒙蔽起来了。在现实的氛围里它披上了各种各样的衣裳，戴上了各种各样的面具，我得用心去找它。”[44]朱文颖用心在“过去的故事”里寻找“古典”。而历史悠久的古城为其古典情境的制造提供了丰厚资源，她多次谈到苏州是她的“无底之地”。不过，笔者更愿意将朱文颖的“古典”视为一种“新古典主义”，“新古典主义”的特点是有古典主义的表征却缺乏“古典主义”的内核，甚至与真正的“古典主义”背道而驰，朱文颖“新古典主义”的市井小说，总有一种不属于古典与现代的怪诞、虚无和恐怖隐于其中：

> 一般来说，讲到苏州，大家都容易想到甜蜜的东西，但我觉得，那都是非常表面的。在我印象里的苏州，更多的是一种“阴影”的感觉，雨当然是阴影的一种，但其实无论是晴天、阴雨、清晨、白昼或者黄昏，只要某个瞬间，突然出现了一种幽暗的令人生畏的寂静，我觉得，苏州就来了。就处在苏州之中了。[45]

温婉苏州多数时候让敏感的朱文颖感觉到的不是“诗情画意”，而是一种令人不安的“阴影”和“杀气”：“其实苏州除了荫翳，还有一个相当有意思的特点，那就是杀气。”以致在雨天或者阳光特别好的空无一人的巷子里，朱文颖会产生一种恐惧感。朱文颖将这种特别的“荫翳”和“杀气”带入了古典文字中，譬如《浮生》中就有这样一段恐怖的古典场景：“（芸娘）我有些倦了，懒懒地听着，谁知道猛一抬头，一眼望见那老妇的脸竟是绿色的，真把我吓了一跳，仔细再看，原来是沧浪亭岸边的那棵老树。”[46]小说还直接写道：“三白知道，苏州充满了这样的聊斋故事，苏州本身就是一个聊斋。”[47]朱文颖以聊斋的方式，将现代心理幻觉与古典景物结合起来，传统的市井小巷由此亦真亦幻、亦实亦虚。

朱文颖的“新古典主义”风格另一体现是渗透着现代消费主义思想。这在其长篇小说《水姻缘》（2002）中表现得尤为突出。在《水姻缘》发表之前，朱文颖曾推出一部长篇小说《高跟鞋》，描绘大都会的摩登生活，《水姻缘》则回归“苏州书写”，叙事技巧更加娴熟流畅。值得注意的是，老酒楼、老茶馆等代表传统市井生活的意象经常出现在小说中，增添了作品的“古典味”。例如主人公沈小红和康远明的初次见面就在“沧浪亭”——一个富有浪漫诗意的古典园林里进行，而在见面之前，沈小红、康远明都在约会地点上做了很长时间的理性思考，最终才选择了沧浪亭。其实对于沈小红和康远明而言，古典园林和麦当劳的功用并无二致，是为捕获对方的需要而存在。所以，朱鸿兴、松鹤楼、沧浪亭等传统市井场所在朱文颖的小说中都失去了“传统身份”，它们从乡土的和文人的传统中脱离出来,迅速参与到现代都市生活的建构中,成了消费社会的代言者。

陆文夫笔下那富有传统市井风情的城市空间依然存在，功能却发生了变化，古典氤氲的制造完全是为了满足现代消费社会的需求，朴素的传统“市井人物”已被体面的“现代市民”所取代，范小青笔下那带有乡土气息的、乐观向上的纯真小市民也不见了，康远明和沈小红是践行现代都市生活方式、精于算计的“现代市民”。恋爱本是人生中最具浪漫之事，但是沈小红和康远明的恋爱已彻底地消费化，在恋爱前，沈小红对婚姻还有一次“想象性的旅行”。不过，沈小红的想象不是发自内心世界,而是由消费社会引领,是现代电视广告为其浪漫想象提供了依据:

> 沈小红对自己的婚姻有过一些想象。她的这些想象多半是从电视广告里得来的。很大的房子，雪白的窗帘被风吹起来。

身穿白裙的漂亮主妇笑着忙里忙外。然后楼下传来了汽车喇叭声，是成功的西装革履的丈夫，手里拿着一件礼物。[48]

在这样的消费镜像里，现实的婚姻竟然也有点浪漫，只是消费社会培养的是市侩，离开广告的小市民沈小红是根据现代都市的消费现实选择婚姻："婚姻对沈小红来说，婚姻就是婚姻。婚姻只是一样东西，大小合适了，温热保证了，也就行了。这种市民阶层的女孩子，也没有什么特别的技能与识见，从小就被培养出一种能力，那就是现实。"[49] 所以，尽管双方都经过精心准备选择在沧凉亭见面，但是这次见面毫无浪漫色彩，双方都像选购商品一样互相审视："在沈小红眼里，康远明身上的那件绸衣恰恰说明了三个特征：现实的（对应于沈小红的蕾丝花边）、体面的，另外还有些浪漫。"[50] 小说中其他人物同样现实，徐丽莎利用年轻和姿色获取主角地位，于莉莉为了市场效益可以牺牲徐丽莎……在朱文颖的现代"市民话语"中，一切浪漫情境都被颠覆和解构了，古典的情景、风格和氛围都是由现代消费社会所刻意营造，真正具有传统市井文人气质的彪哥，最终的命运却是被现代消费社会淘汰。

总之，朱文颖的小说反映了全球消费语境中苏州当代作家市井书写的本质变化，地方化和本土化的市井叙事正逐渐被全球化、消费化的城市叙事所取代。在其笔下，现代苏州表面上还具有"古典主义"的气质，骨子里却是全球消费主义的那一套——一切以消费为中心，诚如波德里亚所说："我们处在'消费'控制着整个生活的境地。所有的活动以相同的组合方式束缚，满足的脉络被提前一小时一小时地勾画了出来。"[51]

五、开拓"市井书写"的新空间

陆文夫、范小青等苏州当代作家作品的共同特征是将视角投向宏大叙事之外的"市井社会"，展现小市民的喜怒哀乐。前面说过，明清以来苏州经济发达、文化昌盛，虽然上海崛起后，苏州等江南传统城市衰落，但由于远离政治中心，这里依然是官僚商贾和文人雅士的好去处。民国时期"鸳鸯蝴蝶派"干将包天笑、周瘦鹃均是苏州人，他们的通俗小说主要是供小市民消遣。苏州当代作家或多或少都受到这一市井叙事传统的影响，特别是陆文夫直接被看作是"新鸳鸯蝴蝶派"的代表。

当然，1949年后的文学主流是写英雄、写革命和写改革等"宏大叙事"，苏州作家的市井小说是"边缘叙事"。笔者曾在另一篇文章中提到，20世纪80年代初，冯骥才等人意识到一味"宏大叙事"的弊端在于忽视了生活的多样性，冯骥才写信给刘心武希望当时的作家们从"写社会"的大叙事模式中摆脱出来，关注艺术和日常生活。[52]汪曾祺、邓友梅等人的文学创作由此发生了转型——从关注"社会革命"转向关注"市井人生"。对苏州这样一个有深厚市井传统的城市，作家们对"宏大叙事"更是普遍保持了一份清醒认识。陆文夫开启了"小巷书写"，展现普通市民的生活趣味；范小青扎根里巷，塑造了无数青春活力的苏州小市民形象；苏童以"另类叙事"颠覆历史大叙事，揭示普通人的生存境遇。朱文颖倾心于"历史夹缝"里的人和事，通过莉莉姨妈等女性形象反省宏大叙事。她说："苏州这个地方不是政治、经济或者文化的中心地带，它本身就处在阳光与阴影的夹缝之中，相对来说，它倒是比较纯粹的，适合发生一些与人性有关的事情。"[53]"不在中心"的苏州反能够沉浸于自己的生活和艺术世界中，王德威曾借评论苏童小说指出："南方没有历史，因为历史上该发生的一切都归向了北方。偏安在时间的逻辑之外，南方却兀自发展了自己的传奇。"[54]

"自己的传奇"并非兀自发展，而是长期的生活积淀，当历史烟消云散之时，日常生活的价值反而凸显出来。陆文夫、范小青等苏州当代作家继承中国小说的市井叙事传统，站在主流之外默默书写平凡的"市井生活"，他们的"市井叙事"不仅反思了革命、政治等主流话语，亦是对主流话语的一种“补充”。不过，虽然苏州当代作家或多或少地继承了中国小说的市井叙事传统，但随着苏州日益向全球消费城市迈进，当代苏州作家们的“市井书写”也发生了本质变化。朱文颖虽努力从《聊斋志异》等传统小说中汲取养料，但其“新古典主义”作品是消费社会的产物，反而与传统市井小说渐行渐远，年轻一代作家苏文娟、葛芳等人尚未成气候。在此情况之下，小说家叶弥显得特别耀眼，她不仅继承中国小说的市井叙事传统，还开拓了市井书写的新空间。

叶弥三十岁时才开始小说创作，其成名作《成长如蜕》（1997）因成功塑造了一个不愿意向世俗低头的“弟弟形象”引发巨大反响，此后每发表一篇小说都好评如潮。许多评论家从个体成长、女性主义等视角解读叶弥小说，却很少论及叶弥小说与传统市井小说的内在关系。其实从《成长如蜕》开始，叶弥已十分关注“市井世界”，2000年她还在《人民文学》上发表了题为《市民们》的小说。徐兆淮意识到这篇小说显示了叶弥的创作正逐渐从苏南企业主和苏北农村等题旨宕开，转而锁定“苏南城市市民的日常生活”：

> 她采用散点透视的结构方式，以文化的笔墨和白描手法，对南北街的往事和日常生活，还有居住在南北街的邻里街坊、诸多平民百姓一一作了散淡的描述。叙事节奏舒缓从容，语言细密老到，在淡淡的时代气息中，却可见出浓浓的地方特点和世俗人情。[55]

叶弥将目光投向苏州的市井社会，努力承继中国小说的市井叙事传统，她强调中国文化对她的重要性：“一本外国人的书总是会让我感到某些不安，外国人的名字我也总是记不住。我一直自以为是地认为，汉字是世界上最合理、最可爱的文字，用它作为描写的载体，描写的对象就活了，就像在现场看戏剧。”[56]她不喜欢看外国书，所喜欢的是“三言”“二拍”等中国传统市井小说。

立足千年古城，叶弥在纸上精心建制了一个根植于中国人生活空间的“市井世界”，此市井空间包括村庄、集镇和城市，无限广阔，出入其间的也是三教九流、五花八门——修鞋匠、下岗工人、家庭主妇、学校老师、政府官员、警察、妓女、和尚、道士、尼姑……他们都在小说的市井空间里占据着某个位置，从事着某种职业，过着平凡的市井生活。叶弥的作品遵循传统市井小说的那一套叙事原则——老老实实地“讲故事”和塑造“人物”，不玩花哨的叙事技巧。《郎情妾意》的开头这样写：“王龙官从此就在小巷口摆开了摊子，他很感激一些人，让他在下岗的第五个月就领到了摊位证。”[57]王龙官这个人物的名字就像从“三言”“二拍”里面蹦出来的。又如《消失在布达拉宫的一头鹰》的“开头”：“蒋百年是我们村子里最令人敬畏的人物之一，这是铁板钉钉的事。我们村子里四周都是山，东南面的山后，还有一方很大的湖泊。村子里的老百姓性情温和，老老实实种着自己的地，家里有船的人家闲时也到湖里去打鱼，日子过得风调雨顺、平缓单调，昨天和今天一个样，明天还是这个样。”完全是传统说书的“开场白”。

深受传统小说叙事技法影响的叶弥很讲究故事简洁，她不满意外国小说复杂化的叙事风格：“我一直以为，在小说上，加法这种蠢方法是外国作家做的。外国作家中，如罗兰·巴特这样的聪明者绝无仅有。减法是中国作家做的事，但中国作家现今不爱做减法了……”[58]她批评中国作家对“减法”这种自身小说技法的忽视。像“三言”“二拍”一样，叶弥小说讲的都是普通市民的故事，他们生活在苏州寻常小巷，生活平凡无味，甚至有点无聊，然而惊心动魄的“市井传奇”却常由此产生，接一个电话、去一趟寺庙，传奇故事便发生了。

或许没有多少人留意叶弥小说中经常出现的市井空间——“庙宇道观”，但这些地方却经常是“三言”“二拍”等话本小说故事的发生地，它们至今仍遍布江南的大街小巷，深深嵌入苏州市民的日常空间并影响着每位小市民的生活，成为他们判断个人和周遭世界的重要依据，显示了儒、道、释等中国传统文化至今仍具有支配性的力量，叶弥意识到这些空间的重要性，她的市井故事有浓厚的“宿命观”。例如在《消失在布达拉宫的一头鹰》中，当智修预言葛宝珍要被撞死时，同村女人都劝葛宝珍不要理他：“你不过是尝了一口葱油饼。智修是个恶和尚，你别听他胡说八道。上次他说人家刘三婆婆不敬菩萨，要遭天雷打。人家刘三婆婆听了哈哈一笑，理也不理他，到今天还活得好好的。”[59]烧香归烧香，生活归生活，和尚之言可以置之不理。虽如此，每个人心里却感到害怕，就在担心中，葛宝珍被自己的丈夫意外撞死，一切似乎冥冥中注定。“善有善报、恶有恶果”，在《蔡东的狩猎》中小梅重获自由，蔡东等不可一世的地方权贵终究要遭到报应。

通过《市民们》（2000）、《明月寺》（2003）、《郎情妾意》（2005）等小说，叶弥有意识地重构中国小说的叙事传统。不过，叶弥虽钟情于传统市井小说，但她不愿被“传统”束缚，她努力将中国传统市井小说里的生活空间扩展到今天一个更加复杂的时空结构里，在保持传统市井小说基本的语言、情节和结构的同时，更加关注人物的精神世界和生存境遇。有人说叶弥小说洞察一切甚至对生活已不抱希望：“叶弥小说中的人物不管来自乡村小镇，还是行走在都市大道，内心都充满着矛盾和痛苦、失意和挣扎，给读者呈现了他们难以名状的生活状态。”[60]《“崔记”火车》中老崔和妻子秋媛每天都在巷口做缝补生意，有做不完的活，“除了吃饭，从早到晚坐在小凳子上，埋头缝补顾客的衣服，就像水边的两块石头，每天都这样，辛苦、乏味，然而正常”。[61]日复一日的平凡生活有一天却忽然中断，秋媛毫无缘由地离家出走了；《逃票》中为了家庭贪小便宜逃票的孔觉民，竟然爱上了铁路女售票员……平凡生活总有一种“不祥之兆”，这一切根源于现代生活本身变得越来越复杂。借助传统的叙事笔调，叶弥向读者展示了当代社会的复杂性，从而开拓了传统市井小说的新空间。

范小青曾说："似乎，苏州人津津乐道于小康，而我则沾沾自喜于小家子气，人们难免担忧，如此，社会怎么发展？人类怎么进步？其实，这是一种错觉。是的，苏州人没有梁山好汉的气魄，可苏州人有精卫填海、愚公移山的精神。苏州人从来就没有停止过他们的追求、他们的奋斗。"[62]从陆文夫、范小青，到叶弥、朱文颖，苏州作家扎根于市井小巷，很少刻意迎合主流的宏大叙事，追逐文学的时代风尚。他们自觉继承中国传统小说的市井叙事传统，立足苏州本土，从不同方面书写小巷里的市井风情，并在此基础上推陈出新，这反而让他们的作品历久弥新，显示出了持久的生命力。

---

1 徐国强：《总序》，《苏州作家研究》，复旦大学，2008年。

2 范伯群：《插图本中国现代通俗文学史·绪论》，《插图本中国现代通俗文学史》，第1页，北京大学出版社，2007年。

3 陆文夫：《姑苏之恋》，《陆文夫散文》，人民文学出版社，2007年。

4 陆文夫：《〈小巷深处〉的回忆》，《陆文夫散文》，人民文学出版社，2007年。

5 陆文夫：《文以载人》，《陆文夫散文》，人民文学出版社，2007年。

6 陆文夫：《写在〈美食家〉之后》，《陆文夫散文》，人民文学出版社，2007年。

7 赵园：《北京：城与人》，第164页，北京大学出版社，2002年。

8 陆文夫：《美食家》，《陆文夫文集·第二卷》，第12页，古吴轩出版社，2006年。

9 陆文夫：《生命的留痕·代序》，《老苏州》，第3页，江苏美术出版社，2000年。

10 陆文夫：《〈小巷深处〉的回忆》，《陆文夫散文》，人民文学出版社，2007年。

11 这是印在《陆文夫文集》封底上陆文夫的话，这段话体现了陆文夫的创作态度。

12 陆文夫：《姑苏之恋》，《陆文夫散文》，人民文学出版社，2007年。

13 这是苏州一份报纸《姑苏晚报》2009年9月1日对范小青的评价，认为范小青是20世纪以来，继周瘦鹃、陆文夫之后苏派文学最重要的代表。

14 范小青：《关于成长和写作》，《苏州作家研究·范小青》，第15页，复旦大学出版社，2008年。

15 范小青：《设置障碍与跨越障碍》，《苏州作家研究·范小青》，第17页，复旦大学出版社，2008年。

16 范小青：《裤裆巷风流记·引子》，《裤裆巷风流记》，春风文艺出版社，2006年。

17 范小青：《裤裆巷风流记·后记》，《裤裆巷风流记》，春风文艺出版社，2006年。

18 《编者的话》，《上海文学》，1987年第6期。

19 范小青：《城市民谣》，第16页，花山文艺出版社，1997年。

20 范小青：《裤裆巷风流记》，第149页，春风文艺出版社，2006年。

21 范小青：《裤裆巷风流记》，第5页，春风文艺出版社，2006年。

22 范小青：《裤裆巷风流记》，第10页，春风文艺出版社，2006年。

23 范小青：《裤裆巷风流记》，第152页，春风文艺出版社，2006年。

24 范小青：《裤裆巷风流记·后记》，《裤裆巷风流记》，春风文艺出版社，2006年。

25 范小青：《裤裆巷风流记》，第13页，春风文艺出版社，2006年。

26 程桂婷:《寻找灯神的路途》,《苏州作家研究·苏童》,第11页,复旦大学出版社,2008年。

27 周新民、苏童:《打开人性的皱折——苏童访谈录》,《小说评论》,2004年第2期。

28 苏童、王宏图:《苏童、王宏图对话录》,第37页,苏州大学出版社,2003年。

29 苏童、王宏图:《苏童、王宏图对话录》,第97—98页,苏州大学出版社,2003年。

30 苏童:《关于写作姿态的感想》,《苏州作家研究·苏童》,第23页,复旦大学出版社,2008年。

31 苏童、王宏图:《苏童、王宏图对话录》,第53页,苏州大学出版社,2003年。

32 苏童、王宏图:《苏童、王宏图对话录》,第36页,苏州大学出版社,2003年。

33 苏童、王宏图:《苏童、王宏图对话录》,第65页,苏州大学出版社,2003年。

34 周新民、苏童:《打开人性的皱折——苏童访谈录》,《小说评论》,2004年第2期。

35 周新民、苏童:《打开人性的皱折——苏童访谈录》,《小说评论》,2004年第2期。

36 苏童:《城北地带》,《苏童文集·米》,第229页,江苏文艺出版社,1996年。

37 苏童、王宏图:《苏童、王宏图对话录》,第105页,苏州大学出版社,2003年。

38 苏童、王宏图:《苏童、王宏图对话录》,第101页,苏州大学出版社,2003年。

39 周新民、苏童:《打开人性的皱折——苏童访谈录》,《小说评论》,

2004 年第 2 期。

40 赵园：《北京：城与人》，第 10 页，北京大学出版社，2002 年。

41 范小青：《城市民谣》，第 12 页，花山文艺出版社，1997 年。

42 朱文颖：《浮生》，《收获》，1999 年第 3 期。

43 朱文颖、吴俊：《古典的叛逆》，《苏州作家研究·朱文颖》，第 11 页，复旦大学出版社，2008 年。

44 朱文颖、吴俊：《古典的叛逆》，《苏州作家研究·朱文颖》，第 11 页，复旦大学出版社，2008 年。

45 朱文颖、吴俊：《古典的叛逆》，《苏州作家研究·朱文颖》，第 11 页，复旦大学出版社，2008 年。

46 朱文颖：《浮生》，《收获》，1999 年第 3 期。

47 朱文颖：《浮生》，《收获》，1999 年第 3 期。

48 朱文颖：《水姻缘》，《中国作家》，2002 年第 2 期。

49 朱文颖：《水姻缘》，《中国作家》，2002 年第 2 期。

50 朱文颖：《水姻缘》，《中国作家》，2002 年第 2 期。

51 ［法］让·波德里亚：《消费社会》，刘成富、全志钢译，第 6 页，南京大学出版社，2001 年。

52 冯骥才：《下一步踏向何处？——给刘心武同志的信》，《人民文学》，1981 年第 3 期。

53 朱文颖、吴俊：《古典的叛逆》，《苏州作家研究·朱文颖》，第 11 页，复旦大学出版社，2008 年。

54 王德威：《当代小说二十家》，第 106 页，生活·读书·新知三联书店，2006 年。

55 徐兆淮：《伴随着文学大树一道成长》，《苏州作家研究·叶弥》，第 33 页，复旦大学出版社，2008 年。

56 叶弥：《会走路的梦》，《苏州作家研究·叶弥》，第 20 页，复旦大学出版社，2008 年。

57 叶弥：《郎情妾意》，《恨枇杷》，第151页，二十一世纪出版社，2012年。

58 叶弥：《小说加减法》，《苏州作家研究·叶弥》，第24页，复旦大学出版社，2008年。

59 叶弥：《消失在布达拉宫的一头鹰》，《恨枇杷》，第70页，二十一世纪出版社，2012年。

60 这是叶弥小说集《恨枇杷》封底对叶弥小说的介绍，《恨枇杷》，二十一世纪出版社，2012年。

61 叶弥：《"崔记"火车》，《恨枇杷》，第125页，二十一世纪出版社，2012年。

62 范小青：《裤裆巷风流记·后记》，《裤裆巷风流记》，春风文艺出版社，2006年。

试论江南山水画风的历史传承与发展

戴云亮

江南一词，一般泛指长江三角洲南侧地区，意为长江以南区域。江南山水画风就是历代画家描绘江南景色过程中自觉形成的、传承有序的画风。高居翰在《气势撼人——十七世纪中国绘画中的自然与风格》中讨论中国山水画体现地域特点时说："山水画可说是根源于对特定地方实景的描绘的，而且是经过了几世纪以后，才在五代和宋代的大师手中，一变而为体现宇宙宏观的主题。然而，即便是这些大师所作的画，也不全然偏离山水的地理特性，相反地，他们是根据自己所在地区特有的地形，经营出各成一家的表现形式。后来，这些自成一家的表现形式成了区分不同地域派别的指标。到了元代，多数的地域派别均已式微，绘画上创新潮流主要集中在江南的一小块地区。这种情势，配合着绘画上力求以更主观的方式来表现的风气，使得许多画家受到鼓舞，发展出本质上已抽象且理想化的山水类型。"[1]

较为明确梳理出江南山水画风这个概念的，应该是晚明的董其昌等人提出的"南北宗"论。所谓："北宗则李思训父子着色山水，流传而为宋之赵幹、赵伯驹、伯骕，以至马、夏辈。南宗则王摩诘始用渲淡，

1 ［美］高居翰：《气势撼人——十七世纪中国绘画中的自然与风格》，生活·读书·新知三联书店，第 8 页，2009 年。

一变钩斫之法，其传为张璪、荆、关、董、巨、郭忠恕、米家父子，以致元之四大家。”[2]就是以唐至元代山水画中存在的两种不同画风为其论据。虽然后人对上述画家的划分是否合理，其论点是否符合画史等问题多有讨论，但我们无可否认的是“南北宗”论之后，人们开始以此为常识，关于南北不同画风的概念流传至今。

一、江南山水画风的历史传承

童书业在《江南派山水画的确立》[3]一文中，认为确立江南山水画派的是董源和巨然，而米芾乃是“董、巨以后第一个江南派大家”是为确论。但其渊源，从历代画学著作著录中看，似乎还可以追溯到唐代。清卞永誉《式古堂书画汇考》著录唐代吴邑人顾况（约757—约814）的一幅《江南春图》袖卷，并引《画录》：“江南春图始于顾逋翁。皇宋惠崇袖卷更奇。胜国倪迂亦尝仿效作之并题诗二首，后人和章极多，好事家编为江南春集镂版行世，亦可传也。”[4]由此可见顾况所绘的“江南春”，作为一种山水题材，在他之后已具有图像的意义。明代吴门画家沈周、文徵明、仇英、文嘉、居节等都画过“江南春”这个题材，沈周、文徵明对元代倪云林的“江南春”诗还均有唱和。[5]由此大略可窥见“江南春”这一图像及相关的文学题材肇始于唐，流传宋至明代的脉络。顾况的绘画特征

2 ［明］董其昌：《容台集》，西泠印社出版社，第677页，2012年。

3 《童书业美术论集》，上海古籍出版社，1989年。

4 ［清］卞永誉：《式古堂书画汇考》，《中国书画全书》第六册，上海书画出版社，第923页，1994年。

5 《中国美术全集·绘画编》，上海人民出版社，1989年。

是“笔法潇洒，天真烂然”，而惠崇（约965—约1107）则“江南春图，纸本小袖卷，清逸之极，不让顾逋翁”。[6]郭若虚（生卒年不详）在其著作《图画见闻志》中对惠崇给予了很高的评价。说：“尤工小景，善为寒汀远渚，潇洒虚旷之象，人所难到也。”[7]我们在南宋画院画家的作品中，可以看到画江南小景已演化为一种风气。

生活在五代南唐的董源（生卒年不详），对江南画风的确立起着重要的作用，但这个地位似乎到了晚明董其昌时才得到认可。董源当时的名声，依据《宣和画谱》的说法，主要是画李思训着色山水画风很出色：“谓景物富丽，宛然有李思训风格……信然。”原因在于“盖当时着色山水未多，能仿思训者亦少也，故特以此得名于时”。但接下来的一段话对后来论者应该很有启发：“至其自出胸臆，写山水江湖，风雨溪谷、峰峦晦明、林霏烟云，与夫千岩万壑、重汀绝岸，使览者得之，真若寓目于其处也。而足以助骚客词人之吟思，则有不可形容者。”[8]“真若寓目于其处”，点明观画者感受到董源描绘景象的写实性，点明了董源绘画价值所在。北宋米芾（1051—1107）应该早于《宣和画谱》[9]认识到董源绘画价值。在《画史》中他写道：“董源平淡天真多。唐代无此品，在毕宏上。近世神品格高无与比也。峰峦出没，云雾显晦，不装巧趣，皆得天真。岚色郁苍，枝干劲挺，咸有生意，溪桥渔浦，洲渚掩映，一片江南也”，“余家董源雾晨横披全幅，山骨隐现，林梢出没，意趣高古”，“董源峰顶不工，绝涧危径，

6 ［清］卞永誉：《式古堂书画汇考》，《中国书画全书》第六册，上海书画出版社，第923页，1994年。

7 ［宋］郭若虚：《图画见闻志》，《中国书画全书》第一册，上海书画出版社，第485页，1993年。

8 《宣和画谱》，《中国书画全书》第二册，上海书画出版社，第91页，1993年。

9 《宣和画谱》编撰成于宣和二年（1120）。

幽壑荒迥，率多真意”。[10]更有意味的是，米芾父子在董源的基础上创造出被董其昌名为“米家墨戏”的一种印象式江南山水图像，以点代线、以简代密的表现手法，开启了水墨写意的新境界。晚明董其昌在《容台集》中对“米家墨戏”记录下这样一个印象：“吾尝行洞庭湖，推蓬旷望，俨然米家墨戏。”[11]可见即使是米芾“墨戏”，亦是以客观对象为依据的。董指出米芾父子的云山画法源自唐代王洽的泼墨法，及从董源的“好作烟景，烟云变没”画法中来。“云山不始于米元章，盖自唐时王洽泼墨，便已有其意。董北苑，即米画也。”[12]据宋代沈括在《梦溪笔谈》中谈到他观看董源、巨然作品时的感受：“大体（董）源和巨然画笔皆宜远观，其用笔甚草草，近视之几不类物象。远观则景物粲然，幽情远思，如睹异境。”[13]可印证董、巨在描绘江南自然山水风景时已注重感性真实的表达。可以想象当董其昌看到米芾、倪云林等前辈描绘江南山水时的赞许心情。于是能理解“南北宗”论，其宏旨无非就是通过推崇自唐代王维及董、巨以及宋、元以来，他认为一脉相承的画家，来构建江南文人山水画风的体系。

米芾的作品已无从可见。而米友仁的《潇湘奇观图》《云山墨戏图》及《云山得意图》等作品流传至今，从这些作品中能感受“米点山水”绘江南烟云的艺术魅力。

---

10 ［宋］米芾：《画史》，《中国书画全书》第一册，上海书画出版社，第979、980、988页，1993年。

11 ［明］董其昌：《容台集》，西泠印社出版社，第674页，2012年。

12 ［明］董其昌：《容台集》，西泠印社出版社，第684页，2012年。

13 陈高华：《宋辽金画家史料》，文物出版社，第28页，1984年。

董源的《潇湘图》以及赵幹的“所画皆江南风景”[14]《江行初雪图》，都是在横式尺幅中描绘河岸远渚、峰峦晦明、烟云变没，一片江南景象。这种从右向左展开一种连续的线性图像的横向形式，由于适宜表现出南方逶迤舒展、云气涨漫、冈岭出没、树林隐见之自然山水景象，成为后来画江南山水的典型图式。

南宋政权迁都杭州，宫廷画院马远、夏圭等画家在描绘江南山水小景中注入了诗的意味，形成了理想性、唯美的江南山水图式。这应该和宋徽宗建立的皇家宫廷画院提倡诗意有关，而与画家在空灵秀美的江南山水环境中激发出来的诗的意味也不无关系。

元代倪云林（1301—1374）在家族没落、奢华生活瞬间化为烟尘之后，落魄浪迹于烟波浩渺的太湖山水之间，其失落的情绪在他的绘画中就演化出一片清冷寂寞景象，蕴含着隐逸山林与遗世独立的鲜明个性。而黄公望（1269—1354）晚年创作的《富春山居图》卷，“峰峦浑厚，草木华滋”，在一个新的层面上又重新恢复了宋代理想型江南山水画的典范，其笔墨体现的浪漫抒情性直接启发了明代吴门画家。

艺术创作不是对生活的模仿，而是生活的一个有机部分。明代苏州山水画中一个鲜明的特征，就是表现苏州人生活居住的自然与人文交融的环境，以及记录下生活中发生的一些有趣味的轶事，如文人雅集、节日欢宴、吟月赏花、诗歌唱和，从而让我们从凝固于一瞬间的画面中想象当时苏州富裕阶层生活较为生动的状态。也许当时画家所描绘的场景并不完全是真实的，但你终究可以从画家的描绘中获取到那时苏州社会的一般文化风尚，感受到画家于笔墨之间涌动的生活情调。因此，在那些描绘江南山水名胜古迹或私宅园林庭院，乃至乡村田野农舍、别墅的

14 《宣和画谱》，《中国书画全书》第二册，上海书画出版社，第95页，1993年。

作品中，透露出当时江南社会群体对绘画审美的种种消息。至少表明明代苏州人已不满足于“媚道”或“禅意”之类理想性山水图像的审美观赏，而要凸显对世俗现实生活及其价值的肯定与赞美。我们从杜琼（1396—1474）为他姐夫魏友松作的《友松图》中，可以看出作者为如实体现文人居住环境之美，如实地描绘出建筑屋顶之瓦片、窗口显露出桌上器物摆设，乃至围合院子的竹篱结构，石桌、盆景、假山、卵石小径等清晰形态，倘若作者缺乏对自己生活环境仔细观察、欣赏与把玩是很难想象的。这幅作品无论在构图形式还是创作手法，对他身后的吴门画家来说具有启发和指导的意义。

沈周（1427—1509）为挚友吴宽绘制的《东庄图》册，向我们展现了明代苏州郊区自然风光的静谧之美；而文徵明（1470—1559）为王献臣绘制的《拙政园三十一景图》册，亦为我们欣赏明代苏州私家大型园林景致提供了视觉图像。两部册页描绘景物采用的写实手法，令人想起了杜琼的画风，他们之间应该是一脉相承的。比较而言，文徵明的绘画吐纳出更为文静清秀的气息，他晚年为友人华夏绘制的《真赏斋图》，更是一件构图严谨、笔法工整精细的精品佳作。

在沈周、文徵明等明代画家的著录或传世作品中，有很多显然是描绘苏州山水，以及园林宅院生活的。如沈周的《虎丘图》、《天平山图》卷、《西山雨观》卷、《苏州山水全图》卷，及他的住宅《有竹居图》卷等；文徵明对石湖情有独钟，多次画《石湖图》卷、《石湖清胜图》卷、《石湖闲讯图》、《石湖草堂》等，另有《姑苏十景》、《游洞庭西山图并题》等。其他如周臣（生卒年不详）、唐寅（1470—1523）、仇英（生卒年不详）、陈淳（1483—1544）、陆治（1496—1577）、文伯仁（1502—1575）、钱榖（1508—1572）、陆师道（1517—1580）、居节（约1524—1585）、张宏（1577—1652）等都有此类作品。这些描绘苏州风景名胜，乃至人们生活居住其中的宅院、园林的作品，呈现出当时苏州画家表现世俗生活内容的倾向是很明显的，尤其是采用较为写实的手法去描绘对象，孜孜于一些具体细节描绘的作品非常多，成为这一时期江南山水画风发展的主要特征。很明显的，可举唐寅《洞庭黄茅渚图》卷、《湖山一览图》轴来看，其描写太湖风景比倪云林的就会生出许多亲切感；而张宏、钱穀等绘制的文人园林，更是企图逼真地描绘出园林构筑的地理特征及形态状貌，[15]用写实的手法来迎合，满足园主对绘画艺术的审美需求，并得到园主的赞许和提供的丰厚报酬。

晚明的董其昌，曾在洞庭湖为看到米芾墨戏而发感慨："画家以古人为师，已是上乘。进此当以天地为师。"（《容台集》）这样流传广泛的话，但他的绘画作品却证明他并没有按自己说的朝"以天地为师"方向发展，相反的，他的作品大多背离了对感知世界的真实关注。高居翰在《气势撼人——十七世纪中国绘画中的自然与风格》中写道："了解（董其昌）这些作品的最好方式，乃是将它们看作是纯美学性的结构，其与外在的物质结构和自然界现象之间，仅维持了一丝丝淡薄的关联。"[16]而董其昌等人提出的"南北宗"，贬北扬南，高蹈元代文人写意画的优越性，并以创造性地临摹古人作品为实例，对清代及以后数百年的中国绘画发展流向起着明显的引导作用。

明代江南山水写实的作风，到清代则被以复古为形式，崇尚文人精神为旨趣，并占据画坛主流位置的"四王"所颠覆。但在"四王"的作品中，我们仍然可以看到为数不多的写实性山水画，表明他们的眼光也曾瞥向其生活的真实环境之中。如王原祁（1642—1715）就画过《虞山秋色图》轴、《山村雨景》轴等，他甚至仿过惠崇的《江南春》。而

---

15 关于张宏、钱穀园林绘画的讨论，详见高居翰、黄晓、刘珊珊《不朽的林泉》，生活·读书·新知三联书店，2012年。

16 高居翰：《气势撼人——十七世纪中国绘画中的自然与风格》，生活·读书·新知三联书店，第51页，2009年。

清代的石涛（1642—约1718）、弘仁（1610—1664）、梅清（1623—1697）画黄山之真实景象，龚贤（1618—1689）以“写江南真山，不为奇峭之笔”画金陵一带山水风貌，都擅一时之胜。

二、20世纪江南山水画风的发展

20世纪50年代初，缘于当时的意识形态、文艺方针、服务对象的变化，使中国山水画发生了观念、内涵以及创作方式、艺术语言的变化。传统的山水画形式遭到批判，认为表现现实的真实性、思想性、教育性才是绘画最高的境界。由此，决定了在山水画中必然是描绘写实的形象，或出于政治运动的宣传、教育的目的而采用所谓“革命现实主义与革命浪漫主义相结合”的创作手法，呈现出理想性的山水形象，体现出国家政治意志。然而，就写实性而言，我们从上述江南山水画风的历史发展延续中可以看到实在亦是画家一脉相传的绘画传统。只是到了清代的“四王”及以后的绘画，由于在“崇古”思想的指引下绘画审美价值的转变，而直接导致了绘画追求笔墨形式、风格的泛滥。新中国建立伊始，恢复山水画写实传统亦是回归失落已久的历史性选择。当然，这种写实性始终是具有中国绘画特色的。

50年代李可染、张仃等来江南写生，尤其是李可染采用西方油画写生的取景方法来描绘眼前的实景，借西方素描之法，融光影变化于江南山水景色之中，以创造性的艺术语言赋予中国画笔墨全新意境。其富有诗意的写生作品不仅为我们提供了一种新的视觉艺术经验，并开创了具有时代气息的江南山水画风。1960年9月，傅抱石率领以江苏省国画院画家为主组成的“江苏省国画工作组”，历时三个月，跋涉两万三千里的旅行写生活动，给中国画创作带来一股清风，在很大程度上扭转了弥漫当时画坛摹古的风气。直接导致了江南山水画面貌发生了新的变化，被叶浅予誉为“新金陵画派”。这种称谓似乎也意味着与清代以龚贤为首的“金陵八家”存在着某种联系。其中钱松岩的《常熟田》（1963）、亚明的《太湖晨雾》（1961）、宋文治的《江南春朝》（1962）、张晋《天平枫林》等，均给人留下深刻印象。其中，被人誉为“宋太湖”的宋文治，从60年代开始以太湖为题材，借鉴西方绘画透视、色彩，融入传统笔墨之中，致力于描绘江南水乡之真切感受和人文之美，形成灵秀清逸、宽和滋润、朴素沉静的风格面貌，为人称道。70年代后期则采用没骨法、泼彩法画太湖，更突出太湖气象氲氤之美。

当然，在那个特定的时代里，歌颂新事物、新生活面貌似乎成为画家创作唯一的动机和主题。然而就在上述画家的山水画中，我们不仅能感受到当时社会生活的气息，同时也感觉到作者在“笔墨随时代而变化”的理念驱动下，努力摆脱传统程式的羁绊，用自己的眼去观察自然山水，从而出现笔墨形式的种种探索和努力。这种具有中国特色的写实主义画风的探索也可以认为是对江南画风传统的绵延和发展，对我们的山水画创作仍有着积极的启示作用。

三、20世纪苏州画坛的江南山水画风

50年代后，苏州画家中有张晋、余彤甫、许十明等人致力于江南山水题材及笔墨技法的创造性研究，他们作品描绘的大都是以苏州太湖水乡、名胜园林为题材，取得了引人注目的成绩。80年代后，在中国画领域中有更多的画家以画江南山水为题材进行探索，其中苏州画家以江南水乡、古镇及苏州古典园林为题材，进行笔墨形式的探索。就作品总体特征来说，发展了传统的理想型江南山水画风的浪漫诗意，但在对客体的视觉感受中，更注重对象的再现性与描写性。有一点是很突出的，就是在传统江南山水画中很少见到以民居建筑、拱桥、水巷等人文景观，

作为一种视觉审美形态在80年代苏州画家的眼中却获得了重要意义，并由于得到广大书画消费者的认同而蔚然成风。古老的水乡民居建筑在画家的作品中得到细致的观察和写实性描绘，并形成不同的画风。如杨明义、刘懋善对苏州水乡民居的个性解读，给观赏者带来了两种决然不同的视觉观感和笔墨趣味，成为这类题材的佼佼者。而作为江南水乡题材的先驱人物中，60年代许十明对太湖东西山的写实画风，给人尤多亲切的情感启发和引导。李可染也画江南水乡，但在他的作品中更多是传达对江南水乡人文景观元素的浪漫印记；钱松岩、亚明、宋文治、张大千、吴冠中等画苏州太湖山水景色，其作品意趣亦大致如此。

另外，苏州画江南山水的画家中较引人注意的是陈危冰、张明描绘的江南水乡作品。在他们的作品中涌动的美丽与忧伤的怀旧情绪，对那些正消失在视野中的江南风物以及生活方式表达深切的人文关怀。张明用摄影般眼光聚焦水乡民居旧宅沧桑岁月，光影斑驳，一派凄美之感。而陈危冰田园山水画则把目光投向日益消失的苏州乡村田野，向我们展现了江南田野充满活力的平淡、温软、含蓄之美。其余如徐贤、沈默、夏维淳等画江南水乡风貌，各具特色。

苏州园林题材，在明清时期就有许多作品。如沈周的《东庄图》册、文徵明的《拙政园三十一景图》册、《真赏斋图》，仇英的《桃李园图》等，均是明代文人画家审美意识中新人文景观的生动体现。他们已不再满足游荡于前人描绘的带有明显的浪漫情绪的理想山水图像中，而是面对现实的园林景致，带着欣赏的心情，将胸中涌出的许多感动和思绪落实到具体的园林景色描写之中。20世纪60年代，孙君良就自觉地探索苏州古典园林的现代视觉图式，而苏州古典园林也为他园林山水画创作提供了取之不尽的灵感和素材。在构图中大多视角度去截取园林一角，以古典园林景观的构成要素，通过富有节奏韵律的墨线、点以及墨色的晕染，来成就画面种种意象，形成了描绘园林风景的个性图式。孙君良在园林题材创作方面做出的努力，只要比较一下明清时代同类作品就可以看出不同时代迥然不同的审美意趣和笔墨情调。其余如沈彬如、潘国光、姚苏、吴越晨、于亨等描绘苏州园林之作，均有可圈可点之处。而新世纪初在全国画坛崭露头角的孙宽，站在现代艺术的立场上对苏州古典园林进行个性解读，给我们带来了新鲜的视觉感受和个性的形式意味。孙宽的园林山水画面丰满、山石堆垒、树木葱郁，充满细节及精细的手法都令人想起了明代的文徵明，但画面的构图形式显然也具有新奇性，主要体现在以夸张的视觉形式，把古代文人雅士的生活环境高度抽象化、理想化，表现出现代人对传统文人生活的向往心态。

进入21世纪后，新的江南都市风貌逐渐开始出现在苏州画家的笔下。

观察80年代后苏州现代的山水画发展，可以发现画家们在恪守传统美学规范的同时，与时俱进地自觉积极探索新的视觉图式和表现手法，取得的成就也是十分亮丽的。如张明的《耕读人家》获第十届全国美术作品展铜奖，孙宽的《江南天阔》获2005年百家金陵中国画展金奖。而有更多的中青年画家描绘吴中山水的作品入选全国及省级重要美术作品展。

从江南山水画历史发展的角度看苏州现代画家的绘画创作，我们可以意识到苏州画家从不同的视角去观察、感受江南地域秀丽的湖光山色、小桥流水、民居旧宅以及古典园林，并用写实性手法去描绘，其精神气息与明代“吴门画派”是一脉相承的。虽然在感受中，不同时代的画家有着差异，但在艺术审美趣味上的精致细腻、温润秀丽的气息却仍是一脉相通的。现代苏州画家在观察、认识乃至于解读自然的方式，仍然和传统的方式保持着千丝万缕的纠葛。而传统的视觉传达形态、笔墨审美情趣仍然弥漫于现代画家的作品之中。

而在对上述的江南山水画风历史与现状简略的梳理中，我们还可以感受到一以贯之的、应该是具有中国特色的山水写实传统。其“特色”可以表述为画家以现实世界为视觉描绘根据，但更关注内在视觉情感的真实性；借笔墨呈现出的理想性、抒情性的审美意趣，成为江南山水画风发展的主流。到了20世纪，画家在关注内在视觉情感真实性的同时也强调对客观对象的真实描写，显示出绘画审美趣味的偏移。而在现代艺术审美多元化、开放性的社会语境中，江南山水画风的发展理应有更为广阔的个性表达的空间。

1　卢辅圣：《中国书画全书》，上海书画出版社，1993年。

2　高居翰：《气势撼人——十七世纪中国绘画中的自然与风格》，生活·读书·新知三联书店，2009年。

3　高居翰、黄晓、刘珊珊：《不朽的林泉》，生活·读书·新知三联书店，2012年。

4　高居翰：《诗之旅——中国与日本的诗意绘画》，生活·读书·新知三联书店，2012年。

5　福开森：《历代著录画目》，人民美术出版社，1993年。

略谈当前昆剧折子戏恢复的原则与策略

王 宁 付少武

内容提要：当下昆剧折子戏的恢复要考虑到行当存续、社会影响、技巧含量、资源条件、市场前景、剧团和地域优势、避免重复等八项原则，具体建议采用官员、剧团和学者“三结合”的恢复策略。

关键词：昆剧 昆曲 折子戏 恢复

涉及昆剧折子戏的恢复，尽管整体状况尚差强人意，但目前各剧团仍存在一些需要改进的地方，概括起来，主要有三：

一是喜新厌旧。有些剧团在热衷排演新戏和本戏的同时，相对忽视传统折子戏的恢复，这主要是为着利益的驱动。新戏和本戏由于“响动”大，很容易吸引眼球、打开市场，经济效益要相对于老戏和折子戏为优。加之可以显示政绩，因此为一些剧团所看重。发展新戏和本戏并没有错，问题是，不能在“喜新”的同时“厌旧”。昆剧折子戏是昆剧舞台表演艺术的“容器”，这些盆盆罐罐是老祖宗留给我们的珍贵遗产，其外形并不重要，重要的是其中包含和盛放着的“内涵”。以可见论之，昆剧折子戏是昆剧舞台表演的“容器”，通过“依行分戏”和“寓技于折”

分门别类地盛放着丰富的昆剧表演技巧。[1]以不可见论之，折子戏其实又是昆剧美学原则的集中体现，通过历代艺术家的努力，折子戏其实沉淀了昆剧乃至中国古代戏曲的审美特性和审美原则，从中可以发现古典戏曲进化演进的历史规律。所以，是否传承昆剧折子戏其实不是新旧之争和古今之争，而是关乎“正本清源”乃至昆剧未来命运的大事。目前，有些剧团为了短期的经济利益，出现了重视排新戏、忽视恢复旧戏的趋势，这是数典忘祖，是万万要不得的。

二是重量轻质。即虽然比较重视折子戏的恢复，但整体上却仅关注到数字。尤其是为“政绩工程”所驱动，有些剧团只是一味强调数量，而忽视了折子戏的质量，这方面的问题十分突出。一些剧团即使着力于恢复折子戏，也只是奔着浅近的功利目的，是为了要经费、要效益，尽快出成果、打市场。而不是从昆剧艺术发展的内在规律出发，全面统筹、合理安排。这种局面乍一看很是热闹，却是表面繁华，其实危殆。问题被掩盖在一派繁荣的景象之后，其弊端和损害也更为隐蔽，因而也更为可怕，值得我们警醒。如果不能及时纠正，昆剧也难有长足发展。

具体的问题则显现在多个方面，最为重要的诸如：某些行当在长期的舞台实践中被弱化和边缘化，极弱成弊，导致了某些行当虽然戏码仍存，但行当属性却面临消失、岌岌可危的可怕现状。由于要解决戏剧节奏与现代观众的欣赏习惯的吻合问题，从而导致昆剧原有的音乐体系某种程度的损害和瓦解。[2]

三是在恢复折子戏这一问题上比较盲目和被动。一方面是对恢复对

---

1 王宁：《昆剧折子戏研究》，《昆剧折子戏的行当化和技巧化》，黄山书社，第147页，2013年2月。

2 王宁：《浮华背后的危殆：论当代昆剧之隐形消亡》，《戏曲研究》第八十六辑，文化艺术出版社，2012年10月。

象缺乏清晰的认识，比较随机和被动。有的剧团虽然也有这方面的愿望，却又不知道从何入手。这一问题主要是由于缺乏对百年以来昆剧舞台演出历史的整体观照，对昆剧折子戏百年以来的发展概貌缺少应有的了解。因此，对孰轻孰重、孰先孰后等问题感到无所适从、茫然无措。另一方面是就如何恢复缺少理性的认识，以为只有向老艺人学习才可以完成恢复。这一问题则主要是因为对恢复折子戏所需资源缺少应有了解，对诸如曲谱、演出本、身段谱、演出记载和评价等可贵信息均未能有效获取。这一点，笔者目前正在主编《昆剧折子戏大辞典》，拟收录晚清以来曾经可以演出的昆剧折子戏上千折，而以上信息和资源均已尽可能收集，这一问题也基本可以解决。

那么，如何具体解决盲目和低质量的问题，提升折子戏恢复的信心，拓宽折子戏恢复的途径，提高折子戏恢复的质量，窃以为首先可以从以下几个方面入手：

第一，应立足于拯救一些濒危的昆剧“行当”，首先恢复涉及此行当的折子戏戏码。丰富“家门戏”显然是挽救行当的有效途径。其实早在20世纪早期，身为吴梅三大弟子之一的卢前就提出挽救当时昆曲颓势的“三多”主张，其中就提出“多唱净丑的戏少唱生旦戏”一条（《柴室小品》之“西昆曲”条）。今天的昆剧表面看来十分繁荣，其实处境并不乐观。一个显著的标志就是某些行当的艺术个性已经渐趋衰减甚或消失。如正旦、二面（付）等。“旦”还在，但“正”几乎没了。正像“青衣”还在，但“大”没了。二面的演出至今仍被笼罩在王传淞的光环之下。小丑的五毒戏也岌岌可危，如今能“五毒俱全”的青年演员已难以寻觅。（《浮华背后的危殆：论当代昆剧的隐形消亡》，载《戏曲研究》第八十六辑。）所以，如果任由时光摧残，在所剩不多的几位大师死后，显然就会发生“人死艺亡”的悲剧。故首先恢复这类行当的折子戏，就有着“起衰”和“救亡”的意味，必要而迫切。戏曲是行当的艺术，没有了齐全的戏曲行当，戏曲的发展显然无从谈起。对于昆剧而言，生旦当然重要，但并非昆剧的全部。从几百年的昆剧发展史来看，某些所谓的次要角色也曾创造了属于自身的一代辉煌。当下一些人几乎把昆剧搞成了生旦戏，这是不符合昆剧艺术发展的内在规律的。

第二，应优先选择恢复那些在历史上曾经风行并产生巨大影响的折子戏。这些戏码之所以能够流行，很大程度上得益于其持久的艺术魅力。如就净角儿戏而言，昆剧舞台历来有“七红八黑三僧四白”之说。民国时期褚民谊编辑的《昆曲集净》就曾收录专属净角儿的五十五折戏，反映的正是净角儿戏繁荣时期的面貌。从更加广阔的视角看，净角儿戏其实在民间有着十分巨大的受众群体。在某些社会阶层中，净角儿受欢迎的程度是远远超过生和旦的。比如在中国南部某些地区，长期以来一直流行“三公戏”（包公、关公、尉迟恭）。从角色看，都属于净角儿。昆剧的净角儿戏之所以能备受欢迎和关注，离不开民间受众的支持。就丑角儿而言，清代末年的宣鼎也曾经集昆剧丑角儿戏三十六折，做《三十六声粉铎图咏》。反映的应该是昆丑（含付角儿）戏码鼎盛时期的面貌。笔者曾将江苏省昆剧院可演戏码与二者比对，发现其中涉及的很多戏码，现在已不能演出，亟须恢复。

第三，应优先恢复技巧含量高、相对更有看点的折子戏。是折子戏都有看点，但这里有一个分寸和向度的选择问题。一是应该从技巧角度着眼，尽可能通过折子戏的恢复，为昆剧保留和传承更多的“技巧”，比如“扳不倒”“耍牙”“喷火”“一跌三段”等一些特技。有些失传的高难度的戏码，其实也有“富含技巧”“更有看点”的特点。同时，看点也是昆剧折子戏占领当今演出市场的保证。有看点才能有观众，有观众就有市场。昆剧要持续发展，观众和市场的支持必不可少。当然，这里还要顾及现代看点和历史看点的差异问题。有些戏历史上很受欢迎，现在则未必；有些戏历史上未必好看，现在也未必不受欢迎。所以，对折子戏的看点以及可能挖掘的看点进行预判和定位，也是折子戏恢复中应该优先考虑的问题。

第四，应优先考虑那些“原材料”比较丰富的折子戏。昆剧折子戏的恢复，涉及三方面“原材料”：一是台本选集，体现为各种折子戏选本，提供剧情和故事，这方面的选集最为典型的如《缀白裘》等。这些经过“舞台检验”的本子，在情节安排、人物处理、看点设置、角色归属等方面已经显示了“舞台化”的倾向，集中了前代艺人的智慧和心血，因而对于当下折子戏的恢复至关重要，有些甚至是可以直接“拿来”的。二是曲谱，提供可资借鉴甚或挪用的昆曲工尺谱，现今某些经典昆剧的谱曲，很多正是参考甚至挪用了古代的昆剧乐曲谱。即使某些新谱的曲子，也可以参考前代曲家在曲牌处理方面的一系列原则和技巧。三是身段谱，是前代艺人舞台演出身段的如实记载，很多也是可以直接挪用、照排的。从笔者初步考察的结果看，有些折子戏三者齐全，或三居其二。这样，恢复起来就比较容易，对于原貌的追寻也会比较准确。尤其是身段谱的存在，更为昆剧折子戏的原真恢复提供了可能。据笔者了解，艺术研究院戏曲研究所的有关专家在编纂《昆曲大典》过程中，曾就目前各地留存的“昆剧身段谱”做过一个大致普查，目前已搜集一百六十八种。涉及折子戏五六百出。[3]这些身段谱除少量刻印本外，多数属钞本。显然是艺人出于备忘和传承的考虑而抄录的。这就为今天的“照谱学戏”和“以谱传戏”提供了方便。当然，我们并不反对“捏戏”的做法。事实上，今天很多折子戏也是近代的一些昆剧演员“捏出来的”，但“捏戏”显然并非一般演员所能为。同时，也应受到昆剧美学原则的观照和制约，“一空依傍”式的“创新”是万万要不得的。

第五，可以优先考虑将一些有可能串成“小串本”的折子戏优先恢复。比如原来有些小串本总共也就大几折戏，后来有些折子戏失传，导

3　王馗:《戏曲理论体系的学术拓展：从〈昆曲大典〉收录昆曲身段谱文献说起》，《中国文化报》，2009年4月22日。

致“串本”的消失。不妨首先考虑将这类折子戏恢复，以增加现在留存于昆剧舞台的“串折本”数量。如前几年苏州昆剧团就立足于此，在恢复有关《满床笏》的折子戏时，将龚敬一线的几折戏一起恢复，演成小串本的形式。近年由苏州昆剧院完成的《玉簪记》，其实也基本上是“串折”的形式。早年的青春版《牡丹亭》大致也堪称“串折本”，很多经典的折子戏都原本照录。就对观众的冲击力和市场影响而言，串折本的影响力和市场号召力显然要较之单独的折子戏更为显著。近代“传字辈”的演出，也常常打出“全本”的号召以吸引观众。“串折本”其实兼顾了折子戏和本戏的优长，一方面，由于荟萃了经典折子戏，折子戏的精华均包含其中。另外一方面，由于故事比较完整、角色行当也可以交互映衬，这就保持了本戏观赏的完整性和丰富性。此外，小串本的做法体现在演出上也有着比较灵活的特点。首先是在具体组合时，可以根据不同的侧重选择不同的折子戏。如江苏省昆剧院排演的《1699 桃花扇》，就根据不同的折子戏组合形成了诸如“音乐厅版”等不同版本。其次是串本中折子戏的多寡也可以较灵活地处理。上面所说的两种串本，其篇幅设置都考虑到一个晚上可以完成演出，也有较大灵活性。[4] 某种意义上讲，“小串本”其实是自明末以来昆剧舞台实践的结晶和沉淀，是经过历史检验的、较为完善的舞台演出形式。因此，着眼于小串本发展折子戏，很显然可以增强昆剧剧目的号召力，增强对观众的吸引力，某种程度上提升观众的观赏兴趣。

第六，应该立足于本团和本地域的艺术个性和艺术特色，本着保持特色、发挥优长的原则选择适当的折子戏戏码优先予以恢复。由于历史原因，现存各大昆剧团各有特色，如北昆的武戏、上昆的革新、南昆的

4 关于串折本演出灵活的特点，参王宁《昆剧折子戏研究》，第一章“昆剧折子戏的发生与发展”，第四节“昆剧折子戏特点初探”，第 60—61 页。

传统、永嘉昆曲的民间性等。其表征之一就是各有一些独特的戏码，同时，也在音乐和其他表现方式方面留下了属于自己的珍贵遗产。如永嘉昆曲在音乐方面有所谓的“九搭头”，就是与正统昆曲完全不同的音乐表现方式。《狮吼记·游春》一折戏，近代宁波昆班表演时称《游春套袋》，主要角色和情节都很有特点。（详参《昆剧演出一得》之《梳妆·跪池》条。）近年来，尽管各昆剧团已经互通有无、相互借鉴，显示出一定程度的“趋同”态势，但长远看，各昆剧团的特色仍将继续存在，而这也构成了昆剧持续发展的一个重要基础。因此，通过有选择地恢复折子戏戏码，就可以强化优势、固化传统，保持各有所长的历史局面，在此基础上再谋求全面发展。

第七，应该注意到各剧团之间的协调和分工，避免恢复过程中的简单重复。尤其需要注意的是，在折子戏恢复的初期，除了传承和借鉴之必需，应该尽量避免各剧团之间戏码的机械重复，以提高人力和财力的运用效率，保证折子戏恢复的速度和质量。这一点和上一条关系密切，具体而言，涉及人力和财力的综合调配，最后可能以不同的戏码反映体现出来。由于现在各剧团之间尚没有形成固定和有效的沟通和协调机制，所以，这一方面的问题更显迫切和紧要，亟须尽快解决。不论是采用“联席会议”或“轮执主席”哪种方式，都需要首先建立长效的沟通和协调机制。只有这样，才能保证百花齐放、各展所长，避免叠床架屋、东施效颦。

第八，除了一些显见的戏码重复，各剧团在折子戏选择时，应注意避免“同质化”的隐形重复。目前，伴随着剧团之间剧目交流的增多，昆剧戏码的“同质化”现象已经出现。所谓的“同质化”，指的是戏码的重复并不显现在外在的因素而体现于内质上。如昆剧舞台已经存在较大量的“生旦戏”，而这些生旦戏的戏码在身段设置、情节和排场、看点类型等方面均显现出“趋同”倾向，大同小异、异曲同工。演员演出这些剧目，也仅仅是“换个地方刨一个坑”，观众欣赏也很难提起兴趣和热情来。如果忽视这种弊端，贪大求盛，自然会造成人力财力的浪费，影响折子戏恢复工程的顺利进展。而这种重复由于比较隐蔽，很容易被忽视，其危害也不易觉察。

具体到折子戏的恢复策略，笔者建议采用三结合的方式：即由学者、剧团和官员共同参与，由学者负责戏码选择、资源提供、艺术水平的掌控等具体工作，官员负责经费筹措、运作管理、人员协调等，剧团则参与具体的传承，与专家一起完成传承戏码的设置和排演。笔者提出的建立江苏昆剧折子戏工程的构想，也是立足于为“三结合”的恢复工作提供一个可资参考的运作模式。其中，又有几个问题比较关键，值得注意：

一是要力争协调好三者的不同立场和各自的着眼重点。其实官员、学者和艺人在参与折子戏恢复的过程中，都有着各自不同的诉求和立场，尽可能达成“最大公约数”，是使得这一过程顺利进展的前提。

二是要弥合艺人和学者之间的缝隙，拉近学者和艺人之间的距离。目前看，由于大多数学者的研究仅仅局限于文学和历史的范畴，做的是属于“书斋里的学问”，在昆剧舞台艺术方面往往是比较欠缺的。由此也导致很多艺人以为学者“不懂戏”。从学者角度，由于面临着科研、职称、物质利益等功利性的考虑，很多学者又缺少主动参与的积极性，或者不屑为之，或者不值得为之。所以，一方不欢迎，一方不乐意，这样的情态势必还将持续下去。其实，就笔者所知，当今的学者群体中，有相当一部分是比较熟悉昆剧的场上艺术的，完全可以胜任有关的“把关”工作。即使书斋里面的学者，在文学甚至音乐方面一般也造诣颇深，起码可以作为“合作者”有机融合到折子戏的恢复工作中。

三是剧团和艺术管理部门有关官员，要充分重视学者的意见和作用，并设法调动学者的积极性，发挥其应有作用。

最近，文化部发布的“国家艺术基金”资助项目，其实为折子戏的传承提供了很好的机遇。只是怎样具体操作，可能还存在一些事务性问题，需要各方协调解决。

（本文系江苏省社会科学基金重大项目（13ZD008）“江苏戏曲文化史研究”中期成果，江苏省社科基地2013年度项目“江南非物质文化遗产保护策略研究”（AA14200114）中期成果。作者王宁系苏州大学文学院教授、博士生导师；付少武系戏剧学博士，一级作家，研究员，江苏文联组联部主任。）

自觉担当历史使命　振兴地方戏曲艺术

——县级市如何做好地方戏的保护和传承

朱利华

戏曲艺术是我国最有代表性的文化品种之一，是表现和传承中华文化的重要载体。千百年来，城里乡间搭台唱戏，是中国社会一道独有的文化风景线。然而，在当今时代，由于受到新的文化样式和传播方式的冲击，戏曲艺术生存发展遇到不少困难，有的剧种甚至面临消亡的危险。

今年9月26日，中共中央政治局委员、中央书记处书记、中宣部部长刘奇葆在北京调研戏曲工作。他强调，振兴戏曲艺术关系中华文化薪火相传，关系民族精神维系传递。要认真学习贯彻习近平总书记系列重要讲话精神，全面贯彻“二为”方向和“双百”方针，树立高度的文化自信，做好传承和创新两篇大文章，努力实现戏曲艺术的振兴和发展。

刘奇葆的讲话具有很深的内涵，他呼应了习近平总书记一系列关于保护和弘扬中华民族优秀传统文化的指示。

对照习总书记的讲话和刘奇葆部长的指示，作为文化部门的一员，有必要梳理一下常熟戏剧发展的历史和现状，为振兴常熟地方戏曲艺术，自觉担当起历史赋予的使命。

一、常熟历来是戏剧重镇

江苏是一个戏曲艺术大省，各个地方都有与之文化背景相符的戏曲剧种。常熟尽管不像周边县市有以自己城市命名的剧种，如昆山有昆曲、苏州有苏剧、无锡有锡剧，但常熟历史上也出现过著名的剧作家和剧社，常熟还是锡剧的发源地之一。

常熟历史上著名的剧作家当数生于明嘉靖三十九年的徐复祚，他写有《宵光记》《红梨记》《题塔记》《投梭记》《梧桐雨》《一文钱》等昆曲剧本，同时编写了《南北词广韵选》等戏曲理论。其中《宵光记》《红梨记》等，直到现在许多昆曲剧团还在演出，是真正的经典剧本。他的代表作《红梨记》写的是一段真挚的爱情传奇，具备了像《桃花扇》那样深刻的人文背景和个人思辨色彩，与《牡丹亭》一样，是明代末年反对封建理教束缚的一个经典剧本，在戏剧语言和音律处置方面也十分精当。在明末清初昆曲鼎盛时代，在徐复祚之外，常熟还有一群同样有心于戏曲的文人才子。其中最著名的，包括有魏浣初、张岱、徐锡允、孙柚、秦四麟、黄庭俸、丘园等人，他们的活跃，不仅在一定程度上促进了昆曲的发展和流行，同时也为清代吴门戏曲集团的形成和主盟曲坛奠定了基础。而在这些人当中，家住苏州的常熟人丘园成就最高，著有《幻缘箱》《党人碑》《御袍恩》《百福带》《虎囊弹》《一合相》《蜀鹃啼》《岁寒松》《闹勾》《双凫影》等。民国时期，吴双热撰有话剧《败叶摧花记》，在常熟及上海舞台演出。曾朴撰《雪昙梦》传奇三十二出，由真美善书店出版。民国三十一年，嘉兴人朱生豪与常熟籍女士宋清如结婚后，寄居于常熟城区，全身心投入大戏剧家莎士比亚著作的翻译，先后译了《罗密欧与朱丽叶》《李尔王》等九种莎士比亚的主要剧作。朱生豪病逝后，宋清如又翻译了朱未译完的剧作《亨利五世》《理查三世》等。

常熟历史上也出现了许许多多演出团体。首先是私家戏班。明代有钱岱家班、徐锡允家班，清代有翁叔元家班。其次是业余演出团体。清末有和社、咏霓社、中音俱乐部，民国有正化社、虞声友社、张桥曲社、民众剧社、抗战剧团、天风剧社、光明剧艺社、青艺剧社、拓荒剧团、虞青文艺社、常熟业余剧人协会等。直到当下，常熟理工大学还有“左右剧社”等。

常熟还是锡剧的发源地之一。如今的无锡严家桥，属于羊尖镇，是锡剧发源地，是有名的锡剧第一村。锡剧史上第一个剧作家——严廷初，就是严家桥的落第秀才；出生在严家桥巷门头舍上的袁仁仪，被称作“锡剧进上海第一人”；锡剧史上最早的滩簧女艺人青宝姑娘，也是严家桥人。而羊尖镇原属于常熟管辖，50年代才划归无锡，因此，常熟完全可以说是锡剧的发源地之一。

常熟王庄紧靠无锡羊尖镇，也是锡剧发源地之一，民众对滩簧（锡剧）情有独钟。

二、常熟戏剧事业现状

常熟历来是吴文化重地，演艺事业曾经非常繁荣。解放后，在政府部门，常熟拥有专门的剧目工作室，属于市文广新局下属的全额事业单位。另外，以专业演艺团体而言，曾先后组建过常熟市京剧团、常熟市越剧团、常熟市杂技团、常熟市评弹团、常熟市锡剧团等。由于历史原因，常熟市京剧团、常熟市越剧团等早已撤销，目前还保留有专业剧团——常熟市锡剧团，这也是常熟目前唯一的专业剧团，属于常熟市文广新局下属差额拨款事业单位。而在民间，锡剧、越剧、沪剧、京剧、黄梅戏等戏种在常熟都有广泛的戏迷，还有一批当代青年探索演出现代话剧。

剧目工作室是1977年在常熟县文化馆创作组基础上成立的，先后创作有《彩练曲》《柳如是》《强项令》等一批戏剧。1984年，剧目工作室隶属文化局。1986年，剧目工作室周竹寒、周作屏合作的锡剧《长青藤》参加江苏省第二届锡剧节和新剧目观摩演出，获创作二等奖。同年12月，著名作家金曾豪任工作室主任，在近三十年时间里，他先后创作了《叫化鸡传奇》《阴阳灯》《多情的芦荡》《谢方正进京》《杨乃武出狱》等多部大型锡剧，经剧团排演后在苏州新剧目调演及省锡剧节、中国艺术节等大型赛事中屡获大奖。另外，由施零伍、金曾豪、叶黎依创作的锡剧报告剧《常德盛》，参加第七届江苏省锡剧节，获优秀剧目一等奖。2007 年 5 月，锡剧《杨乃武出狱》参加第十届中国戏剧节，获剧目奖。

常熟市锡剧团始建于 1955 年，由常熟县合众锡剧团和常熟市友爱锡剧团合并而成。剧团近六十年的风雨历程，排演了许多优秀传统剧目，产生了薛川宝、王小平等一批优秀演员，在百姓心目中留下了很好的口碑。20 世纪 90 年代以来，先后排演了《叫化鸡传奇》《阴阳灯》《多情的芦荡》《流泪的雕像》《谢方正进京》《杨乃武出狱》等大型剧目并多次获奖。其中《多情的芦荡》获 1992 年苏州市“五个一工程”奖，《谢方正进京》先后在江苏省第五届锡剧节和江苏省第三届戏剧节获优秀演出奖、新剧目奖等多个奖项，并于 2000 年 10 月参加了第六届中国艺术节苏州分会场的展演，《杨乃武出狱》获第六届江苏省锡剧节和江苏省第四届戏剧节优秀演出奖、优秀演员奖和剧本奖。

在常熟民间，戏曲也有很多票友，如京剧有虞山京剧票友社、沪剧有沪剧研究会，越剧等剧种也有自己的票友组织，尤其是锡剧，除了专业剧团——常熟市锡剧团外，还有业余的票友组织，在尚湖镇还建有民办非企业团体兰花艺术团。

2000 年，王庄文化站组建兰花艺术团，有袁小弟等成员三十多人，演员均为兼职的工人、农民，有的甚至是个体户、私营业主。艺术团演出全本锡剧《珍珠塔》《双推磨》《拔兰花》，越剧、锡剧的折子戏《十八相送》《孟姜女》《断桥》《秋香送茶》等。2002 年，王庄戏曲馆建成，供艺术团创作、排练戏曲。袁小弟依托王庄兰花艺术团，立足农村，创作贴近农民生活的《良心》《忏悔》《钟声》等三十多部锡剧小戏。2005 年，王庄文化站编辑出版《王庄戏曲》，收袁小弟等创作的小戏。

2008 年，兰花艺术团所在的尚湖镇被文化部命名为中国民间文化艺术之乡。

三、常熟戏曲事业面临的困境

1. 剧目创作出现断层

金曾豪在到退休年龄后继续留用了多年，2013 年 9 月正式退休。尽管常熟市文广新局为金曾豪成立金曾豪工作室，但由于专业剧团多年不排戏，金曾豪也已多年不写戏。而常熟剧目工作室尽管有几位创作人员，有的在小戏小品、评弹等门类的创作方面已获得较高奖项，但大型戏剧创作还缺乏经验。在文化馆及各基层文化站，戏曲创作更是后继乏人。

2. 戏剧专业团体多年不再演戏

由于前些年戏剧市场整体低迷，缺乏排演资金，常熟市锡剧团已多年没有排演大型戏剧，而是改为演出综艺类、儿童剧类的节目，承担一些政府惠民演出和各部门、条线的宣传，或为企事业单位提供文化服务，排演的儿童剧《送你一片绿草地》《快乐木马》等尽管获得好评，但与传统锡剧相去甚远，难以达到较高水准。

3. 政策限制造成专业人才匮乏

2008 年初，文艺院团自上而下实行转企改革。常熟市锡剧团尽管还暂时保留差额拨款，但多年来编制部门已控制不许进人，锡剧团大量招收了合同制人员，致使无法获得优秀人才。如今的常熟市锡剧团拥有在编人员二十三人，主要是 80 年代末 90 年代初艺术专科毕业生，另有合同制人员二十人、临时工两人，专业演员严重青黄不接，导演、谱曲、乐队等人才也是严重缺乏。2013 年在济南举办的第十届中国艺术节和在苏州举办的第十三届中国戏剧节，常熟市锡剧团均缺席。如此这般，再过几年，常熟市锡剧团定会名存实亡。

四、周边县市对锡剧的传承保护情况

近年来，随着经济建设取得较大的成就，各地在文化方面的投入力度不断加大，包括戏剧方面。下面以常熟周边县市张家港和江阴为例。

张家港锡剧团的历史和命运与常熟市锡剧团的命运相近，不过从2010年开始迎来了转折。2010年他们创排了大型新编锡剧《一盅缘》，打造成了“江苏省舞台艺术精品工程”。借此剧目，主演董红荣获第二十二届上海“白玉兰”奖主角奖，列第二十六届戏剧梅花奖榜首。在十艺节上,《一盅缘》不仅获得专业舞台艺术政府最高奖——“文华奖”，同时有两个节目获得“群星奖”，分别是评弹表演唱《送果篮》及锡剧小戏《丫丫考0分》。2013年11月25日，第十三届中国戏剧节在苏州落下帷幕，《一盅缘》又荣获戏剧节最高奖“优秀剧目奖”，主演董红获优秀表演奖，张家港市人民政府获优秀组织奖。今年，江苏省文化厅与张家港文广新局联合打造大型锡剧《杨家碾坊》，目前张家港锡剧团正在紧张排演当中，这将是又一部精品力作。

据了解，张家港艺术中心之所以能取得这样的骄人成绩，得益于他们舍得投入，不仅资金投入，还有对人才的重视。2013年，他们就招收了四名在编演员，年收入在七至八万元！他们还重金从省剧团引进演员，这些演员在许多国家级大赛中均有获奖。另外，目前，他们还有二十名学生正在委托无锡文化艺术学校培养，政府拨款两百万元，这些学生一毕业就将充实到张家港锡剧团，成为剧团的未来和希望。

无独有偶，江阴市锡剧团目前也招收了二十多名学生，政府投入两百多万元正在委托江苏省戏剧学校对口培养。今年，江阴市锡剧团一方面坚持演出传统剧目《李三娘》，另一方面，为配合群众路线教育，又排演了大型红色经典锡剧《江姐》，自 9 月 25 日首场演出以来，获得了观众的广泛好评。另外，江阴市锡剧团的锡剧普及、传承工作也做得很好，自 2010 年下半年在南闸实验小学开办首个少儿锡剧班以来，现已发展到十九所小学先后开办少儿锡剧班，全市有近千名小学生在学唱锡剧，他们不仅初步学会运用锡剧基本曲调演唱传统曲目，学会基本的形体动作，还初步了解锡剧的历史与发展。四年来，少儿锡剧班结出累累硕果，锡剧班的小演员多次被邀请参与中央电视台戏曲节目的录制。江阴市还举办少儿锡剧班艺术展演活动，2013 年首次设立小芙蓉花奖，有十名学生获得此荣誉。

五、自觉担当历史使命 振兴常熟戏曲艺术

1. 抓好创作队伍

剧本是戏剧之本，要振兴戏曲艺术，必须从根本上抓起。

常熟市剧目工作室青年创作人员霍进芳正逐步显露头角，她创作的小品《门》《我哪儿都不去》分别荣获第七、八届苏州市小戏小品大赛（剧本类）一等奖，短片评话《火烧富春山居图》获江苏省曲艺芦花奖。

在抓好自身创作的同时，今年开始，剧目工作室通过"请进来、走出去"等方法，开办了全市小戏小品创作培训班，邀请全国小戏小品创作名家前来授课，此外，还带领学员到全国文明村蒋巷村、梦兰村等地采风，创作出的小戏小品请专家评选、点评，以此来从基层中发现创作人才，提高他们的创作水平。据了解，这一活动将常年坚持下去。

2. 扶持专业团体发展

剧团是剧种的载体，剧团运作的好与坏对剧种的发展有至关重要的作用。常熟市锡剧团是目前常熟唯一的地方戏曲团体，常熟作为明清以来的戏剧重镇，唯此一脉薪火相传，振兴戏曲艺术的重要使命和责任也

责无旁贷地落在它的肩上。

常熟市锡剧团曾经与张家港锡剧团、江阴市锡剧团一样，都是优秀的地方戏剧团体，有着良好的基础，完全有能力排演出大型精品剧目，关键要在资金和人才上给予大力扶持。

第一，要尽快招收和引进人才，尽快选拔一批学生送出去委托培养，以充实锡剧团后备力量。

第二，要进一步加大对舞台艺术精品生产的投入，鼓励剧团出艺术精品。

第三，政府要将送戏下乡和送电影下乡一样，作为重点文化公共产品，列入年度重点工作任务，由财政拨专款扶持实施。

第四，锡剧团一方面要出精品，扩大社会影响，另一方面，也要完善内部考核、分配机制，探索市场经营，在政府扶持的同时，通过市场检验作品，获取社会效益和经济效益。

3. 加大对民营戏曲表演团体的扶持

（1）要对民营戏曲表演团体在剧目创作、人才培养等方面有突出成绩的给予奖励。常熟市尚湖镇对兰花艺术团的主创人员袁小弟创办了袁小弟工作室，就是一个很好的举措。

（2）要对与民营戏曲表演团体建立长期合作关系并为其排练、演出提供场地和优惠服务的单位和个人给予奖励。常熟市文化馆“春来戏曲大舞台”常年对全市各戏曲表演团体开放，越剧、京剧、沪剧……你方唱罢我登场，对繁荣常熟的戏曲艺术做出了很大贡献，市文广新局应给予全力支持。

（3）要经常性地开展票友大赛，鼓励民间戏曲爱好者相互交流，进一步提高艺术水平。

常熟市锡剧团依托自身的专业号召力和虞山大戏院百姓大舞台，2013 年举办了锡剧票友大赛，取得很好的反响。常熟尚湖镇也依托兰花艺术团的品牌效应，2012年开始举办“百姓戏曲大舞台”，来自各地的锡剧迷在此演出、比赛、交流、探讨，扩大了尚湖镇的影响。

4. 镇政府要将剧场建设列入本级政府文化事业发展规划

要为地方剧团提供必要的演出场所，并给剧场每年确定演出地方剧目场次，作为评定明星剧场、影剧院的标准之一。

20世纪80年代，各乡镇均建有影剧院，作为各镇重要的政治和文化活动场所，如今都杳无音信了。如今文化部门送戏下乡、送电影下乡都在露天。按照现在的经济发展，各镇均有实力建造影剧院，以满足人民群众看戏、看电影等文化活动的需要。

5. 市锡剧团要主动寻找合作学校，培养少年儿童对地方戏曲的兴趣，使之成为地方戏曲将来的继承者和固定受众

习近平总书记在日前召开的文艺座谈会上的讲话中指出，文艺不能做市场的奴隶，要为人民大众服务。在出席纪念孔子两千五百六十五周年诞辰国际学术研讨会暨国际儒学联合会第五届会员大会时，发表讲话说，“优秀传统文化是一个国家、一个民族传承和发展的根本，如果丢掉了，就割断了精神命脉”。

中宣部部长刘奇葆去年在安徽调研黄梅戏时强调，要从坚守和传承中华文化基因的战略高度认识和看待地方戏曲艺术。要把发展地方戏曲摆上重要位置，巩固和拓展文化体制改革成果，深入实施人才建设工程和文化精品战略，加强和规范政府购买公共文化服务，为地方戏曲繁荣发展营造良好条件。今年9月刘奇葆在北京调研戏曲工作时又强调，要深化戏曲院团改革，完善扶持政策，加强和规范政府购买服务，鼓励有条件的地方把戏曲产品纳入地方公共文化服务体系，为戏曲院团营造良好发展环境。

领导的一系列讲话让我们看到了戏曲振兴的希望，我们要抓住历史的机遇，自觉担当历史使命，为振兴常熟戏曲艺术而努力。

与大众文化共舞　谋求苏州文艺新发展

——以苏州微电影创作为例

陈卫萍

习近平总书记在文艺工作座谈会上强调“文艺创作方法有一百条、一千条，但最根本、最关键、最牢靠的办法是扎根人民、扎根生活”。[1]他同时强调，“能不能搞出优秀作品，最根本的决定于是否能为人民抒写、为人民抒情、为人民抒怀”。[2]而大众文化正是基于人民基于百姓，大众文化文本，贴近百姓生活，反映人民心声，满足百姓心理需求，具有超强的“地气”也常能获得超高的人气，这正是文艺发展的重要原动力。考察苏州文艺，会发现其在把握流行文化、大胆借鉴运用大众文化特性方面显得比较薄弱。也许有人会说，苏州地域文化中流淌着精巧雅致的文脉，要与大众文化的通俗娱乐等特性相融，困难比较大。对此，笔者不能苟同，要知道日韩文化同样也有精致典雅的一面，但他们的文艺作品照样可以掀起人气狂潮，何故？关键还在于，我们的文艺创作者对大众文化的认识不够深入透彻，当然也就很难做到出神入化地运用。下面本文就以近年来苏州微电影创作为例加以具体阐析，希望发现问题，为文艺创作尤其是苏州的文艺创作提供有益的参考。

电影是有着百余年历史的综合艺术，然而微电影是2010年才崛起的新鲜事物，但其发展势头强劲，俨然已经成为一个新的机遇，成为各方新的竞争平台。近年来，苏州地方出产的微电影从数量上说并不算少，由地方政府部门牵头组织的各类微电影大赛，就有好几个，譬如2013年水天堂杯首届“风尚”苏州微电影大赛、2013年中国苏州法制微电影大赛、2014年苏州市首届微电影原创大赛等。应该讲，这些微电影大赛的开展，带动了微电影的创作，标志着苏州人与时俱进、勇于开拓的进取精神。把握时代节拍，利用新的、喜闻乐见的媒体样式来开展工作，这一精神本身就值得肯定，但我们也需注意到，毕竟微电影是新生事物，如何提升苏州微电影作品的整体质量，充分发挥好微电影的作用还有诸多地方亟待加强改进。

一、风格：需熟谙市场传播规律、大胆尝试

娱乐性是大众文化最为突出的特性之一，大众文化文本往往会追求广义上的愉悦效果，尽可能地使更多的人从中获得满足，从而获得市场的欢迎。为了达到这一目的，一些作品不惜利用人的本能，通过低俗浅薄的感官娱乐来取悦观众，这样娱乐就不免和低俗浅薄有了牵连。在娱乐倍受推崇而有泛滥趋势的时候，有识之士不禁发出“娱乐至死”的警告。然而不得不承认，娱乐确实是提升人气的良药，即使像《泰囧》这样没有多少思想内涵的影片仅仅凭借无厘头的搞笑，就收获了惊人的票房纪录。在这里强调娱乐，绝不是鼓动文艺创作者去跟风低俗浅薄的创作，因为文艺不该也不能当市场的奴隶，沾满铜臭气，不过优秀的文艺应该懂得如何运用规律，既能在思想上、艺术上取得成功，又能在市场上受到欢迎。

目前苏州微电影获得网络热捧的还不多，知名度也不高，即使是花了大心思，获得微电影大赛奖项的一些作品，在创作指导思想上还有商榷之处。根据官方媒体披露，首届“风尚苏州”微电影大赛的活动主要目的是为了把苏州各地的旅游资源整合成旅游产品，以微电影形式推向国际、国内旅游市场。[3]不难发现，该大赛的侧重点在于城市宣传。这本无可厚非，因为“微电影”这一概念的提出，本身就伴随着商业力量

介入网络视频生产并使之服务于产品营销或品牌形象推广。不过，在实际创作中，我们的创作者难以摆脱城市宣传片中规中矩的“记录性”和“宣传性”的藩篱，忽视了电影“艺术性”和“虚构性”的特征。不仅苏州的城市微电影如此，目前，国内其他地方的城市微电影也存在同样的问题。获得最佳旅游微电影金奖的《又见吴中》，其编导在颁奖现场，特意强调说明这部影片的真实性，不仅仅是取景，故事本身都是真人真事。[4] 乍一听，让人感觉这部影片是原汁原味的苏州味，但仔细推敲会发现其中的问题——为什么不能摆脱“现实主义”“记录性”的桎梏，为什么不能大胆创新尝试其他的风格形式呢？再譬如，苏州市纪委开展的以“清风苏州，光影廉石”为主题的“廉石之光”廉政微电影（微动漫）创作展评中的作品风格也几乎是清一色的“现实主义”。廉政教育尝试将思想教育寄寓新型的微电影形式中，这本身是有创新意义的，但很多创作者的思想观念受制于原先教育片的框架中，没有对网络媒体所喜欢的风格类型给予应有的重视，查看优酷等视频网站可以发现，一些作品的观看点击率少得可怜。当然因为是廉政教育，作品风格倾向于严肃也在情理之中。从理论上讲，微电影可以包括各种内容和题材，但实际情况却提醒我们，微电影的传播主要靠的是网络自发点击传播，因此靠网络传播的微电影在题材风格上有一定的偏好，那些带有游戏性、充满趣味的娱乐化作品更容易在网络上受欢迎获得自发的传播。而主要通过网络进行宣传和教化的苏州微电影有几部是充满趣味的？我决不是主张要媚俗，但能给网民带去快乐积极正能量又有什么不好？近年来既叫好又叫座的佳片，无疑都是充满乐趣而又励志的，如《中国合伙人》《失恋33天》等。如果苏州微电影尤其是有着鲜明导向性的作品，能在这个方面多做些考虑和设计，那么受欢迎程度会有大幅度的提升。

再从艺术手法上看，巧妙运用后现代思潮手法的微电影受关注程度普遍比较高。《一个馒头引发的血案》（2005年），采用了后现代主义最常见的拼贴、戏仿的手法，将搞笑与讽刺发挥得淋漓尽致，赢得了极高的点击率，迅速在网络上蹿红。2010年之后还有数部采用拼贴、戏仿手法的微电影也在网络上走红，如《辅导员是怎样炼成的》《雷锋侠2——热血雷锋侠》《女民工苗翠花讨薪新闻发布会》等。这些后现代主义技巧手法在微电影中的成功运用启发我们，苏州微电影的创作者们不妨大胆借鉴尝试运用。事实上，苏州微电影完全有条件采用拼贴手法，譬如将老苏州的吴方言、新苏州人的各地方言、通用的普通话，以及外企白领的英语等杂糅在一起，让它们在苏州这座城里交相辉映。此外，悠悠评弹、质朴吴歌也可以和时尚流行音乐共生共荣。事实上，此种斑驳杂糅才是苏州城市生活真实的面貌。而我们现在看到的苏州城市微电影，还是比较多地侧重表现传统苏州优雅的一面。当然这种传统韵味确实是一个城市特点，对游客、外来者来说会产生一定的吸引力，然而传统与现代的交融汇合、五彩斑斓的时尚再现，应当会使更多的人对苏州这块既古老又充满现代生机活力的乐土充满向往。

此外，苏州微电影还可以大胆借鉴通俗影视剧常用的类型，如警匪片、科幻片、宫廷剧、穿越剧等等。毕竟这些通俗影视剧的类型经过市场的考验，有很好的市场基础，所以我们的苏州微电影也不妨可以大胆尝试。像苏州首届微电影原创大赛中的获奖影片《美丽·落脚点》，就成功运用了穿越手法，如果没有这段穿越，整部影片也就失去了光彩。可以说，在这方面，苏州微电影是大有可为的。苏州是有着悠久历史的文化名城，在拍苏州城市微电影时，完全可以考虑借鉴穿越、科幻之类的形式，将民俗文化、历史古迹、经济科技和城市的现代生活巧妙地组合展现出来，相信这样的设计比起一本正经的写实版微电影趣味性会更强，也更吸引人。

二、主旨：宣传要润物细无声

考察近年来苏州举办的微电影大赛，从影片质量上看，2014 年苏州市首届微电影原创大赛的获奖作品整体质量较高。而作为城市形象品牌推广的微电影和法制教育微电影，因为明确的导向目的性，还不能摆脱城市宣传片和法制宣传片的窠臼和影响。这一情况的存在，不是苏州独有，其他地方也有。就拿城市微电影来说，放眼全国，很多的城市微电影都有一定的情节，但整体而言，在情节的安排设计上还不够精巧，更多的是为了宣传而牵强地去编一些故事。出现这样的情况主要是受原先城市宣传片的影响太深。城市形象宣传片中所展现的山水风景、高楼大厦、风土人情、历史文化、美女、孩童等，似乎已经成为固定“视像”或“意象”。片子传递的信息量很大，但都是一个个碎片，零零散散，观众看完了也差不多忘记了，很容易迷失在美轮美奂的城市景观中，模糊了这个城市区别于那个城市的特质。很多城市宣传片的创作者还过于追求片子的形式，过多地考虑拍摄的形式、声音画面如何结合、画面如何剪辑、如何特效转换才能产生令人震撼的效果。的确，这些形式上的考虑对于城市形象的展示非常重要，对内容的表现也可以起到相辅相成的作用，但过于追求形式，容易造成形式大于内容、内涵空洞的印象。受此影响，目前的城市微电影也存有这样的缺憾，尤其是由政府机构牵头拍摄的城市微电影，这方面的情结尤为严重，大量的镜头都是在展现美景，而剧中的人物和情节，似乎都是为了配合展现这些美景才被安排放置进来的。故事情节基本上乏善可陈，人物形象单薄，往往成为一种抽象化、符号化的存在，一些片子中的人物似乎更像一个不拿话筒的导游，编导想要做的就是让观众跟随人物的步伐去看一些城市的美景。这样的城市微电影比起原先自吹自擂的城市宣传片来说含蓄了些，但“广告”痕迹十分浓重。其实城市微电影的魅力，区别于城市宣传片的不同之处，正在于它精彩的“故事”，而我们的拍摄制作者似乎都有意无意地弱化了故事情节的设计，不舍得用镜头去讲故事，而是千方百计地用镜头去展示城市的美景，像《苏州情书》《又见吴中》不同程度上都有这样的问题。

想要特别说明的是一座城市的魅力，其外在景观之美只是其中的一部分，就如人一样，外貌之美只是外在的形象之美，人的真正魅力还取决于人的内在精神与风骨。而一座城也一样，城市的内在气韵，需要生活在其间的人物来展现，而这正是微电影可以大施拳脚的地方。具体说，就是应该注重通过有关人物的故事情节来展现城市的内涵，从城市人物身上的故事、经历来折射这座城市的点滴与魅力，通过润物细无声的方式来实现主旨的被接受。举例来说，获得最佳旅游服务品牌推广奖的《在苏州　在一起》就有这样的气质。该片讲述了一个做志愿者的女孩到苏州会议中心参加活动，认识了腿部有残疾、不敢奢望爱情的上进男孩，女孩的善良和爱慕，使男孩收获了美好的爱情，也变得更为自信。这个爱情故事虽然算不上新颖，但它能冲破现实生活中司空见惯的世俗功利气息，显得难能可贵，具有相当的感染力量，传递的是充满温暖善意的爱的正能量。如果这个故事能再增加一两个有关苏州人的善良的情节作为故事背景，那么格局会更大，所传达的城市精神会更明朗，那么这个感人的爱情故事发生在苏州就不是一种偶然，观众可以更好地联想到苏州这座城的温暖和善良，正是因为有这样的沃土才会绽放出超凡脱俗的爱情之花。如此，苏州城不仅美，更有温暖和爱意的主旨也就悄然落入观众的心田。

另外需要注意的是，因为微电影短小，在其为主旨服务的情节设计中，不仅需要创作者掌握传统的编剧技巧和画面造型语言，更需要创作者能迸发“灵感”，闪耀思维“火花”，以精巧的创意来表达主旨情怀，这样才能更好地吸引眼球，达到良好的传播效果。

三、视角：要尊重民间视角和个人化视角

在苏州的微电影中，尤其是在表现苏州城市的微电影中，能较好地运用民间视角和个人化视角的作品寥寥无几。当然，民间视角和个人化视角有可能会拍出不符合官方期望的形象。不过我们需要意识到，微电影及其传播模式本身就代表着一种文化民主化的趋势。普通人（即传统意义上的受众）得以染指原本由大制片厂、电视台等专业机构所垄断的影视生产领域，并被冠以“电影作者”之名，在影响力上成为与传统电影工业分庭抗礼的一股力量，这是消费者的胜利。相较仍深度依赖商业体系生存的传统电影业，微电影身上所展现的文化民主化气质无疑使其成为本雅明主义在互联网时代的新注解。在广告的力量侵入网络短视频生产领域并正式创造出“微电影”这个概念之前，这一借助互联网实现广泛传播的文化样式最主要的功能，或许在于其为传统意义上的文化弱势者提供了一种政治表达的途径。这一功能在微电影全面商业化之后受到一定程度的削弱，却始终顽强地存在着，不曾完全消失。

民间视角和个人化视角可以带来更多的亲切感，也更具民主气息，百花齐放多元化的呈现也利于微电影的繁荣，为此我们需要给予足够的尊重。当然，必要的防范和引导教育也是需要的，不过关键的还是要让生活在苏州这个城市的人感到幸福。其实只要一个城市整体形象好，是不怕黑色调干扰的。

四、标题：巧借力　提升关注度

微电影主要是依赖网络进行传播，那么如何在网络上浩如烟海的视频中脱颖而出？除了作品本身质量过硬吸引人外，标题的设计不可小觑。仔细留心不难发现一些微电影作品的标题非常懂得借力发挥。当一部电

影正火时，一下子会冒出很多类似该片名的作品，出于对原片的好印象，许多网民会抱着好奇的心理去点击观看相似的作品，这样就带动了点击率，而点击率越高，就会吸引更多的人，从而形成一种良性循环。苏州大学的几个学生，就巧用此法，在电影《那些年，我们一起追过的女孩》风靡之时，将自己拍的校园微电影命名为《那些年，我们一起追过的男孩》，结果获得了很好的网络点击率。

只要我们有巧借力的意识，机会还是不少的。《舌尖上的中国》热播时，淮安市淮阴师范学院几位在校大学生巧借东风、顺势而上，将自制的美食短片《品味淮安》放到优酷网上，收获了非常高的点击率和转发率，引发了众多网友对于中国四大菜系之一 ——淮扬菜饮食文化的讨论，这从另一侧面间接提升了淮安在全国的影响力。[5]可惜，苏州的微电影却没能很好地抓住这一机遇。“风尚苏州”微电影大赛中，有一部获奖影片叫《恋城》。故事讲述的是一个苏州女孩在一家餐饮店工作，偶然在店里结识了一位到苏州工作的韩国男孩，女孩陪伴着韩国男孩去逛街、去品尝各类美味小吃，在这一过程中两人感情升温，最终韩国男孩决定不回国留在苏州。这部片子主打的是爱情，实际上其中的爱情也并没什么特别之处。如果我们的主创有借力的意识，在《舌尖上的中国》引发全民关注时，将该片定为《舌尖上的苏州》或类似的与美食有关的标题，比起不痛不痒的《恋城》，相信会更有吸引力。至于内容上，也可以更好地通过餐饮文化来表现苏州味，譬如影片中韩国男孩大为赞叹的那碗面，是哪家字号，不妨在影片中做些交代，这是一个绝好的宣传机会，既利于商家也利于旅游者，也增添苏州的魅力，何乐而不为？相信在《舌尖上的中国》风靡之时，一部与美食有关的苏州微电影其点击率和转发率也是不会低的，这对推动苏州的旅游业、餐饮业无疑是大有裨益的。

以上所述围绕近年苏州微电影创作展开，然而其中存在的一些问题却非微电影所独有。苏州的文艺创作，整体而言对大众文化特性、对市场的普遍传播规律重视不够，希冀苏州的文艺创作者能及时反思与借鉴，汲取大众文化的活力，舞出自己的精彩，推进苏州文艺新发展。

---

1 《共商文艺繁荣发展大计——习近平总书记主持召开文艺工作座谈会侧记》，《光明日报》，2014 年 10 月 16 日。

2 《共商文艺繁荣发展大计——习近平总书记主持召开文艺工作座谈会侧记》，《光明日报》， 2014 年 10 月 16 日。

3 http://jsnews.jschina.com.cn/system/2013/04/28/017068700.shtml

4 http://tv.cntv.cn/video/C37524/b48c5fc4bd1f3ddd298396f60a4e5c44

5 杨惠、戴海波：《社会化媒体在城市形象传播中的运用》《新闻知识》，2013 年。

刍议当代文艺评论者的“三维”与“尺度”

胡笑梅

文艺评论，又称文学批评，是评论者在文艺欣赏的基础上，以一定的文艺理论为指导，通过对文艺实践和文艺现象的具体阐述与评析，揭示评论对象的审美价值和思想意义，探讨文艺创作的艺术方法和内在规律。

文艺评论是基于个体阅读、欣赏、思考的感悟和言语表达，有了文艺评论者的“仁者见仁，智者见智”，才会出现“一千个人心中有一千个哈姆雷特”。故，文艺评论本不应“整齐划一”“千人一面”“千部一腔”，而应遵循“百花齐放，百家争鸣”的方针，积极倡导审美的个体性、语体的自由性、思想的开放性。

纵观过去乃至当下的文艺评论，普遍存在着评论队伍学历参差、结构失衡，评论尺度标准不一、偏颇失度，评论作品鱼龙混杂、良莠不齐等显著问题。笔者以为，在经济繁荣的“全媒体时代”，必须高举马克思主义文艺批评的旗帜，坚持社会主义道德价值观，进一步强调和规范文艺评论者的“三维”和“尺度”，充分彰显文艺评论对全社会精神文明建设的引领和指导作用。

一、“三维”

文艺评论者的“三维”，指的是文艺评论要兼顾文艺创作的主体（作家、艺术家），文艺创作的客体（作品、现象、运动等），文艺再创作的主体（读者）三方面（如图所示）。它们三者相互联系、相辅相成、缺一不可。如果没有文艺创作主体，文艺创作的客体就是无本之木，文艺再创作的主体俨然形同虚设。如果没有文艺创作的客体，文艺创作的主体就是无果之花、无蛋之鸡，文艺再创作的主体也就成了无皮之毛，正所谓“皮之不存，毛将焉附”，一切将会成为镜花水月。

因此，在着手进行文艺评论时，评论者必须时刻铭记“三维”标准，以“本”（文艺创作的客体）为本，以“人”（文艺创作和再创作的主体）为本，以“美”（优秀传统精髓与核心价值理念）为本。首先，要弄清文艺创作主体的生平简介、人生阅历、创作风格、时代背景、写作意图等相关资料，然后才能比较全面客观地“知人论世”。其次，要把握文艺创造客体的脉络结构、表现手法、表达效果、语言特色等本体特征。最后，进行文本细读，或者展开纵向、横向的比较研究，旁征博引，言出有据，以理服人。

形象地说，文艺创作和文艺评论，就像文学艺术事业的两翼，只有“比翼”才会“双飞”，否则就是“折翼”之鸟，无法飞到更高更远的地方。事实上，古今中外，文学艺术事业的发展与辉煌，从来就没有离开过文艺评论，文艺评论始终与之如影随形。每一个时代，也正是有了及时总结经验、分享得失、针砭妍媸的文艺评论者，某一种文艺样式才会大放异彩、独树一帜。就像古希腊的悲剧，欧洲中世纪的骑士小说，中国的唐诗、宋词、元曲、汉赋、明清小说一样，才会成为一个时代的标志、整个民族的骄傲、全世界的财富。千百年来，众多文艺评论家坚持理论联系实践，从创作到表演到评论，凡事亲力亲为，涌现出一大批蜚声中外的文艺批评理论的经典之作。例如，我国陆机《文赋》、钟嵘《诗品序》、刘勰《文心雕龙》、李渔《闲情偶寄》、刘熙载《艺概》、王国维《人间词话》等，国外柏拉图《文艺对话录》、亚里士多德《诗学》、莱辛《汉堡剧评》、康德《判断力批判》、黑格尔《美学》、尼采《悲剧的诞生》、弗洛伊德《梦的解析》、罗丹《艺术论》、弗莱《批评的解剖》等，它们在各民族文艺创作与发展的进程中，发挥了不可磨灭的重要作用。

二、“尺度”

随着社会主义经济建设的繁荣昌盛，社会主义文化艺术事业日趋丰富活跃，文化建设与国家民族信仰重塑间的关系日益密切，文艺评论在我国文化与经济发展过程中的作用日渐凸显，当下文艺评论者的责任愈发重大。只有认清形势，与时俱进，勇挑重担，有所作为，把握精准的“尺度”——知识的厚度、思想的高度、视野的宽度、语言的力度，才能在快速发展的文艺事业中，发挥更大、更好、更积极的作用，并能不断适应、超越、引领社会文化思潮。

（一）知识的厚度

文化艺术事业的良性健康发展，与文艺评论家的学术水平休戚相关。因此，文艺评论家首先应该是一名知识分子。学识渊博，通古博今，中西兼并，具有丰厚的文化底蕴、深厚的人文素养、敦厚的理论基础、丰富的评论阅历、敏锐的洞察力分析力批判力，在进行文艺评论时，摆事实，讲道理，旁征博引，纵横捭阖，游刃有余，一针见血地指出文艺创作客体的问题和优劣所在，使文化艺术创作者心服口服，从而赢得他们的广泛信任和尊重。

其次，文艺评论者应该是一名“拿来主义”的知识分子。对待古今中外的各类文艺理论，都能取其精华，去其糟粕，激浊扬清，推陈出新，不盲从、不片面、不照搬、不独断，紧密联系时代背景和社会实际，不断完善和发展相关文学理论，使全社会的文化与艺术活动，在相对完善的文艺理论指导下健康有序地开展。

最后，文艺评论者应该是一名“中国特色”的知识分子。立足于我国的文艺实践，高扬起民族的主体意识，去消化和吸收其他国家和民族有用的东西，充实我国的评论尺度，增强评论的生命活力，既不闭关锁国，裹足不前，也不亦步亦趋，按部就班。而是时刻坚持中国特色的社会主义道路，在体现国家凝聚力和民族精神的文艺评论上，树立和发展中国标准，积极发现新的文艺评论问题和热点，大胆创新与夯实“中国”标准，勇于无畏地应对“世界”挑战，在没有硝烟的世界文明冲突和大战中，保持清醒的是非判断力和理论定力，根基稳健不动摇，思维缜密不慌乱，成竹在胸，运筹帷幄，激扬文字，指点江山，引领世界文艺评论潮流。

（二）思想的高度

文艺评论是时代文艺创作的风向标，文艺评论者的远见卓识应该超越艺术家、文学家，其思想观点要领先于时代的发展，才能更好地引领大众的文学艺术创作和价值审美趋向，决定全社会文艺创作的思想和艺术高度，引导文化艺术事业超越时代的发展而发展。

英国的文艺复兴运动，世界工业革命的飞速发展，都离不开文化艺术事业的预见。因此，文艺评论者必须在日常的工作学习中，有意识地加强训练、培养和追求超越时代的思辨力，使自己的思想见解具有前瞻性，高瞻远瞩，未雨绸缪，高屋建瓴，防患未然，及时发现和保护优秀文艺人才和资源，积极预见未来文艺发展方向和门类，坚决抵制各种不良文艺思潮和动态，避免不必要的资源忽视和浪费，保护文艺的纯洁性和高远性。国内外很多艺术大师的价值，例如梵•高、曹雪芹、安徒生、卡夫卡、莎士比亚、舒伯特、王小波、顾准等，在其生前都没有得到当代文艺评论者的发掘、认可、宣传和保护，由于物质和精神的双重压力，贫困潦倒，穷途末路，英年早逝，这无疑是整个人类文化和文明传承的损失。前事不忘后事之师，当代文艺评论家，一定要引以为戒，既要重读经典，也要发掘新人，绝不能重蹈覆辙，为后人所诟病，使“后人复笑后人也”。

当然，也要警惕一些文艺的“泡沫”和“狂欢”，犀利地穿透时尚和流行的表象，直抵文艺的本质内核。对时下一些打着创新旗号，既不尊重文艺创作的主题，也不忠实于文艺创作的客体，肆意消费经典（《大话西游》）、糟蹋经典（《新水浒传》）、恶搞经典（《杜甫很忙》），低级趣味的爆笑校园、匪夷所思的古今穿越剧、毫无深度的快餐阅读、胡编乱造的影视作品、粗制滥造的网络文学等一系列作品，要立场坚定，态度坚决，严格抵制。如果此风不能及时加以遏制，任其肆意蔓延流行，那么中华民族优秀文艺大厦的支柱将会被逐一拆卸侵蚀，直至轰然坍塌，无力回天，社会主义核心价值观的重要精神源泉也将最终干涸。这，绝不是夸张，也不是耸人听闻，必须引起全社会的重视和警惕。

（三）视野的宽度

优秀的文艺评论，不是简单的就事论事，头痛医头，脚痛医脚，而是尽可能打通知识局限与隔阂，巧妙整合，使各个艺术门类融会贯通。当下文艺评论者应牢记培根的名言“读诗使人灵秀，数学使人周密，科学使人深刻，伦理之学使人庄重，逻辑修辞之学使人善辩”（《谈读书》），坚持以开阔的文艺视野，寻求攻玉的它山之石，使文艺评论更接地气、更有人气、更富生气、更具灵气。

中国传统文艺具有“通体性”的特征，要求从事各文艺门类的评论家能“十八般武艺，样样精通”，注重多学习、多研究、多交流、多思考，尽可能多涉及各艺术门类，全方位提高自身修养。一名优秀的文艺评论家，不仅仅是精通某一艺术的“专家”，更应是精通数门艺术的“杂家”，不仅是通晓一个国家一个民族文化艺术的“专家”，更应是通晓多个国家和民族文化艺术的“杂家”。国学大师季羡林就是这样一位博古通今的大家，他早年留学国外，精通英、德、梵、巴利文，能阅俄、法文，尤精于吐火罗文（当代世界上分布区域最广的语系——印欧语系中的一种独立语言），是世界上仅有的精于此语言的几位学者之一，真正做到了“梵学、佛学、吐火罗文研究并举，中国文学、比较文学、文艺理论研究齐飞”，其著作汇编成《季羡林文集》（有《季羡林读书》《季羡林读文》《季羡林读史》等），共二十四卷，受到全世界人民的景仰。

艺术是相贯通的，艺术也是相关联的，正如费孝通先生所说“各美其美、美人之美、美美与共”。一个文艺评论者，如果没有全面的传统文化修养，“只见树木不见森林”，那么他对文艺作品的评论难免会流于表面、肤浅和单一。例如，评论戏剧，必然离不开音乐、绘画（布景）、文学（剧本）、舞蹈（动作）、手工艺（道具）等艺术类别的常识；评论中国画，必然离不开文学（诗词）、舞蹈（线条）、书法（落款）、美学（色彩搭配、线条比例）等艺术门类的知识；评论文学，必然离不开绘画（“留白艺术”“布局艺术”）、音乐（节奏、韵律）、哲学（思想、历史）、心理（情感）等相关学科知识。笔者以为，大胸怀才有大境界，大定力才有大判断，尤其是生活在网络普及的信息时代，人们获取外界信息资料的方式越来越便利，文化艺术品展示与推广的途径越来越便捷，文艺评论者更应以积极进取的姿态、开放包容的心态、虚怀若谷的状态，去思考、研究、探寻新媒介和新理念下文艺评论的创作、传播、指导之路，任何时候都能做到：既不脱俗，也不媚俗；既不全盘否定，也不全盘接受。坚持实事求是，客观分析，科学批判，指引文艺评论发展新方向。

（四）语言的力度

不管形式如何花样翻新，不管内容如何冗杂多变，文艺评论的本质还是语言的艺术，其语言风格决定文艺评论的影响力、传播力和生命力。

当下评论界普遍存在两种情况，一种是“捧杀”，一种是“棒杀”。前者是“文友”之间为了情面、利益、没有原则、失去自我的互相吹捧，降格以求，任意点赞，随意“放水”，夸大其词，只说好话不说坏话，只表扬不批评，宾主皆大欢喜；后者是“文敌”之间，剑走偏锋，唇枪舌剑，不顾脸面，没有风度，甚至发展到泼妇骂街一样人身攻击的口水之战，弄得两败俱伤。虽说“真理越辩越明”，但是有时候也不尽然，当事人在论辩过程中，往往会偷换概念，发散思维，由此及彼，从点到面，含沙射影到一批人。想当年，鲁迅和梁实秋之间，因为“硬译”（《论鲁迅师长教师的“硬译”》）和“死译”的个人小恩怨，发展到学派之间的大论争，前后持续八年之久，波及很多文化名人（徐志摩、钱杏邨等），使他们“躺着也中枪”，最后引发“文学是有阶层性的吗”的论争，成了一起典型的文艺攻讦案。还有，2006 年由一篇关于 80 后文学创作的评论，引发了著名的“韩（韩寒）白（白烨）之争”，有很多“文坛中人”和“文艺中人”，如解玺璋、陆天明、陆川、王晓玉、古清生、高晓松等参与评论，2010 年，大家终于不计前嫌，“让往事随风”，一笑泯恩仇。

举例的目的，是为了进一步倡导“质朴清新、快人快语”的文艺评论新风。当下文艺评论者要既不固守陈旧僵化、面目可憎的评论言语，也不局限于“灌水式”和“板砖式”的平面化、娱乐化批评形式，而是要遵循传播规律，把握正确导向，营造“以理服人、实事求是”的文艺评论生态，在各类新旧媒体上，反应快捷、慧眼独具、发声主动、忠于自我、忠于良知、忠于原著、与人为善、推心置腹、心平气和、有理有据、公道直言、厘定真伪、掷地有声、以文动人、以文化人、以文育人，营造全媒体时代文艺评论的良好生态。

春秋代序，沧海桑田，无论时代如何变迁，一名真正的文艺评论者都应坚持文艺评论的道德操守，紧紧把握文艺评论的“三维”，准确拿捏文艺评论的“尺度”，尊重艺术，尊重创作，尊重科学，用慧心发现创作者对美的追求与塑造，用妙笔撰写高质量高水准的文艺评论，毕其一生，甘于寂寞，为促进创作者艺术生命的健康成长，为建立良好的文化创作与评价体系，为构建地方和全国精神文明建设的和谐关系，添砖加瓦，贡献绵薄之力。

提升评论水平　引领创作方向

——苏州市第二届金圣叹文艺评论奖颁奖座谈会召开

9月2日，苏州市第二届“金圣叹奖”颁奖座谈会在市文联文采园召开，市文联党组书记、副主席陆菁，市文艺评论家协会主席朱栋霖及获奖作者参加了座谈会。会议宣读了苏州市第二届“金圣叹奖”评选结果，总结了评奖工作开展情况，并对获奖作者进行了表彰奖励（获奖名单见后文），获奖作者在会上作了交流发言。市评论家协会副主席薛亦然主持座谈会。

座谈交流中，与会人员踊跃发言，就自身创作研究和当前文艺评论的发展提出了自己的见解和意见。陆菁书记指出，“金圣叹奖”的设立具有重要意义，有利于推进文艺评论的创新和繁荣，促进文艺事业健康发展。文艺评论工作者要树立高度的文化自觉，树立正确的审美取向和文化品位，正确分析文艺思潮和文艺现象，要敢于讲真话，要沉下去、静下来、接地气，作品才会有说服力、影响力和公信力。评论家协会要进一步加强文艺评论队伍、阵地和机制建设，真正发挥传承苏州优秀文化、引领创作方向、提升鉴赏水平等方面的重要作用。

第二届金圣叹文艺评论奖是根据市文联的统一部署和市评协1月27日主席团会议的具体安排而举行的。征稿工作从3月1日开始，到4月31日截止。征稿启事在《苏州日报》、苏州文艺网及各高校网站等媒体刊登，同时将有关文件及时告知协会会员，作者大都来自高校的文艺评论工作者和各文艺家协会的评论骨干。

本届金圣叹奖应征作者数量与首届相当，质量明显提高，有国内著名的资深学者，有活跃在评论一线的专家教授。经初评组 6 月 9 日评选，共有 15 件稿件入选；终评组 6 月 30 日在初评基础上评定最终获奖作品及奖次。评选结果经报文联党组同意后，在苏州文学艺术网公示一周无异议。颁奖座谈会为苏州市第二届金圣叹文艺评论奖活动画上圆满句号。

苏州市第二届金圣叹文艺评论奖获奖名单

荣誉奖

范伯群　《中国市民大众文学百年回眸》

一等奖

周　良　《苏州评话弹词艺术概论》

林家治　《吴门画派研究论文选集》

周新月　《“吴门派”与吴门篆刻》

缪　智　《方向与责任：苏州文艺的实践与思考》

潘　讯　《徐丽仙传》

二等奖

陈　霖　《强健的心灵力量》

齐　红　《让自然发言——李娟散文的生态伦理观及其意义》

朱文颖　《在江南》

曾一果　《怀旧的“城市诗学”——关于苏州形象的影像建构》

朱红梅　《与时间对峙——关于小海和他的诗歌》

倪祥保　《苏州园林：多元融溶的和谐之美》

小　海　《杜涯论》

周红莉　《论“江苏紫金山文学奖”获奖散文》

金　红　《融通与变异：意识流在中国新时期小说中的流变》

第六届鲁迅文学奖苏州获奖评论家鲁枢元评论专辑

第六届鲁迅文学奖授奖词

陶渊明的人格理想、人生态度及天人合一的诗歌写作，是古老中国留给世界的重要精神遗产。鲁枢元的《陶渊明的幽灵》，将古典情怀与前沿问题相融合，跨学科、跨国度地阐释一位古代诗人，提出了“自然浪漫主义”的概念，致力于开辟生态美学、生态文学、生态批评的新视域，具有重要的理论价值。全书视野宏阔，学识丰赡，是关于陶渊明的当下解读，也是对“人与自然”关系的重建寻求一份东方式的解答。

鲁枢元，男，生于1946年1月，祖籍河南省开封市。苏州大学文学院二级教授，博士生导师，苏州大学生态批评研究中心主任，山东大学特聘教授；曾任郑州大学、海南大学教授及华东师范大学、陕西师范大学等高等院校客座教授。兼任中国文艺理论学会副会长、中国作家协会理论批评委员会委员、“人与生物圈”国家委员会委员，曾任海南省作家协会副主席。长期从事文艺学研究与文学评论，在文学心理学、文学言语学、生态批评及生态文艺学诸领域有开拓性贡献。坚信性情先于知识、观念重于方法，学术姿态应是生命本色的展露。主要著作有：《创作心理研究》(1985)、《文艺心理阐释》(1989)、《超越语言》(1990)、《精神守望》(1998)、《生态文艺学》(2000)、《生态批评的空间》(2006)、《文学的跨界研究·三卷本》(2011)等。主编有《文艺心理学著译丛书》《文艺心理学大辞典》《生态批评学术资源库》等。

1988年被国家人事部遴选为“有突出贡献的中青年专家”。

鲁枢元的获奖感言

近十多年来我没有申报过任何奖项，学术研究毕竟是个人的生命活动，甘苦自知，冷暖自知。再说，自己属“40后”，如果有获奖机会，还是应当留给更年轻的同人。《陶渊明的幽灵》是由上海文艺出版社申报的，并得到诸位评委的认可，我仍然感到非常高兴。诗曰：“嘤其鸣矣，求其友声。”古语：“知己为恩”谢谢上海文艺出版社，谢谢鲁迅文学奖评委会！

系统论的创始人贝塔朗菲的一句话曾使我感到无比警策：“我们已经征服了世界，但却在征途的某个地方失去了灵魂！”我相信生态解困最终在心而不在物，即在于改变现代人的价值观念、生存理念及生活方式，其中也包括现代人的审美偏好。

有人说“生态学是一门颠覆性的学科”，即对工业革命以来人类社会主导思想的颠覆。但我生性怯懦，缺少颠覆的英勇气概，自从关注生态批评以来，焦虑、哀伤、无助乃至绝望的心情一天甚于一天。我不能理解，在生态环境如此险恶的情况下，我们的社会与时代为何还如此放纵物质主义、消费主义以及无限发展观近乎疯狂的扩张蔓延？在如此嚣张的房地产开发与汽车工业生产面前，所谓“低碳”将统统变成“扯淡”。

“科技”与“管理”，曾被认作最强大有力的拯救者，如今反倒常常成为有意无意的“合谋者”。剩下的只有潜隐在人类心灵幽深处的“憧憬”与“想象”。“憧憬”与“想象”是美的领域，是文学艺术的领域、诗的领域。相对于坚实、强大、光明、时尚的科技与管理，文学艺术是如此的轻柔、虚飘、幽微、苍老，所谓“文学的拯救”，恐怕只能招来更多的嘘声。然而，我们就只剩下这些了！好在还有中国古代圣哲的言说：反者道之动，弱者道之用；明道若昧，进道若退；知其白而守其黑；柔弱胜刚强。

德国人海德格尔在他的哲学拯救活动中求助于诗人荷尔德林，英国人怀特海在他的哲学拯救过程中结盟诗人华兹华斯。世人切不可忘记，在生态诗学的拯救实践中，中华民族拥有一位伟大的自然主义诗人陶渊明！

我在撰写《陶渊明的幽灵》一书时，始终纠结于心的是：祈盼陶渊明的诗魂在这个天空毒雾腾腾、大地污水漫漫、人类欲火炎炎的时代，为世人点燃青灯一盏，重新照亮人类心头的自然，重新发掘人间自由、美好生活的本源。

生态解困无疑是一个世界性话题。遗憾的是，在中国文学界，百分百的人都知道美国瓦尔登湖畔的那位作家梭罗；反观美国文学界，知道

中国庐山脚下那位自然主义诗人陶渊明的，大约不会占到百分之一。比起梭罗，陶渊明只有过之，而无不及。

因此，我还要感谢北京大学跨文化研究中心主任乐黛云先生，她在《陶渊明的幽灵》出版后的第一时间便来函鼓励，并随即推荐出版社组织英译。当乐黛云先生得知《陶渊明的幽灵》书获奖后，她说：这是某个“精神共同体的胜利”。

这或许是由自然女神（在西方她是“盖娅”，在中国她是“玄牝”）领衔的那个“精神共同体”。我很幸运，自己能够成为这个“精神共同体”中的一员。

2014年8月28日

传统文化是民族精神之根

——撰写《陶渊明的幽灵》的点滴体会

鲁枢元

我相信古斯塔夫·荣格原型心理学中关于“无意识自我”的说法，一个学者能够做什么样的学问，似乎也是“命中注定”的。当初我开始从事生态文艺学研究时，并没有注意到中国古代自然主义伟大诗人陶渊明，而是热衷于收集梭罗、卡森、利奥波德、罗尔斯顿、洛夫洛克、马古利斯以及麦茜特这些西方自然主义作家、生态批评家的学术资源。但二十年后，我还是回到了陶渊明的身边，在没有古典文学研究基础、没有诗歌理论批评储备的情况下，写出了《陶渊明的幽灵》一书。回想起来，这应该与我内心深处潜藏的中华民族传统文化的情结有关。我出生并成长在被誉为“七朝古都”的开封，曾经位居当时世界文化巅峰的北宋王朝的印痕仍旧历历在目。我们家居住的那条小街，还保留着明代永乐年间的名字，小街的东端临近“夷门”，是魏公子信陵君联络智者侯嬴“窃符救赵”的地方，也许当年信陵君的车马就从我家门前走过。城南的“禹王台”又称作“古吹台”，相传春秋时晋国大音乐家师旷曾在此吹奏乐曲，唐代李白、杜甫、高适三位大诗人曾登临吟诗。民族传统文化的情结对于我来说是与生俱备的，我终究不能绕开。作为文化遗传的基因，早已植根于我的心灵深处，成为我的宿命，制约着我所从事的学术研究的轨迹。

习近平主席在文艺座谈会上讲道：中华优秀传统文化是中华民族的精神命脉，是我们在世界文化激荡中站稳脚跟的坚实根基。要结合新的时代条件传承和弘扬中华优秀传统文化，传承和弘扬中华美学精神。坚持洋为中用、开拓创新，做到中西合璧、融会贯通，我国文艺才能更好发展繁荣起来。对照这段话，回顾我撰写《陶渊明的幽灵》一书的过程，可以归纳出以下几点体会。

精神之根与民族昌盛

我在撰写《陶渊明的幽灵》一书时，首先浮出脑海的一个问题是：陶渊明这位一千多年前的古人，说是诗人，留下的诗作并不多，在诗人如繁星的中国却被誉为诗苑“千古一人”“诗人中的诗人”“伟大诗人”，时序更迭，声誉始终不衰，这是为什么？

我想，要寻找陶渊明诗歌创作的源头及其价值与意义，恐怕不能拘泥于先前的某位诗人、作家对他的影响，而只能广义地到中华民族特有的文学传统、精神文化传统中去寻找。中国社会长期处于农业社会，创造了无比丰富的农业文明，田园意识已经成为一种原始意象，一种民族的集体无意识。陶渊明的文学创作的源头应该就是华夏民族的“田园情结”“回归意向”，以及对于“桃花源”式美好生活的乌托邦想象。可以说，正是华夏民族历史悠久、积淀深厚的这一精神文化，如同幽灵一般附着到陶渊明身上，才诞生了中华民族这位伟大的“田园诗人”。“陶渊明的幽灵”，首先是华夏民族魂的有机组成部分。

一个民族的精神命脉，或曰精神之根，与一个民族的前途命运息息相关，也与每一个国民的生存状况密切相关。一个被割断精神命脉的民族是没有生机的，一个无根的国民是没有灵魂的。对此，第二次世界大战时，漂泊于国家沦陷、民族危亡之际的法国思想家西蒙娜·薇依有着切肤之痛，她在去世前写下的最后一本书《扎根：人类责任宣言绪论》中指出：“扎根也许是人类灵魂最重要也是最为人所忽视的一项需求。”“拔根状态是各种人类社会之疾病中最危险的一种，因为它会自我增殖。真正被拔根的人只有两种表现：或者他们落入一种灵魂的惰性状态中，几乎无异于死亡，就像罗马帝国时期大部分奴隶那样；或者他们总是倾向于投身于——常常采用最具暴戾的方式——那些不是尚未被拔根的，就是已经被部分拔根的人的拔根的活动中。”薇依在她的书中结合世界上诸多民族的历史，分析了造成“拔根”恶果的原因，一是异族的武力入侵与蛮横统治，二是金钱诱惑下的经济支配力量的诱导。中国历史上固然也存在“异族入侵”与“金钱诱惑”对于民族之根的祸害，但“拔根”的病象更多则是以“自我拔根”的方式呈现的。从旧中国的“洋务运动”“打倒孔家店”，到新中国的“思想改造”“反右斗争”“厚今薄古”“文化革命”，中华民族大地上持续不断地在上演着一系列的“拔根”运动，始终把自己民族的传统文化视为落后文化，务必扫荡一空。“文革”后期，我曾经去了趟曲阜。在孔林，我看到孔子的坟墓被挖出一个巨大的深坑，惨黄的土块连带着干枯萎缩的树根、草根，在烈日晒烤下瑟瑟颤抖。这简直就是我们民族文化被“拔根”的一个象征！

市场繁荣、物质丰富对于社会发展固然是必要的，但如果在发展的同时丢弃了自己民族精神之根，那就等于丢失了灵魂，即便拥有健壮的体格，也只能成为某种外在力量的奴隶。历史的教训不可忘记。

中华文化与现代化

“要结合新的时代条件传承和弘扬中华优秀传统文化”，“新的时代条件”可以表现在许多方面，多年来我所关注的则是当代人类面临的日益严峻的生态问题。自然环境的破坏与人的精神境界的滑坡，显然是一个世界性的问题，已经成了现代社会的通病。在我看来，这是由于启蒙理念的片面发展、割裂了自然与人的关系酿下的恶果。事实已经证明，世界性的现代化过程是一柄“双刃剑”，它在推动人类社会高速发展的同时，已经带来太多太多的问题，乃至灾难，尤其是生态灾难，也包括人类精神生态领域的灾难。

在这种“新的时代条件”下，如何发挥中华民族传统文化的作用？我有一点不同的想法。即如“国学热”，一提倡导“国学”，许多人就希望把“国学”当作迅速推进现代化的灵丹妙药，使现代化的列车跑得更快。这其实是把国学研究简单化了。在我看来，对于由启蒙理性开启的世界现代化进程，中华传统文化固然有积极推进的价值，例如当代新儒家冯友兰、钱穆们曾经努力发掘过的。但对于日益提速的现代化进程，中华传统文化也有“检讨”“反思”“矫正”“平衡”的价值，即：发现现代化进程中的偏颇，矫正现代化建设中的失误。在这方面，我们的传统文化或许可以发挥更大的作用。对于由启蒙理性开创的现代化的这柄“双刃剑”，也应该审时度势地采取“热处理”与“冷处理”两种不同的举措，从而使时代与社会得以健康、和谐地发展。

现代化的发展往往以“向自然进军”为前导，这也正是当下生态灾难的源头。也正因为如此，当年被梁启超、陈寅恪誉为“自然主义诗人”的陶渊明，在现代化进程中却被当作一个“消极保守的右倾分子”。如今，当“自然生态”已经成了“现代化”最大的负面效应、新时代的重大问题时，陶诗中内在的自然主义精神、陶渊明人生中“低碳”的生存智慧也该重放光明了。

老庄哲学与中华美学精神

中国传统的精神文化，由《周易》分流出“儒”“道”两家，一般认为，以孔孟为圣人的儒家更关注社会学、伦理学；以老庄为宗师的道家则对自然哲学与文艺美学有巨大贡献。前辈学者方东美指出：在中国传统的自然哲学与宇宙论中，就包括普遍的审美价值与艺术价值，庄子所谓“圣人者，原天地之美而达万物之理”，就已“充分展现了中国人深邃的灵性”。“中国人在成为思想家之前必须是艺术家，我们对事物的观察往往是先直透美的本质”，即便中国人的“哲学智慧”，差不多也总是在“艺术情操”中发展起来的。

诗歌与哲理同根并生、宇宙精神与个体心灵相映开花的一个范例，我认为就是中华民族的伟大诗人陶渊明。在我看来，陶渊明一生的成就，更多的是汲取了老庄哲学的精华。我曾经仔细地推敲过诗人陶渊明的名和字——陶潜、陶渊明、陶元亮的含义。陶潜、陶渊明、陶元亮叫法不一，却不外乎相互映衬对照的两个方面：一是潜和渊，一是明和亮。即：一是幽暗，一是光明。陶渊明的名字就暗合着老庄哲学十分推重的“知白守黑”（见《老子・第二十八章》《庄子・天下篇》）。由启蒙理念开拓出的工业社会、科技时代，人们往往执于一端，只知白不知黑，只看重表面的光鲜而无视内在的蕴藏。表现在现代人的生存方式上，那就是重物质，不重精神；讲科学，不讲信仰；讲手段，不讲道德；只想消费，不肯俭朴；只求升迁，不愿隐退；只顾眼前，不管未来；偏爱包装，而忽略内在的品质。

中华美学精神的和谐是人与天地自然的和谐、人与人之间的和谐、人的身与心的和谐。就像大自然中白昼与黑夜的相交、相守一样，“知白守黑”意味着事物整体的、内在的和谐发展。这既是哲学的认知，也是美学的体验。“知白守黑”运用到宏观的国家治理上，农村与城市也可以看作一阴一阳，一柔一刚，一弱一强，一暗一亮。由钢筋水泥构筑的城市，总不能取代溪流环绕、草木繁茂的乡村；城市里昼夜通明的灯火，也不能替代乡村的星空与月夜。高速城市文明不但不应该取缔乡村文明，良好的城市生态反而应当依附、守护在良好的乡村生态之中的。将其运用到国民素质的个人修养方面，还以陶渊明为例，这位伟大的诗人正是深谙“知白守黑”的哲理与美学，所以才能够在穷通、荣辱、贫富、显隐以及生死、醒醉、古今、言意之间委运化迁、顺遂自然、身心和谐、意态从容。由此，以往总是被错误认为“消极避世”的老庄哲学是完全可以用于维护与弘扬一个健康社会的核心价值的。

文学比较研究与中西融汇

清代末年，历史为中华民族走向世界选择了一个非常糟糕的时机。当中国刚刚开始打开国门的时候，中华民族自己的道统在长期腐败政治的侵蚀下已经衰微，中国面对的是一个强大、高傲而又蛮横的西方世界。中国对西方的倾慕、追随、学习、模仿竟是以西方对中国的鄙薄、拒斥为前提的，而中国接受西方现代文明的前设条件竟是必须清除自己的文明之根。这种残留的文化心态甚至一直波及当代文学界。新时期以来，西方现代文论蜂拥而来，几乎淹没中国传统文论的所有领地。在号称“诗的国度”的中国，即便诗歌也是如此。中国当代最优秀的诗人如海子、苇岸，当他们谈起自己追慕与效仿的诗人时，可以说出长长一排西方诗人的名字，却很少提起自己民族的传统诗人。苇岸曾坦诚地承认：“祖国源远流长的文学，一直未能进入我的视野。”海子更是绝情地说：“我恨东方诗人的文人气质。”这里我不想责备年轻诗人的偏激，我只是为我们中华民族诗国疆土的沦丧感到悲哀，这也成了我撰写《陶渊明的幽灵》的鞭策。

北京大学跨文化研究中心主任乐黛云先生非常强调“文学的双向比较研究”，她认为要达成这一“深度研究模式”，“就要能够同对方一起解决人类共同的难题”。如今，当环境灾难、生态危机成为一个共同的世界性难题时，也就为中华民族伟大的自然主义诗人陶渊明走向世界提供了时代的机遇。从文化层面看，中国农业社会的时间漫长，在处理人与自然的关系方面积累了比任何一个现代国家都远为丰厚的经验。从精神层面看，中国古代最精妙的哲学“老庄哲学”其实就是最深刻的“自然哲学”，崇尚自然、顺遂自然，与自然和谐相处，由融入自然而最终获得精神的逍遥游，已经成为中华民族的一种潜意识、集体无意识。而陶渊明就是这一民族精神与文化心理积淀的代表。在人类的精神文化版图上，陶渊明并非一个孤立的存在，西方的伊壁鸠鲁、卢梭、梭罗、华兹华斯、荷尔德林在面对“人与自然”这一“元问题”时，都可以看作是天然的盟友。当人们再度面对“人与自然”这一“元问题”时，曾经被陈寅恪奉为“新自然主义”发明人的陶渊明，也必然会在中西文化“新的综合”中再度现身。正如诺贝尔奖获得者、比利时科学家普里戈金指出的：“我们相信我们正朝着一种新的综合前进，朝着一种新的自然主义前进。也许我们最终能够把西方的传统与中国的传统结合起来。”

如今，西方社会的健康发展也已经离不开东方社会这一个“他者”的参照系，只有中西合璧、融会贯通，地球生物圈中的人类文化才能更好地发展繁荣起来。

陶渊明与鲁迅文学奖

《陶渊明的幽灵》获得第六届鲁迅文学奖，开始受到更多关注。其实，写这本书时，不但没有想到获奖，甚至也没有想过报奖。我说过，这十多年来我自己从没有申报过任何奖项，这近乎矫情的话可能引起一些人的反感。其实这倒不是出于自傲或清高，其中还有难言之隐。众所周知，生态批评在观念上常常与当下盛行的许多观念难以吻合，甚至处于“顶牛”状态。加之生态批评总是对现实持批判态度，看问题多，报忧不报喜近乎严苛，不能讨人欢心，因此被戏称为“乌鸦嘴”。像当年的美国女记者瑞秋·卡森，因为出版《寂静的春天》得罪了化肥与农药制造商，若不是受到肯尼迪总统的格外保护，岌岌乎断送卿卿性命！《陶渊明的幽灵》一书，显然是在现代生态危机的语境下解读古代诗人，与以往众多阐释陶渊明的学术著作不同,这本书操持的是“生态批评话语”，是以“生态学原则”为尺度，并因此得出一些与过往时代不同的结论，包括与鲁迅先生不尽相同的结论，并针对鲁迅先生评论陶渊明的话语在后世、在日本产生的负面影响进行了严厉的批评。该书甚至还对毛泽东主席于1959年庐山会议期间把陶渊明视作“右倾机会主义分子”加以嘲讽的诗文，以及“文革”中酿下的血泪悲剧进行了剖析。上海文艺出版社将此书申报鲁奖（事前曾征得我的同意），不料竟获全票通过。撇开此书的优缺之处不论，只以此类“乌鸦嘴”的书能够获得国家级文学大奖，足以说明我们社会的宽容度与开明度在渐渐扩大。前些年某省建国际旅游岛约我著文，文章寄过去便因类似“乌鸦叫”而被查禁。与其他国内、国际奖项的评审一样，“鲁奖”评审当然还有进一步改善的空间，但网络上一些人逞才使性一味拿“鲁奖”开涮，那也是有失严肃、有失公平的。

生态文学创作更要关注弱势群体

鲁枢元

对许多生态批评家而言，为自然辩护是与对社会正义的追求紧密联系在一起的。

——Kate Rigby

关注弱势群体，是世界现代文学创作的优良传统。同时代人在评论陀思妥耶夫斯基的文学创作时曾指出：作家的任务主要是观察和描写那些“卑微的、不幸的人”，“文学家们习惯于一有机会便到最污秽、最鄙陋的地方走走，同那些为商人和官吏所鄙弃的人友好谈话，带着怜悯的目光去观察最村野的现象”。在我们从童年时代以来获得的阅读经验里，很容易找到那些难忘的“弱者形象”：契诃夫的“凡卡”，安徒生的“卖火柴的小女孩”，狄更斯的“奥利弗”，雨果的“冉阿让”，托尔斯泰的“玛丝洛娃”，鲁迅的“闰土”“孔乙己”“祥林嫂”，沈从文的“翠翠”“萧萧”。往远处说，还有《聊斋》对那些花仙狐妖的敬重，《红楼梦》对那些柔弱少女的怜惜，《水浒传》对那些江湖草莽的偏爱。同情弱者，似乎已经成为文学命定的律令。而那些违背这一律令，趋炎附势、逢迎权贵的文学作品，很难具备文学的品行，反倒成为文学史上的笑柄。

同情弱者，体现为一种“社会正义”。对于文学来说，那更是一种超越意识形态之上的“社会正义”与“天然良知”。

当前我们所处的社会中的弱者是相对于富豪的穷人，相对于权贵的平民，相对于男人的女人，相对于城市人的农村人，相对于白种人的有色人种。还有，相对于资本与市场的自然界，相对于机器制造工业的文学艺术创作。

很早以前，当“大地”还被人们视为“母亲”，当“女人”还被尊奉为“女神”的时候，地球上的自然生态仍然是平衡的、和谐的。作为人类童年时代的记忆，这一时期的情景还朦胧地潜存于各个民族的神话与传说里：林木上结着硕果、大地上流淌着蜜汁、空气里散发着芬芳、草地上徜徉着麒麟、天空中遨游着凤凰。那时的人们还不怎么会说话，但已经很会唱歌；走路的步伐也不很稳重，但很会跳舞；当然也没有文字，但人人都能画画。那时的文学艺术（唱歌、跳舞、画画）其实也就是人们生存的方式。人们劳作在大地上，也诗意地栖居在大地上。

随着人类社会的发展进步，这种原始的生态平衡渐渐被打破。而在进入工业时代以来，这种平衡已经变成“强”与“弱”的严重冲突，冲突之剧烈已经造成人与自然的背离，人与人的怨怼，乃至人的自我的遗失。

首先是自然的蒙难。德国马克思主义生态批评家狄尔鲍拉夫指出：工业时代的前期，人类仅以简单的形式和原始的手工业技术开发自然，对大自然的利用也比较有限。此后，工业技术却对大自然进行了毫不客气的破坏和无限制的剥削。马克思只讲了资本家剥削工人的方面，而工业时代对自然界剥削的程度，比资本家剥削工人要大上几千倍。美国当代著名环境保护主义者 R. F. 纳什指出，大自然成了受压迫的少数群体。原本丰饶、繁茂、强盛的大自然，在工业文明持续发展的剽掠下，已经成了一具憔悴、羸弱、残破的病体。

与自然同时蒙受侵扰的是女性。英国学者凯特·索珀把矛头直指“现代工业与现代科技之父”的培根，正是由于他将作为“女人”的“自然”许配给了“工业技术”，“自然”便成了“工业技术”“求欢”、“诱奸”、“强奸”的对象，“征服了她，还强行与之交合”。与此同时，女人在男性主导的社会里，遭遇到与“自然”同样的命运。著名的女性主义活动家安德烈·科拉德指出：从历史上来看，女性的命运和自然界的命运是不可分割的。自然界、动物、植物是和女性位于同一个阶层的，目前都被迫处于一种弱势的、无权力的境地。

从社会学的意义上看，在自然生态危机中受害最深重的则是“穷人”。美国当代社会生态学家、社会经济学教授詹姆斯·奥康纳引证大量事实说明：穷人是生态灾难的最大承受者。这里所说的“穷人”，既包括新旧殖民地的被压迫、被剥削的民族，也包括一个国家内处于贫困线之下低收入阶层的人群，“生态问题对他们来说是一件生死攸关的事情”。强国与富人在利用地球的大量资源获取大量财富的同时，却把生态灾难留给弱国与穷人。他举例说：以色列凭靠其丰饶财力与尖端科技对约旦河水资源的过度占用与开发，已经导致巴勒斯坦土地的迅速盐碱化与经济的进一步衰竭。密西西比河的泛滥，对那些居住在河边平地上的穷苦黑人的打击，要远远大于那些居住在高地上富裕的白人。我国当下正在发生的情景也在印证着这一点：经济高速发展中获益最多的是富人，而由此引发的生态灾难（如持续高温、严重雾霾）的承受者注定是抗灾能力低下、无可逃避的平民与穷人。

在地球生态危机中与“自然”“女性”“穷人”同时沦为“弱者”的，其实还有“文学艺术”，而这一点则常常容易被人们忽略。在中国的唐朝、宋朝，像杜甫、韩愈、白居易、苏轼、苏辙、欧阳修这些诗人作家原本都是“国家干部”，甚至正是由于他们诗词文赋做得好，才当上“大官”的。如今，诗歌才调、浪漫情怀反倒多半会削弱一个人仕途升迁的机会。“文学艺术才情”绝非组织部门选拔干部的条件，甚至包括选拔文学艺术部门的主管官员。伟大的爱因斯坦曾抛出一句惊人的话：

“生态危机在熄灭艺术的纯真声音。”新世纪的事态发展正在证实爱因斯坦的判断，但若要对此做出解释并不容易。美学家苏珊·朗格、哲学家斯蒂格勒都曾讲到“自然之光”与“自然之声”，认为那是“艺术知觉”与“艺术直觉”的源泉，同时又是“艺术表现”的媒介与形式。如今，在“自然之光”已经黯然失色、“自然之声”已经寂然哑然的时刻，“艺术的纯真声音”的“熄灭”也就在逻辑之中了。

由启蒙运动、工业革命开启的现代社会发展至今，自然、女性、平民以及文学艺术都成了这个社会的弱势群体。这既是生态学意义上的失衡，也是社会正义的旁落。这也证实现代社会的确是一个存在严重缺陷的社会。

文学历来具有关注弱势群体的传统，生态危机扩大了地球上弱势群体的阵容，所谓“生态文学”就更应该责无旁贷地关注这一“弱势系统”的存在，从而在生态与社会的双重意义上促进人类走上健康和谐的发展轨道。

然而，文学自身已经成为弱势群体的一员，它还具备拯救的资格与能力吗?

首先我们应该明白，依靠“强者”改变“弱者”的命运原本就有些虚妄。例如多年来实施的凭借高科技来救治生态灾难，我们看到的是科技的确日益攀高，而生态依然日益下滑。以往的历史证明，“强者”拯救“弱者”的宣言，如若不是蓄意的骗局也多半会走进歪路，最后的结局反而是强者更强，弱者更弱，例如：眼下中国的城市与农村，房地产开发商与农民工。

美国生态主义诗人加里·斯奈德信奉中国道家哲学、崇拜中国古代诗人寒山，他宣称：他的使命就是要成为那些“在政府议会中没有权利、没有代表的‘自然之民’的代言人”，他说他代表的选区叫“荒野”。

唯一的出路在于弱者的自救。

作为人类精神活动现象的文学，相对物质与权力而言，从来都是弱者。而柔弱的精神反倒可以发挥出恢宏的效应，其强固超出帝王的皇宫城堡，其久远超出互联网的电磁波。试看契诃夫、安徒生、蒲松龄、沈从文们以柔韧的文笔，创造出的那些柔弱的人物，其强大艺术张力至今仍恢宏于人类的精神长空，持续地震撼着人的心灵！

生态文学创作尤其应当关注弱势群体，与作为当代弱者的自然、女性、受侮辱受损害的人们联起手来，共同寻回社会生活中的正义与自然生态中的平衡。

突破与路径

——评鲁枢元《陶渊明的幽灵》

吴秉杰

在我看来，《陶渊明的幽灵》是一个奇迹。而它的获奖，在第六届鲁迅文学奖理论、评论评奖中全票通过，则又是一次突破。枢元在20世纪80年代，因文学“向内转”的争论而蜚声文坛，他对于文学的关注与研究是密切地联系着作家和创作的。经历了近三十年的学者化道路，枢元在文艺心理学、文学言语学、生态批评等诸多领域均有开拓性的贡献，而他生态批评的最新成果《陶渊明的幽灵》，则又回到了对于一个具体作家的评论和研究，这似乎也不是偶然的。

说《陶渊明的幽灵》是一个奇迹，是因为它研究一位伟大的古典作家，却具有鲜明的当代性。把目光转向“过去”，借古讽今，从事历史追溯与表达历史记忆，这似乎是创作和研究的一种“常态”。譬如马克思就曾经讲到“文艺复兴”便是要借助于先哲们的思想和语言，来“演出世界历史的新的一幕”。莎士比亚的戏剧（历史剧）、曹雪芹的《红楼梦》就他们的写作年代而言，都不是写“当代”的，却又指向当代。更不用说20世纪60年代，我们还记忆犹新的如《陶渊明写〈挽歌〉》和《海瑞罢官》这样的引起了波澜的历史创作。当今的一些有追求的作家、学者也已纷纷把目光投向了更为久远的和已逝去的岁月，问题只在于他们的写作或研究能否如同枢元的作品那样，写得如此的深入、透彻而又蕴有更高的价值；如枢元那样，写“古代”的人生，又有当代的眼光，能折射出当代的世界观和人生观。《陶渊明的幽灵》探讨陶渊明的诗歌以及他所代表的文学传统，目的在于为这个精神生活日益颓败低俗的时代，召回一个率真、朴素、清洁的灵魂，一个能够让人与自然和谐共处，让人重新认识自然、融入自然的灵魂。这才是其“幽灵”的延续和不灭的意义。

说《陶渊明的幽灵》获奖是一次突破，是因为在我的记忆中，鲁迅文学奖设立之初，总想对于它的当代性、实践性、学术性和导向性有所侧重和强调，以区别于一般高校和社科院所设立的大奖。默默地便把外国文学研究、古代文学史和一些纯理论性的哲学、美学著述割裂、区分和排除在外了。但我们的认识还是有些懵懵懂懂。中国作家协会所设立的理论和评论的大奖，要有助于当代文学的实践，这是毋庸置疑的。但是，如果我们不能从过去汲取营养，又如何推动当前的创作？当代中国文学还深受外国文学的影响，又如何开展此种交流与研究？学术性是我们理论的标志，当然应能覆盖广大的空间，而不仅仅是说明当前有限的作品。因而我很赞同乐黛云先生和陈晓明先生对于《陶渊明的幽灵》这本书的评价。乐老师说，此专著“是我多年来追求的在世界文学语境中诠释中国文学的最佳范本”。晓明说，这部著作“对古典研究的现代转化，对中国的后现代理论的中国化，一定会起到极大的推动作用”。这部作品的获奖，使得鲁迅文学奖的评奖忽然变得胸襟阔大了。它结合了作家的研究和由此引出的思考，当然也拥有能推动当代创作发展的品格。

我们由此也得到了一个范例。这是鲁枢元《陶渊明的幽灵》的另一种收获和贡献。

在评价枢元的这部著作时，更多的人关注的还是这部奇书与世界文化、精神与思想上的联结。因为枢元寻找并发掘了一千六百多年前的陶渊明在西方的“自然之友”，它写到了伊壁鸠鲁、卢梭、华兹华斯、爱默生、惠特曼、罗曼·罗兰、瓦雷里、高更、荣格、梭罗、米修、斯奈德等等，让人感兴趣还是哲学与文学一体化深入及其在心灵上的联结。例如不仅有伊壁鸠鲁、卢梭、荣格、德里达等思想家、哲学家，还有德国存在主义哲学家海德格尔寻找到诗人荷尔德林，及其“还乡”之旅，英国有机主义哲学家怀特海推崇和找到诗人华兹华斯。在哲学的逻辑的断裂处，文学与诗歌生长了出来，填补了精神的空白。但我认为，更值得重视的还有枢元对于中国传统文化的发掘，陶渊明和中国的哲学，世界观、自然观与人生观在心灵上的联结。陶渊明“质性自然”的诗歌与老庄的“道法自然”、“自然而然”的思想同根又同源。而中国的哲学与文学一开始便同体生长，结合在一起。一般认为，老子的“知白守黑，知雄守雌……”以及“信言不美，美言不信，知者不言，言者不知”等是消极而非进取的辩证法。这使我想到了黑格尔常被引用的名言，“存在的是合理的”，它也被理解为是一种保守的哲学的表达；但辩证法却有它自己的逻辑，黑格尔的话也可以倒过来，“合理的是存在的”，便转而进取。而老子的“知白守黑”以及“大方无隅，大器晚成，大音希声，大象无形”这些自然全美的思想，更有深刻的根据和“道”的追求。枢元对此作了重新的解释，把显在的、表面的、变动不安的成分和隐蔽的、深层、根本的东西区分了开来，便有了敬畏自然、依存自然的更深刻、重要的含义。《陶渊明的幽灵》自然并不是要使我们退回到农耕时代，这是不可能的，也是不必要的。可从农耕时代到生态时代，其间已经历了工业化时代、现代与后现代——这从枢元作品中引入的和西方各个时代的思想家、文学家的对话和比较研究中，也可以看出其线索——

当今时代要求我们重新认识人与自然的依存关系。在这个已经破碎、不再具有“自然全美”的世界中，我们不仅需要修复并重新认识自然对于我们意义，也需要在后现代的精神残垣上重建精神家园。这就是《陶渊明的幽灵》所追求的更高的价值。

鲁枢元所从事的生态批评当包括自然生态、社会生态和精神生态三个层面。前两个层面都是物质性的，是基础；而只有进入到了精神生态，才是完全地进入到了文学批评的领域。这三个方面的生态都是历史性的，和历史演变的结果，因此生态批评便也密切联系着时代和社会，可以说是从高端切入的文学批评。从 20 世纪 90 年代起，欲望化时代、欲望化批评已经开启，欲望当然是“人性”，但“人性”也是“自然”的一部分。陶渊明对于自然的倾心热爱、隐居生涯，固然是他的人生选择，但对于这位古典诗人的新的开掘，却也使对于我们所理解的欲望和人性的研究回归到了它的本源。我们现在面临的是一个选择的困难，不是活不下去的困难，而是如何才能更幸福和长久地生活下去。能不能放弃一部分欲望？首先也不是要解决一个逻辑的难题，一个智性的问题，而是一个情感的问题。这是诗人陶渊明给予当代人的启发。更重要的是，枢元的生态批评是从问题出发的，从具体的作家研究出发的，而不是从概念出发的；我发现，枢元在联系西方近代和现代的各种思潮、观点和理论的时候，他从来不是援引西方的哲学观点、文艺见解来证明他自己的观点与成果——如同现在许多人在著述中所做的那样；恰恰相反，它采取的是一种全面交流的方法，表达东、西方的一种呼应，乃至态度和情感的共鸣。这又是《陶渊明的幽灵》在方法论上的突破和贡献。

在表达了上述评奖后的感想之后，现在，我想可以进入《陶渊明的幽灵》的本文结构，更具体地谈一下枢元研究的收获及其突破的路径。

时至21世纪的今日，生态的忧虑与生态批评几乎已每天都在进行，更多的是一种社会批评，缺少从主体 、我们自身的角度考虑。对于生态的关怀与生态问题颠覆了多少年来已习惯的概念："进步"、现代性、"文明"的含义，一切都已在生态危机面前被重新审视，亡羊补牢，峰回路转。但这种与大自然达成和解的要求似乎还没有发展到各个领域，譬如，文艺领域。生态问题自然是一个现实问题，但它是否也同时是一个美学问题、哲学问题、我们精神世界的问题？枢元的力作《陶渊明的幽灵》跨学科、跨国度地阐释古代诗人陶渊明，正是揭橥并回答了这一世界性的课题。而借助于对一位伟大作家的研究，开辟生态批评广阔的道路，则又是枢元的一次突破性的尝试。

路径要从其真正的出发点开始。哲学，这一古典美学的起点与核心部分被重新提了出来。当代文艺批评通常回避或不再提及的内容：世界观与人生观问题，在鲁枢元的陶渊明研究中再次被强调。"采菊东篱下，悠然见南山"，"久在樊笼里，复得返自然"，以及"桃花源记"等。这"樊笼"便包括社会的樊笼与精神的樊笼。陶渊明是文学史上公认的"田园诗人"与"回归"诗人，而枢元探讨的第一个理论重点便从"自然哲学"开始。这个与当代生态学最接近的范畴，引出了"人与自然"关系这一元问题，又自然地进一步引出了工业化与现代化问题、发展的伦理问题、审美追求的问题、人生理想与终极价值的问题。马克思在《政治经济学批判》（导言）中曾指出，人类有多种掌握世界的方式：经济学的逻辑的方式，实践精神的方式，艺术精神、宗教精神的方式。这后一种的艺术地掌握世界的方式，通常是敏感的、超前的、模糊广大而又具有不确定性的。鲁枢元指出，陶渊明之所以被称为"千古一人""诗人中的诗人"，受到后世的尊崇，固然是因为他"质性自然"，任真率性，热爱自由，"不为五斗米折腰"，真正地将自然化入了自己的生命；可另一方面，也是因为他以诗人的敏感，深深地切入了人与自然这一千古难解的元问题。这种赞扬从萧统文选中的《陶渊明传》《陶渊明集序》开始，经颜延之、钟嵘、沈约等，到王维、白居易、苏东坡、朱熹、杨万里、黄庭坚、辛弃疾等，唐宋而臻于顶峰，如白居易曾发出疑问，"常爱陶彭泽，文思何高玄”？苏东坡感叹“渊明吾所师，夫子乃其后”，这自然与中国农业社会发展到顶峰有关，与这些作家本人在人生路上经历了坎坷、磨难有关，但它也与陶渊明的放旷冲澹的品性、热爱自然乡土，坚持人与自然和谐相处有关,更与老庄哲学中“道法自然”“天人合一”“知白守黑”“委运化迁”相联结。《道德经》与《庄子》是中国古代最早的哲学、美学著作，蕴含丰富的哲思，陶渊明便是以自己的人生品格、诗人情怀实践了这些哲理。近代、现代学者也对陶渊明有种种高度的和不同的评价，如梁启超、胡适、鲁迅、朱自清、陈寅恪、金岳霖、朱光潜、李泽厚等，这种肯定的评价在当代一度中断，至今天又勃兴，证明了陶渊明的思想创作和他所信奉的自然哲学的生命力。枢元先生的专著对于前人评价作了搜索、梳理，又一次提出了自己的看法。追求与解脱或许是一种精神的两面，关于陶渊明的当下解读，则是努力地要为“人与自然”的关系寻求一份东方式的解答。

对于鲁枢元的生态学批评而言，研究陶渊明，当然并不仅仅是为了陶渊明的再评价。自然哲学的另一面，也是一种社会哲学和一种人生哲学。这便又进一步抵达到了中国传统文化的精髓。枢元还为此对于“自然”“道”“委运化迁”中的“化”、“知白守黑”中的“显”“隐”关系作了考证及词义解析的工作。这是一位学者在概念界定与运用时必须要做的工作。重新发掘一位作家，或用新的路径、观点评价一位伟大作家，总是要引发一种文学史“改写”的冲动，枢元在探讨陶渊明其人、其作品时，提出与较完整地阐述了“自然浪漫主义”的概念，我认为是这部专著的另一个贡献。它引用了以赛亚·伯林的《浪漫主义的根源》中的话说，浪漫主义“是发生在西方意识形态领域里最伟大的一次转折”。由于它是在审视、批判启蒙运动的“理性”至上和人类中心立场上扎下营盘，校正其负面的影响，并对西方工业革命改变了世界表示出某种逃避倾向和提出疑虑，这一思潮便又一代一代地延续至今。在这种历史的延续中，一部分可能不切实际、不能实现的乌托邦观念已变得可忽略和不再重要，而另一部分被认为是乌托邦的思想则已在新的时代焕发出了新的意义。其中便包括了一千六百多年前的中国古代诗人陶渊明的自然浪漫主义。自然浪漫主义以与自然的关系、态度、追求、倾向而定。一千六百多年前的陶渊明守望自然、回归自然，坚信人的精神自由与人的“自然天性”是一致的，因而才有四十岁后挂冠而去、躬耕田园与一系列流传千年的诗文写作。鲁枢元并不认可文学史以进取或“进步”与消极、倒退为标准的关于积极浪漫主义和消极浪漫主义的简单划分。为此他还把中国的陶渊明和他在西方世界的“自然之友”作了诸多的比较研究，分析从伊壁鸠鲁到卢梭、华兹华斯、惠特曼直至梭罗的《瓦尔登湖》等作家所表达的思想和创作，既表现了自然浪漫主义所拥有的世界背景，也彰显了陶渊明的思想成就。我想到，从书中对于卢梭思想人生的叙述中，也可以看出这种自然浪漫主义和西方的思想启蒙也并不是完全对立的。鲁枢元的《陶渊明的幽灵》又表明，研究人类思想史、文化史并不一定要信奉“历史阶段论”的判断标准，他心中还有着一个“大历史”的标准。

从浪漫主义推进、演变到现代主义、后现代主义，随着工业化、城市化的进程，高科技、高物质、高能量的消耗，以及当前空气污染、土地沙化、资源枯竭、物种灭绝的现实，世界已变得面目全非。抗拒西方现代文明的后现代主义，也与浪漫主义有着渊源关系。鲁枢元的著作列举了西方思想史上大量的思想家、学者、作家的观点，印证了陶渊明作为一个前现代的先行者所奉行的自然主义哲学的前瞻意义与文学实践意义，他在后现代生态批评的语境中，研究中国一个古代诗人，而又拥有独到的现代观点和世界眼光，我觉得可以说是这部专著的第三个显著的贡献。书中联系瑞士精神分析大师荣格、德国现象学存在哲学家海德格尔与法国解构主义代表人物雅克·德里达的论述是比较多的。荣格不仅晚年崇尚老庄哲学，他的“种族记忆”和“集体无意识”理论，被鲁枢元先生用以阐明了中国传统农业文明中蕴藏着的与自然的深厚感情及其诗意象征。而海德格尔的《荷尔德林诗的阐释》一书，把“知其白，守其黑”作为附录，则可以作为陶渊明研究的一个佐证，“诗意地栖居”是对于存在提出了精神上的挑战，因为人类已经成了自然界的一个“他者”。雅克·德里达和米歇尔·福柯一样，不仅对于后现代资本主义文明有尖锐的批判，且提出了自己的“幽灵”学说，成为鲁枢元借鉴、研究的路径之一。枢元先生对于“幽灵”也作了语义学的辨析考证，那是精魂、灵魂的意思。而我国学者编纂的《尼采的幽灵》，阿尔都塞的哲学论集《黑格尔的幽灵》，德里达自己晚年的力作《马克思的幽灵》也可作为一种例证，证明那是一种不死的精神。德里达的“幽灵学”认为，“幽灵”作为一种“遗产”，“从来不是一种给予，它向来是一项使命”，那是“一种精神焦急的还乡式的等待”。而鲁枢元的《陶渊明的幽灵》揭示了诗人清贫自守、见素抱朴的人格理想和人生态度，能和自然融为一体以及“素心清谣”般的诗歌写作，便是推出了古老中国留给世界的一份精神遗产。早年马克思在谈到人类理想时说，“这种共产主义，作为完成了的自然主义，等于人道主义，而作为完成了的人道主义，等于自然主义，它是人和自然界之间、人与人之间的矛盾的真正解决，是存在和本质、对象化和自我确认、自由和必然、个体和人类之间的斗争的真正解决。它是历史之谜的解答，而且知道自己就是这种解答。”我相信早年马克思和晚年马克思是一致的。

文学批评和文学研究当然并不是为了或能够解决当前的生态危机的。在人与自然问题上陷入了盲目性和片面性的现代化进程中，生态批评主要是针对着人的精神生态问题的。滚滚红尘，物欲横流，无度消费，“征服”自然与贪婪地向大自然攫取，在向上的物质欲求与向下的精神曲线中，陶渊明能为我们提供另一种精神的典范或一帖消毒剂。这便是枢元由“现实”出发而研究一位古代作家的初衷。他早年从事文艺心理学研究，现转至精神生态批评，这中间似乎也有着某种内在的联系。更使我感动的是，枢元做学问的态度，他在本书写作过程中，转述引用了古今中外学者的著作近两百种之多，廓清了自己思想的源和流，其学识的丰赡，思路的广阔，使人深获教益；而对于他所不同意的观点、见解，又总是在理解的基础上予以批评和分析，显示出学者的风范。他历时六年,其间还编纂了一部资料集和出版了反映自己部分思考成果的论文集，才最后完成了这部专著。在当前学界学风尚不能让人满意的形势下，这种治学方式，也让人钦敬。枢元在书的“后记”中说，运用生态批评重新审视陶渊明，涉及古代文学史和诗歌研究，他是“外行”，只能“一边补课，一边写作”。可我想，按照库恩与一些科学史家的观点，对于一些拥有了成熟规范的学科而言，规范的突破，总是由“外行”开始的。《陶渊明的幽灵》所取得的成果，更证明了一个过去的、重要作家的研究，可以具有怎样的现实意义和时代意义。

做精神自由、学术独立的学者

——记第六届"鲁迅文学奖"得主鲁枢元教授

胡艳秋

"独立之人格，自由之精神"，是早年陈寅恪先生在王国维墓碑上题写的铭文，这是他心目中的大学精神，此后也成了中国学术界推重的治学禀赋与学人气质。鲁枢元教授在自己近半个世纪的教学、科研生涯中，以前辈学人为榜样，兢兢业业、孜孜以求，努力做一个人格独立、精神自由的学者。他的目标或许并没有完全实现，但他毕竟朝着这一方向努力了，因此也终于获得一定的收获。

不久前，他在回顾自己的治学经历时归结出这样一段话："性情先于知识，观念重于方法，学术姿态应是生命本色的显露。"这也可以视为他的学术人格、治学精神。

几十年的春夏寒暑，他写下大约两百余万字的著述，已经出版的主要著作有：《创作心理研究》《文艺心理阐释》《文学心理学教程》《超越语言》《猞猁言说》《生态文艺学》《生态批评的空间》《陶渊明的幽灵》以及《精神守望》《蓝瓦松》《心中的旷野》等；还曾主编了《文艺心理学著译丛书》《文艺心理学大辞典》《黄河文化史》《精神生态与生态精神》《生态批评学术资源库》等。

鲁枢元曾承担多个省级与国家级的科研项目（其中包括国家社科基金的重大项目、重点项目），最近，作为成果之一的《陶渊明的幽灵》一书荣获中国文学最高奖之一的"鲁迅文学奖"。

鲁枢元的学术研究受到海内外的高度关注，围绕他的一些学术观点，国内学术界曾经展开过不止一次的具有一定规模的讨论与争辩。这里，我们希望尽量引用报纸杂志上正式发表的文字，对鲁枢元的治学道路、学术品格做出一个大致的回顾。

一、治学道路上的三次跨越

怀特海在其《科学与近代世界》一书中曾敏锐指出，在工业革命以来的社会里，强调学科的独立性与强调社会成员的专业化是一致的。但“这种专业化的趋势所产生的危险是很大的……社会的专业化职能可以完成得更好、进步得更快，但总的方向却发生了迷乱。细节上的进步只能增加由于调度不当而产生的危险”。[1] 怀特海断定，学术领域中的跨学科趋势有助于纠正这一时代偏向，从而有利于人类社会的健全发展。借助于中国三十多年来改革开放的时代风潮，鲁枢元在他的文艺学研究领域，始终在探讨突破旧的学科范式，跨越学科之间的壁垒，不断开拓新的研究领域，从而促进新的学科诞生。这导致三十年来他始终站在中国文艺学研究的前沿，开风气之先，先后在文艺心理学、文学言语学、生态文艺学三个领域取得了突出的成绩，受到学界的赞誉。

（一）文艺心理学

在刚刚结束的由苏州大学文学院主办的“八十年代文论与批评学术研讨会”的闭幕式上，著名学术史研究者、上海交通大学教授夏中义先生说：“鲁枢元先生是80年代文艺心理学的标志性人物，他开启了文艺学中的光彩篇章。”早在80年代初，鲁枢元就试图从作家的创作实

1 ［英］A.N.怀特海:《科学与近代世界》，第188—189页，商务印书馆，1959年。

践中摸索出一些规律性的东西，并在 1981 年写了《文学艺术家的情绪记忆》，开始自觉地进入文艺心理学的研究；1983 年，鲁枢元在《上海文学》发表了《论创作心境》一文，提出了创作心境的概念及其三个特性：整体性、自动性和模糊性，鲁枢元认为文学创作是直觉思维，直觉并不通过逻辑判断和一环套一环的推理，创作过程中的心理过程具有一定程度的自动性和模糊性。

两篇文章接连两届荣获上海文学理论奖。

“文革”后复出并担任中宣部副部长的周扬曾对鲁枢元的文艺心理学研究表示肯定。[2]

时任中国社科院文学所所长的刘再复对于鲁枢元的文艺心理学研究表示了高度赞赏：“鲁枢元同志正是超越了精神蜕变的痛苦，才进入新的精神境界的。这又使我想起郭老‘凤凰涅槃’的诗境，如果不经过一次痛苦的涅槃，凤凰就不能再生而翱翔欢唱……他将表现出文学理论工作者对文学事业的忠诚，其结果是他的自我优秀本质反而得到了实现。”[3]

1985 年，鲁枢元出版了他的第一部专著《创作心理研究》；1986 年，由讲师破格晋升教授。夏中义还曾在其《新潮学案》一书中，设立专章对鲁枢元的文艺心理学做出中肯的评价：“鲁枢元是以论集《创作心理研究》（下称《研究》）确立其学术地位的。《研究》所以不同凡响，因为它几乎囊括创作论的全部基本命题，而在阐释每一命题时又想努力提炼出一个相应的、心理美学色泽浓郁的独立概念。”[4] 此后，鲁枢元主编了中国第一套“文艺心理学著译丛书”与《文艺心理学大辞典》，出版了《文艺心理阐释》（“文艺探索书系”之一）。与钱谷融先生共

2 顾骧：《晚年周扬》，第 41 页，文汇出版社，2003 年。

3 刘再复：《文学的反思》，人民文学出版社，1986 年。

4 夏中义：《新潮学案》，第 89 页，上海三联书店，1996 年。

同主编的《文学心理学教程》被全国许多大专院校作为教材，同时还出版了台湾版。

至此，鲁枢元作为新时期文艺心理学学科重建的代表人物的地位已经确立下来。

对于鲁枢元的观点并非没有不同意见。1986年10月18日《文艺报》上发表的鲁枢元的《论新时期文学的“向内转”》一文，便引发了一场波及全国文艺理论界的大辩论。《文艺报》《文论报》《文学报》《文艺争鸣》杂志，甚至《人民日报》都介入进来。如30年代的“左联”老人林焕平先生著文批评鲁枢元，而中国社科院外文所研究员叶廷芳先生与北京师范大学童庆炳教授则发表文章为“向内转”辩护。

如今，这场因鲁枢元发起的关于“向内转”的学术论争已经载入多种当代文论史教材。[5]

鲁枢元的《论新时期文学的“向内转”》一文，作为经典文献，已经收入由王蒙、王元化主编的《中国新文学大系·文学理论》（卷二）。

（二）文学语言学

20世纪80年代末，理论界的风向突然开始转变，结构主义的文学理论向“主体论”“心灵论”的文学理论展开猛烈攻势，使得结构主义语言学大行其道，很多学者都纷纷追逐这一热潮，推动了文学理论的“语言学转向”。但“执拗”的鲁枢元仍和80年代初一样，不随大流，保持了一份自己的思考。

在鲁枢元看来，文学理论的“语言学转向”有其合理之处，但忽略

5　赵俊贤：《中国当代文学发展综史》（下卷），第762页，文化艺术出版社，1994年。　董学文：《中国当代文学理论》，第120页，北京大学出版社，2008年。

了语言本身的诗性。为捍卫语言的诗性，同时也是为了把文学创作心理学的研究更深入一步，自 80 年代中期始，鲁枢元便开始了对于文学语言的攻坚，撰写了一系列文章。1990 年，中国社会科学出版社出版了鲁枢元的《超越语言》一书，此书试图打破“语言学”与“文学”之间的藩篱，突出文学言语的情性和诗性，弥补传统汉语言学研究的不足。

《超越语言》一书出版后，得到不少作家、诗人的激赏。

著名作家王蒙特意为此书在当时影响广泛的《读书》杂志发表书评，指出：“鲁枢元的文论别树一帜。他是怀着对于文学创作的神往、敬仰、热爱、惊叹、赞颂来接近这个领域的，其纯美的心态如同去接触自己热恋的姑娘，膜拜自己的女神。热恋中保持着冷静，保持着学究气的寻根问底的执着，保持着博采众书而又取舍在我的眼光与胸怀，当然，也保持着一种毁誉由之的自信。”王蒙在书评中称赞道：“鲁枢元近年确是写了一本超拔的书——《超越语言》。在这本书中，他选择文学语言——按照他的论证，应该叫作文学言语——作为突破口，丰赡、热烈而又匠心独运地论证、发挥，抒发了他对语言——言语，对文学——艺术，对艺术——科学，以及对人类文明、人的精神生活的许多有趣的感受和见解。”[6]

著名文学家韩少功指出：《超越语言》“冒犯当前语言学主潮，大造一次反，简直有‘枣园灯光’般的里程碑意义，把艺术论体系扩展到更阔大更坚实的基础上。引证研究也很周密，有说服力，把本来不可言说的东西言说得大致明白，很不容易”。[7]

鲁枢元的这部文学言语学专著还曾得到新闻传媒学界专家陈力丹教授的高度评价：“鲁枢元的《超越语言》是另一种研究模式，他向符号

6 王蒙：《缘木求鱼——读鲁枢元的超越语言》，《读书》，1992 年第 1 期。

7 韩少功：《致鲁枢元的信》，《作家》，1993 年第 11 期。

学的代表人物之一 —— 索绪尔的结构主义提出了挑战……在这一批评性研究的基础上，他超越结构主义，努力地构造着富有中国语言特色的文学言语学。”[8]

该书责任编辑、著名文学评论家白烨发表文章做出宏观评价：“《超越语言》是一本具有自己的角度、自己的思考、自己的见解、自己的语言的著作。它的付梓不单单说明又有一本好书问世，在某种程度上还表明了当代文学研究将跨越对西方文论的横向借鉴的自我构建的开始，标示着中年一代理论家在认真、刻苦的理论探索中正日益走向成熟。”[9]

同行专家姚文放教授在综述20世纪90年代前半期的文学理论研究概观时特别指出：“鲁枢元的《超越语言》，不仅在国内文学语言学研究方面具有筚路蓝缕之功，发掘出这一领域的许多重要规律，而且以纵横开阖的思维、鞭辟入里的见解和倜傥不羁的理论话语展示了一种健康的、活泼灵动的文风。”[10]

《超越语言》在得到文学界人士赞赏的同时，却遭遇到国内语言学界某些著名专家的严厉批评。如北京师范大学资深教授伍铁平先生就曾接连发表文章指出：《超越语言》概念使用模糊化，语言表达文学化，研究方法“非科学化”，与专业的语言学研究相去甚远。[11]

事过多年，国内语言学界还是在一定程度上接受了《超越语言》。

复旦大学宗廷虎教授主编的《20世纪中国修辞学》一书专门为鲁枢元的文学言语学研究设置专门的章节，最终的结论是：“鲁枢元不是

---

8 陈力丹：《符号学：通往巴别塔之路》，《新闻与传播研究》，1996年第1期

9 白烨：《一部充满创新精神的著作》，《文艺争鸣》，1991年第2期。

10 《文艺研究》，1996年第4期

11 伍铁平、孙逊：《评〈超越语言〉中的若干语言学观点》，《外语学刊》，1993年第2期。

修辞学家，也没有十分自觉地去研究文学修辞。然而，他对文学语言从‘未移为辞’到‘已移为辞’整个过程的悉心探讨，他对文学优化表达做出的满怀深情的阐释，却正是修辞学家要做的事情。况且，他视野开阔，思路跌宕，文笔潇洒，而这正是我们的修辞学家们应该借鉴的。”[12]

（三）生态文艺学

在中国文艺理论界，鲁枢元是较早关注生态批评的一位学者，是生态文艺学学科的奠基者。1992年以后，鲁枢元开始把研究重心转移到对当代精神生态的研究中来，并在2000年出版了《生态文艺学》一书。在该书中鲁枢元提出了他的核心观念：自然生态、社会生态、精神生态，其中精神生态是鲁枢元生态批评研究的重点。在鲁枢元看来，近三百年来人们思想观念的偏颇才是造成生态危机的根本原因。“擅理智，役自然，无限营造人间福利”，正是启蒙运动以来的这类哲学理念、价值观念、道德意识、伦理导向引导人类社会渐渐走上生态危机的凶险之路。生态危机归根结底是一个观念问题，是人类普遍的精神危机。鲁枢元认为解铃还须系铃人，要改变生态危机首先必须从改变现代人的观念做起，作为观念形态的文学艺术及相关人文学科也就肩负着理所当然的责任，他相信文学可以发挥一种“恢宏的弱效应”，可以改变人生，矫正世界。

中国社会科学院著名学者余谋昌先生这样评价此书：“鲁枢元的生态文艺学研究，透过生态学的视野、运用生态学的基本理论对文学艺术现象进行系统的考察，并就文学艺术与自然生态、文艺作品中人与自然的主题、文学艺术之精神生态价值开发、文艺批评的生态学尺度、文学艺术的地域色彩与艺术物种的赓续、文学艺术史的生态演替等问题进行

12 宗廷虎：《20世纪中国修辞学》，第12章，中国人民大学出版社，2008年。

了别开生面的探讨，为当代文学艺术研究开拓了一片新天地。”[13]

江汉大学人文学院资深教授张皓先生认为：鲁枢元《生态文艺学》的出版，“标志着中国的文艺批评从跟在西方后面趋行转而为与西方同步运行。这种转折的意义目前也许还不明显，它将在21世纪的进程中显示出越来越不可忽视的价值”。[14]

二十余年来，鲁枢元一直坚持自己的生态理念，围绕生态文艺学与生态批评的学科建设做了许多工作，先后发表、出版了大量论文、论著，操办多次全国性的学术会议，坚持编印《精神生态通讯》，团结了国内外诸多意气相投的学者，为打开中国生态批评的局面付出了许多心血。他率领他的研究生主编的《自然与人文——生态批评资源库》（上下卷）得到学界的一致推重。复旦大学朱立元教授将其誉为“绿色的奠基石”，“为我们当下生态批评的开展提供了坚实的基础”。[15] 浙江大学徐岱教授发表文章指出，这部书的出版，“表明我国的生态文艺学与生态批评研究已经不是在知识浅滩上的随意游览，而是已经开始了在生态学海洋里的深水作业”。[16]

山东大学前任校长、著名学者曾繁仁先生在聘任鲁枢元为山东大学特聘教授的仪式上曾对他的学术贡献做出高度评价：“近年来鲁教授随着生态文明时代的来临，他又一次敏锐地将自己的研究视野指向了生态文学研究，他于1999年创办《精神生态通讯》，出版六十多期，影响深远。2000年鲁教授出版我国第一部《生态文艺学》，具有开创之功，

13 余谋昌：《生态文明论》，第291页，中央编译出版社，2010年。

14 张皓：《一种与西方同步的文艺批评在中国兴起》，《文学报》，2002年10月24日。

15 朱立元：《绿色的奠基石》，《光明日报》，2007年6月22日。

16 徐岱：《生态批评的深水作业》，《海南日报》，2007年3月31日。

其后鲁教授又围绕生态文学研究做了一系列工作，被公认为我国生态文学研究的领军人物之一。”[17]

至于这次荣获第六届鲁迅文学奖的《陶渊明的幽灵》一书，乃是鲁枢元为了印证自己的生态批评观念与方法实施的一个案例。

在鲁枢元看来，英国哲学家怀特海找到了诗人华兹华斯，德国哲学家海德格尔找到了诗人荷尔德林，中国的哲学家、理论家也应该与自己民族的伟大诗人陶渊明联手，为探寻生态拯救开辟新的道路。

二、教学生涯中的三点坚持

鲁枢元从 1972 年 3 月开始任教于郑州铁路师范学校；1981 年至 2002 年期间，先后在郑州大学、海南大学任教；2002 年至今一直任教于苏州大学。四十多年的教学经历，让他形成了自己的一套教学理念，并始终坚持自己独立的教学模式。他坚信文学是一种“恢宏的弱效应”；文学教育是一种性灵教育，属于情感与精神的领域；文学教师应当引导学生在思想的“林中路”上一道探索。当年他所指导的研究生，不少已经是国内文学批评界、文学教育界的中坚力量。

（一）坚持“跨学科”

鲁枢元生态文艺学的研究还有一个重要的意义，即打破了文学和科学之间的藩篱，将文学与自然科学联系起来，赢得了全新的研究视角。其实鲁枢元早年的学术经历就已经开启了他的跨学科之路：从文学走向

17　曾繁仁：《生态文明时代的美学探索与对话》，第 369 页，山东大学出版社，2013 年。

心理学，从文学走向语言学，然后从文学走向生态学，鲁枢元似乎一直都在有意地消弭学科之间的界限，这种意图在生态文艺学中表现得尤为明显，在他看来自然界、人类社会以及人的心灵，是一个有机整体，所谓学科范围、学科界限，只是人为划分的。学科与学科之间的界线也许并不像我们想象的那么泾渭分明、壁垒森严。学科与学科之间的交流与沟通也许比我们设想的更为普遍，更为常见。打破学科的界限，不仅是为了在学科之间的碰撞中寻求新的火花，更是为了寻求人的完整性和知识的完整性，打破工具理性对学科的严格分类，其实也是在拒绝工具理性对人完整性的切割。

学科跨界研究往往会发现新的机遇、创生新的意见、开辟新的领域，从而站在国内学术研究的前沿。从20世纪80年代开始，鲁枢元在他的教学中就重视引导学生与他一起在跨学科的空间里探索发现，他自己说不做标准化的教书匠，他指导的学生也往往不拘成规，拥有较为开阔的视野，具备独立发现问题的能力。

（二）坚持“插路标”

在鲁枢元看来，老师的作用不是死板的灌输知识，而是做一个插路标的人，引导学生自觉自愿地深入到知识领域，展开探索。所以他在课堂上经常会提到的一句话就是：“老师的作用就是‘插路标’。”

听过鲁老师课的学生都深有体会，鲁老师上课语速很慢，平缓的语调总能营造出一种沉静的氛围；讲课的过程中时常会穿插一些有趣的故事，用浑厚的声音营造出别具一格的幽默；课堂内容则是丰富、充实；课堂活动的设置也是匠心独运，比如讲文艺心理学时，常常会叫同学们用“意识流”的方式写自己的内心体验，或者写自己的一段梦境，用这种方式引导同学们发现弗洛伊德潜意识的魅力，通过自己的写作体会意识流写作大师普鲁斯特、伍尔夫的魅力；讲生态文艺学时，会叫同学们描写自己心目中最美的自然场景，或者做一个与周边生活环境紧密相关的生态调查，在具体的写作和调查实践中学会探索。

鲁枢元老师坚持以“插路标者”自居，是因为在他看来“授之以鱼，不如授之以渔”，让学生自主探索，比老师拼命灌输要更有效果。

（三）坚持“手工活”

在鲁枢元看来，现代教育对于人才的培养，其实也跟工厂里的生产流水线一样，推行的是一种“标准化”、“程序化”、“模式化”的套路，这对于人文学科人才的培养尤其不利。他说，在这方面他从不忌讳说自己是一个保守主义者。鲁枢元曾在《文艺报》的一次访谈中这样说道：“我发现我似乎持有一些‘保守主义’的东西。比如带研究生，我还是倾心于传统的‘师傅带徒弟’那种‘手工业作坊’的方式，即两千多年前孔子‘教书育人’的做法，看不惯现代社会的车间生产流水线。后现代社会如果要想变得比现代社会更完善、更美好些，就一定要从前现代社会吸取更多的生存大智慧，而不能像现代性思潮对待以往时代那样，总是采取割裂、断绝的革命姿态。这也可以看作我对我们所处时代的精神走向的一己之见。作为当前教育体制下的一个教师，我越来越感到自己是不称职的。我教书尽管一如先前一样认真，学生们虽然喜欢听我的课，却又觉得我往往不按常规出牌，讲的东西不够规范，不谙时务，不切实用，使他们在应付种种考试、竞赛中常常成为落败者，以致影响了他们的仕途和生路，对此我不能不感到内疚。但尽管如此，我教过的绝大多数学生仍然以坦诚与挚爱待我，我把这看作我人生积累下的最为宝贵的财富。”[18]

其实，“手工作坊式”的教学归根结底是对“人”的尊重，对每一个人独特性情的尊重，这是教书育人应有的境界。

---

18 刘海燕：《文艺理论家鲁枢元访谈》，《文艺报》，2012年11月5日。

三、《陶渊明的幽灵》与鲁迅文学奖

《陶渊明的幽灵》为鲁枢元教授承担的国家社会科学基金项目（03BZW007）的最终成果，精思傅会达六年之久。经国家社科基金项目规划办鉴定，该成果被评定为“优秀”等级。2012 年 6 月被作为上海市 2011 年重点出版资助项目由上海文艺出版社隆重推出。该书出版后即受到学界重视，《光明日报》《中国社会科学报》《文汇报》《文汇读书周报》《文艺报》《中国艺术报》《香港商报》《世界文化论坛》《深圳特区报》《深圳商报》《南方都市报》以及乐黛云主编的《跨文化对话》《当代作家评论》《辽东学院学报》等杂志均发表有专题评论文章。

该书于 2014 年 8 月以全票通过的结果，荣获中国文学界最高奖项之一：第六届鲁迅文学奖。

关于此书的学术贡献，传媒界曾做出以下报道：

2013 年 4 月 28 日《光明日报》：

“书中一反以儒、道、释分流评价陶渊明思想的传统理路，认为陶渊明并不只属于道家，或儒家、佛家，而是‘中国传统自然哲学精神的化身’。在后现代语境中，自然哲学无异于‘朝着人文方向迈进的生态学’，鲁枢元的‘陶学研究’因此也就化同于‘生态批评’了，在这样一个跨国度、跨学科视野中出现的陶渊明，颇能给读者耳目一新的感觉。”

2013 年 6 月 19 日《中国社会科学报》：

“该书从后现代生态批评角度研究陶渊明，是对当下自然与社会危机的忧患之书，也是与生态文明接轨之书，无论在陶学研究史上，还是在中国生态理论研究上，均具有重要意义。”

2012 年 9 月 7 日《文艺报》：

“生态问题自然是一个现实问题，但它是否也同时是一个美学问题、哲学问题、我们精神世界的问题？鲁枢元先生最近出版的力作《陶渊明的幽灵》跨学科、跨国度地阐释古代诗人陶渊明，揭橥并回答了这一世界性的课题。而借助于对一位伟大作家的研究，开辟生态批评广阔的道路，则又是鲁枢元先生的突破性的尝试。”

2012年总51期《世界文化论坛》（美）：

“而在后现代语境中，自然哲学无异于‘朝着人文方向迈进的生态学’。因此鲁先生的陶学，也即生态学了，这样的跨学科视野中出现的陶渊明，也能以独特的亮相方式使读者耳目一新。”

2012年11月12日《文汇读书周报》：

“最后，也许还值得一提的是《陶渊明的幽灵》一书的‘跨文体’表现。这虽然是一部偏重思想性的著作，但作者却没有采取一味的概念形而上的话语方式推演自己的理论用心，而是在结合诗文进行阐述的过程中，同时借助优美感性的语言层层拨开表层外衣，直指其内涵——东方自然主义哲学、陶渊明式回归诗学的意蕴。陶渊明的研究者似乎也在遵循着陶渊明诗文的自然特色，在自然而然、娓娓道来的陈述中，灵光频现，秘响旁通，读者随着这些自然流淌的文字往往深受启发。”

访　谈

鲁枢元的生态批评空间

——鲁枢元教授访谈录

李金来

李金来： 鲁老师您好，《社会科学家》杂志设有“名家访谈”栏目，在学术界收获了积极的反响，编辑部委托我对您进行一次学术访谈，我们就从第六届鲁迅文学奖开始谈起。祝贺您的学术著作《陶渊明的幽灵》获得第六届鲁迅文学奖的文学理论评论奖！您在后记提到，这本书是您承担的国家社科基金项目“自然在中国文学中的地位及其演替”（编号03BZW007）的最终成果，其间曾多次延期，前后历时六年，这在当前的学术界较为罕见，请您就该项目的基本情况和您六年来的研究工作做个介绍。

鲁枢元： 关于《陶渊明的幽灵》一书的写作情况，我在该书的后记中已经谈到过。这个项目被我多次延期，一拖再拖，竟做了六年。项目之所以拖延这么久，属于我个人的问题是：最初我没有充分估计到这一课题的难度，只是一厢情愿地想着运用生态批评的观念重新审视一下中国文学史。后来我才发现，与这一选题密切相关的文学史研究、哲学史研究以及古代文学研究、诗歌研究全都非我所长，我只好一边补课一边写作。然而我并不愧疚，因为我始终在努力做着，未敢稍有懈怠，这由已经做出的中期成果可以证明。为了完成这个项目，我首先主持编纂了一部资料集《自然与人文——生态批评学术资源库》（上下两卷），约一百万字，由学林出版社出版；

继而在《文学评论》《文艺研究》《文汇报》《文艺理论研究》《文艺争鸣》等报刊发表论文二十余篇，并由华东师范大学出版社以《生态批评的空间》的书名结集出版；此间，还曾在海南岛组织召开过一场全国性的生态批评研讨会。我知道申报一个项目不容易，国家纳税人的钱不能白花，一定要尽自己的力量做好。为此，我适当调整了研究的路径，决定寻找一个能够在“人与自然”“文学与自然”这一问题上贯穿整个中国文学史的案例加以分析阐释，这样也许可以收到事半功倍的效果。非常侥幸的是，我竟然找到了一位这样的作家，那就是伟大诗人陶渊明。

在这次获得鲁迅文学奖评委们的认可之前，《陶渊明的幽灵》已经被评定为国家社科基金项目的“优秀成果”。由此，我希望借此机会建议：国家社科项目的管理其实是可以更灵活一些的，平时的管理不要太琐细，一个个表格把人的心绪搞得很不舒服。要把重点放在“结果”上，把好“终端”。一个项目多做上几年，如果是认真在做，又有什么不好呢？

李金来：精神生态是一种人类精神的平衡、稳定、和谐的境界，是生态批评的高地和核心，对于解决自然生态危机和社会生态失衡，具有重要价值。文学作为人类富于情感和想象的精神创造活动，它的命运与人类精神的状况息息相关，文学就其本性来讲更接近生命的本源和“生态学”的原则。“文学是人学”，是人类精神之树开出的奇葩，是人类幸福的承诺，对于精神生态境界的实现至关重要。然而，单纯从文学作品出发进行生态批评，则容易流于空泛而欠缺力度，并卷入与环境文学无关宏旨的论争之中，劳心费神却效率很低，您独辟蹊径，选择诗人陶渊明进行个案研究，是否基于这样的考虑？

鲁枢元：从文学作品出发进行生态批评，目前开展得十分不足，更不能低估其价值。我之所以选择陶渊明，也是基于把陶渊明其人、其诗文做一个生态批评的个案。这类工作很费气力，但不能没有人来做。陶渊明的精神境界与生存智慧，都是中华民族传统文化中的宝贵财富，无疑具备精神生态的典范价值，可以为解救世界性的生态危机与精神危机提供重要的参考意义。

李金来：事实证明，选择具体的、有代表性的作家进行生动鲜活的生态批评研究是一个成功的创新之举。通过阅读您的文章和聆听您的演讲，是否可以预判苏东坡将是您进行生态批评研究的下一个目标诗人？退休之后，在学术研究方面您有何规划？

鲁枢元：运用现代生态学的观念重新阐释一些古代人物，无论是西方的还是东方的，在我看来都是有意义的。苏东坡是我喜爱并十分推崇的一位古人。有人说在他身上几乎集结了中国传统文化的多方面的精义，关于他的研究已经汗牛充栋，但还很少从当代生态学意义上的解读，尤其是从精神生态意义上的解读。我自己的精力有限、学养有限，虽然也曾写过一些关于苏东坡的文字，但专门的研究恐怕已经力不从心。我的一位在读的博士研究生选择苏东坡作为她的学位论文的命题，希望从生态人格方面有所突破。她做得很艰难，也很努力。希望有更多的学者能从事这方面的尝试。

李金来：从《走进生态学视野的文学艺术》到《汉字“风”的语义场与中国古代生态文化精神》，再到《陶渊明的幽灵》，您在坚持不懈地开拓和创新生态批评的理念和方法，生态批评也取得了长足的发展。然而，对于生态批评的批评从没有停歇，有学者就发文指出，把庄子看作是重视生态文明的思想家，把陶渊明认定为具有人文生态观的诗人，不过是出于生态批评研究预期的臆想和策略，您是如何接受和回应这些质疑的？

鲁枢元：古人是什么？历史是什么？其实总是靠后来人阐释与界定的，不管你高兴不高兴，总是这样的。把孔子认作“万世师表”，把老子、庄子当作道教中的神仙，也都是后来人的“臆想和策略”，所谓文化的创生与积淀，无非如此。庄子以及老子，还有陶渊明，当然不知道现代生态学的理论，但不等于他们生活的那个时代就不存在生态问题，不存在人类与自然、与生存环境的种种关系，因而也就不能排除那个时代的一些先知拥有某些生存的智慧、拥有某些生态精神。我是把老庄哲学的核心当作自然主义哲学看待的，而陶渊明则是以自己的真实生命与文学创作践行了这一哲学精神，那么，以陶渊明为个案向现代人阐释生态学的意蕴，恐怕就不只是“臆想和策略”了，也应当是顺理成章的。对于文学批评来说，更是具有本来的含义。

李金来：毋庸置疑，中国传统文化中蕴含着博大而精深的生存智慧和生态思想，即便是从学术研究的层面来讲，“我注六经”与“六经注我”也是必然的路径，不仅有利于学术继承和创新，有利于中国传统文化的现代化，而且从某种程度上讲，也有助于解决中国传统文论“失语症”的局面。但是，从生态批评的实践来看，是否的确存在一些问题，比如，海明威是一个生活奢侈、酷爱狩猎的作家，他的《老人与海》是否能被纳入生态文学的范畴？生态批评又该如何定位和处理其与环境保护运动、社会公平正义以及生态文明建设之间的沟通与合作？

鲁枢元：现象世界总是复杂的，治学不能总是从概念出发。文学批评更是如此。对于海明威的解读，该是一项繁杂的研究过程，不可轻易判断是非黑白。就《老人与海》而言，其中人与动物之间的格斗也还是具备生态意义的，小说中描写的老人与大鱼之间的搏斗，如同《水浒传》里武松打虎，也还是在一个近乎原生态的层面上。

不像现代社会，被现代科学技术全副武装的狩猎者，开着汽车、轮船，端着机枪、大炮，向野兽、鱼群发动灭绝性的袭击。

李金来：后现代是一个生态学时代，但与其历史使命不相称的是，生态批评的合法性却依然面临不少质疑，借此机会，我要转述一位学者的观点，他曾经多次说到，如果他遇见一个从事生态批评的学者，他只问一个问题，那就是："你愿意回到原始社会吗？"正本清源，方能从善如流，我们又该如何厘清生态批评的概念和范畴，从而解答以这位学者为代表的一部分人的困惑？

鲁枢元：这个问题显然把复杂事物简单化了。你可以反问：按照现代社会飞速发展的态势，人类社会保证有一个美好的未来吗？况且，多数生态学者并不认为一定要回到原始社会。他们对于原始社会以及传统社会的回顾，只是一种对于历史的反思，检核一下地球人类在其自身发展过程中，哪些地方做对了，哪些地方做错了，并由此探寻人类社会与自然和谐相处的可能。那种认为人类社会有一条预定的客观发展规律、人类社会注定一天比一天好的观念，如今在日益严峻的生态危机面前已经失去了信任。"万恶的旧社会""黑暗的旧世界"，恐怕只能看作一种革命运动的宣传用语。

李金来：在这个全球化、商业化、娱乐化的时代，困惑的又岂止是围观的人群，从事生态批评实践的学者也未能幸免。美国生态批评领军人物斯科特·斯洛维克曾谈到自己对生活、工作的感受和体会，他认为生态批评学者多半是受到双重动机的指引：既要品味生活的浓情时刻，又要致力于拯救包括生态危机在内的社会现象；既会觉得参与到经验的丰富性之中会显出一种愚蠢的快乐主义，又认为想象一个人可以拯救世间之物是天真到了无可救药的程度。那么，问题是生态批评家如何实现自我的拯救和超越，生态批评又将如何披荆斩棘，突出重围？

鲁枢元：严重的还不是个人与环境的冲突，要命的是社会与自然的对峙。现在地球上占主导地位的社会模式是所谓“市场社会”、“消费社会”，一个国家的实力，是其经济发展的指标，是资本的储存量，其根基是建立在与自然绝对对立的格局之上的。如果说有一种“愚蠢的快乐主义”，更多的是在政治家与企业家那里。生态批评者、环保主义者、生态文学家与批评家多半是持悲观态度的。最近我在一篇文章中写道：现代人类已经成了地球生态系统中一个独自坐大的“特殊利益集团”，祈望从政治经济的角度改良当下生态状况的一切举措，都将流于空谈，甚至陷入新一轮的危机。英国自然资源经济学家朱迪·丽丝（Judish Rees）对此有精辟的论述：生态学与经济学越来越紧密的纠缠，正在结成一个无法脱逃的网罗。“改革者面对的是所有那些从现有制度中谋取利益的人”，系统的惰性是巨大的，“由于强大的利益集团的存在，环境学家能否成功地扭转单纯对经济增长的追求是令人怀疑的”。解决全球性的生态困局，就必须“重新构建全球经济系统”。鉴于资本主义经济的本性与社会主义经济的幻灭，前景是悲观的。动真格的环境保护将会对当下的政治、经济、社会造成过于严重的后果，这是任何一个政府都不敢承受的。关于生态社会的种种构想，对于强大的现代政治经济来说，或许只是一帘春梦，一场类乎小说家的白日梦，一个永远在地平线上隐约呈现的乌托邦！如你所问，如果从政治经济角度救治当下生态危机的努力注定将要落败，那么人类走出社会发展这一“死胡同”的机遇是否存在？一线生机，还在于变革人类自身，在于唤醒人类内在的自然天性，在于人类精神对于现实物欲的飞跃与超升。这不止是个人的修养，更应是整个社会，尤其是当权者的认同。

李金来：您的著作《精神守望》的封底上有这样一句话：“与其在

痛苦中终结，不如在无望中超越。”是否可以这样认为，生态批评需要“自作多情”的灵性和情怀，也需要“无中生有”的勇气和智慧。

鲁枢元：我算是一个不可救药的理想主义者，这是我痛苦的根源，也是我存在的依据。更早一些，在我二十五年前出版的那本《文艺心理阐释》的题词中就曾写下：“从无可选择的现象世界中寻求自由的选择，从难以实现的人生追求中寻求完美的实现，这大约就是心灵在艺术中的轨迹。”这也仍然是我当下在生态批评道路上艰难行进的心语。

李金来：儒家经典《大学》中讲到“格物致知”，唐代大文豪韩愈在《送孟东野序》中讲到“不平则鸣”，法国哲学家、文学家萨特在《什么是文学》中主张文学是一种介入。当前，生态批评的跨界研究方兴未艾，是否应该更突出和重视对于生活现象、文化变异、文学式微、道德滑坡和艺术勃兴等领域的介入性批评，而不是仅仅略显保守地执着于对“诗意栖居”的信仰和想象？

鲁枢元：“大路朝天，各走一边。”关于治学，也是各有各的入口与路径。我把“诗意栖居”看作一种生存的理想与最高价值，基于我对“诗意”的理解。“诗意”那是人生的“出发点”，同时也是“制高点”，一个人能够求索于“峰巅”与“深渊”间，或许就包拢了人间万象，已经够幸运了，还要希求什么呢？

李金来：20世纪90年代以来，伴随着大众文化的兴起和精英文化的退潮，文学失去了理想主义的光环，正在被不断地“边缘化”，“向内转”也遭遇到转不进去的困境，艺术产业化的兴起，并没有带来文学的春天，反而大有被排除在艺术研究之外的趋向，而自然仍旧在不断地被城镇化蚕食着，在这样的历史阶段、时代语境和学术气氛之中，生态文学创作应做何种应对，生态批评又将会有何作为？

鲁枢元：五四时代的知识精英曾寄望于“文化救国”、“教育救国”，寄望于“以文学艺术代宗教”救治中国的人心；如今，生态文学、生态批评也面临类似的历史话题，成败如何，尚且难以言表。我相信文学是一种“恢宏的弱效应”，立竿见影的东西往往消失得也快，是靠不住的。即使在现实面前惨败，也并不能证明是文学错了。错误的也许是社会与时代！真的看成败，往往需要一个历史的长时段，比如一百年、三百年。

李金来：回到事实本身，一切从事实出发，是学术研究的不二法门，然而令人感到遗憾和痛心的是，学统的戛然中断和难以为继正成为当前中国社会教书育人和学术研究最大的“拦路虎”，而生态批评也必然受制于这种态势，也应该努力推动这种情形的改观，对于这样一个迫在眉睫的问题，请谈谈您的思考和回答。

鲁枢元：就人文学科的情形看，学术研究与教书育人的状况都令人丧气、令人担忧。学术研究缺少应有的评价体系，商界的规则也成了学界的规则。从学校和某些科研机构的现象看，谁只要担任个什么院长、所长、评委、主编，一旦掌握了单位里的共有“资源”，就立马可以为自己经营来许多“成果”，其学术地位便迅速飙升。市场的逻辑也成了教育的逻辑，从来没有见过师生关系如此淡漠、如此势利、如此对立。“文革”中的师生冲突固然惨烈，但那只是一股妖风。妖风过后，仍可以回到清平世界。如今的病变却是发生在机体内部的“癌症”，健康的细胞岌岌乎被吞噬殆尽，已经没有了回天之力！作为一个渐进晚年、老大无成的生态批评学者，我自知来日无多，但仍然不会放弃，而我赖以支撑自己的，还是那句老话：精神自由、学术独立。只是如今再念叨这句老话，真有些像是让狼叼去了儿子的祥林嫂了！

吴门谈艺

拙政园里文人画

贺野　徐惠泉　林舟　车前子　荆歌　陶文瑜　朱文颖　亦然

我仰望遥远的星空

贺 野

南宋吴文英曾有句："可惜人生，不向吴城住。"（《点绛唇》）"吴城"即苏州，可我却比这位号梦窗的大词人幸运，在这里住了一辈子，画了一辈子，也和这里的画家相处了一辈子。人们常说解放军是"铁打的营盘，流水的兵"，如果"铁打"专指艺术的发展，"兵"是指像水流涌动的画家群，倒和苏州这方面十分相似。我这一生就是在这里画家群中间度过，和他们工作过，向他们学习、讨教过，多少知名的艺术家至今使我念念不忘。由于自然规律，这些老一辈画家已先后辞世，接着又陆续涌现一批批忘年画友，其中，不少还是我的学生，他们年富力强，蜚声画坛，给我以莫大的快慰、鞭策。现又承文瑜兄的美意，邀我和几位大多是60后已有文名的作家兼诗人的朋友举办一次"文人画"小品画观摩。尽管件数不多，规模不大，倒有点像以前法国小型"沙龙"，我从未这样做过，可也向文人画家朋友学了好多东西。

车前子在诗坛已享有名声，二三十年前，我们已有交往，他和周亚平（早调央视）常来寒舍。一个夜晚，他在敝人画案上挥毫作画，我本以为只是文人遣兴，看他留下的逸笔草草之作，嘿，竟然让一般专业画家也要赞叹，我当时也很佩服，他的画在我身边保存了好几年。后来他的诗与画俱进，现在却似

贺野

菜根香

乎用绢画吸水的效果，不正是文艺改革的车前子么？荆歌的文和画我都见过，也衷心佩服，裘一峰的文和画虽未见过，这次却也拿出一手灵巧的画。

总之，他们和以前各个年龄段的朋友同样启发了我，帮助了我。使今天我还能出版一部全集（十一卷），是否值得一读，自己也没把握。但一个无名画家，画了一辈子，总想在这沸腾的世界中留下几声呐喊，凑个热闹。再环顾四周，有多少具有各种风格的画家，美术馆、艺术馆迭起，连本是“穷乡僻壤”也出现了美轮美奂的艺术殿堂,我们以前一直羡慕的佛罗伦萨，大约也不过如是吧？于是，我忘了年龄，手舞足蹈，夜不能寐，推窗四望，星月皎洁，晚风扑面，黑黝黝的长空，也许是全国唯一以画家命名的小行星——谢孝思星在天空眨眼，仿佛在用贵州的乡音对我说：“贺老弟，我们昔日所盼望的苏州美术发展盛况，不是做到了么？”

半夜客来茶當酒
賀野

名园雅集

徐惠泉

亦然兄通知我陶文瑜他们组织的雅集放在拙政园，问我能不能参加？我当然一定参加。

于是在那个天气很好的初夏，风轻云淡间我来到了荷花盛开的名园，参加贺野、车前子、荆歌、文瑜、一峰他们组织的书画雅集，一帮老朋友相聚，看画赏字闲聊，不亦乐乎。

以雅集论艺会友、品书读画，自古就是中国文人的生活状态，无论魏晋时期的竹林七贤、东晋王羲之等人的兰亭雅集，抑或是广集名士诗人的玉山雅集，都是世人耳熟能详、千古流芳的绝唱，即使现如今也有诸多令人感叹的文人雅集故事。

如今这牵头的五位朋友，或是文事之余兼爱书画者，或是绘事之余爱好写作者，都是苏州的文人墨客。他们展出的作品，不可能是鸿篇巨制、浓墨重彩，也没有玄思哲学，更无关深刻主旨，只有丝丝缕缕淡墨、随随意意勾画、漫不经心点染和不经意间的“小适意”，表达着作者的心情心性和闲逸情怀。

中国文人作为社会中的一个独特群体，其思想、审美等方面都有独到之处，其中最大的特点就是追求隐逸、高雅、闲适的生活情调，而苏州园林正是江南文人情怀的绝佳体现。文徵明之于拙政园，倪云林之于狮子林，无不让人体味着他们超逸的格调和尚文尚雅的精神追求。此次雅集作品选择在拙政园展示，不求奢华，不落俗套，也是他们心境和画作“无求品自高”的巧妙写照。

燕闲多清赏，雅人有深致。优雅而从容，美好而和谐是人人都向往的生活状态，而当下那种使命性的主题展览实在太多，画得辛苦，看得又很累。参加拙政园雅集于我而言则是一次难得的心灵的放松。

平行世界的水墨游戏

林　舟

一

对诗人叶芝来说，4月是一个残酷的季节，对苏州的文人墨客来说，却是一个热闹的季节。从4月到5月，大大小小、种类繁多的展览和活动，令人有分身乏术之恨。到了5月末，一场雅集仿佛悄悄地来为热闹的季节压轴了。5月30日，近二十位同好，来到甪直瑞园，观赏三十余幅书画。

贺野、车前子、荆歌、陶文瑜、裘一峰等人的作品，从通往主厅的楼梯边上的墙面，一直挂到了主厅的四壁。香烟茶水氤氲大厅，话题散漫无序，气氛轻松悠闲，股票、反腐、南海、古玩、折扇、手串、宣纸、美食、房价、汽车……无所不及，看起来都跟墙上的那些字画并无多大关系。墙上的那些字画仿佛穿越装框的镜面，安静地参与着这些谈笑，并无被冷落的寂寞。正是这样的谈笑、这样的氛围滋养了它们，它们姑且被不那么严谨地称作“新文人书画”。

在苏州一说到文人书画，人们都会提起吴门画派、四大才子之类。历史的渊源自不待言，苏州本地现在活跃着的许多书画家，确实从前贤那里继承了优良的传统，加以发扬光大，获得突出成就。看这次五个人的书画作品，无论是山水还是花鸟，无论是即景小品还是写意抒怀，也都会让人感到，明朝吴地的烟雨飘洒在今日苏州的水墨里。但显而易见的是，新文人书画并非传统的复活，更非传统的复制。所谓传统，并非

掐指一算

一峰
洋二

一个固定的物质存在，即便先人们的那些主题、那些技法、那些器具，那些媒介都传了下来，为后世一丝不差地继承，那也只不过是复古或做旧。传统，应该是一种流动不居、随物赋形而又一以贯之的精气神灵，它不是包裹现代人躯体的一袭长袍，而是沁入现代人内心的一味药石，化入血液的流淌和气息的吞吐。

面对车前子飘逸洒脱、墨彩交辉、节奏明快的花草虫鱼，面对贺野挥洒自如、浓淡跳跃、天真任性的写事状物，面对荆歌灵动轻盈、散淡随意、闲云野鹤般的勾陈点画，面对陶文瑜化繁为简、嬉戏急智、幽默风趣的抒怀感喟，面对裘一峰线条敷色奔放无羁、颇多漫画意味的情态描摹，人们未必能够确切地指明传统究竟何在。我想，对传统的理解，也有"迷人口念，智者心行"之分。有西方学者在一本谈世界艺术史的书中，说到中国唐宋以来的山水画时发议论云，中国的画家们将一生功夫都花在临摹已有的典范，而缺少自己的创新。这样的画家大概便是"迷人"。然而"智者"在磨墨写字、挥笔作画之间，总能够倾听内心的召唤，而不拘于任何已有的章法规矩，尽兴于游戏之境。

二

是的，是游戏。荷兰人赫伊津哈说："游戏存在于现实生活理性之外，它与实际需要、职责或真理没有关系。"很多时候，文人的书画表现出的就是这种游戏精神——对功成名就无所用心，对心仪之物却倾情尽心，可谓以有为求无为。有为，便是投身于艺术的实践之中，为之着迷，为之沉醉，为之欣悦，为之苦恼，竭尽所能地操持笔墨耕作艺术的田地。无为，便是放弃现实功利，不为世俗所牵制，不去追求人上人，也不去攀附高大上。陶文瑜对书法的态度便是这种“无为”的表现：发自内心的喜欢，心中总是牵挂。他俏皮地以保持着一种恋爱的形式而不愿成为夫妻为比方说明这一心态。荆歌将张潮《幽梦影》里说“闲”的句子，题写在清淡的山石树花图上，表达的也是这种情趣。两千多年前庄子的逍遥游和无用之用，一百年前蔡元培所倡导美育时说要“超越利害的兴趣，融合一种画分人我的僻见，保持一种永久平和的心境”，大概说的都是这种“无为”的游戏。在今天这样一个过于功利的社会，消费主义渗透和控制一切的时代，这样“无为”的游戏精神就显得尤其可贵，可谓社会肌体稀缺的微量元素，是保持社会肌体健康与活力的精神资源。

这世界确实变化太快，但是，总有一些东西构成某种恒久的力量，悄无声息地发挥作用,游戏精神便是这样一种关乎人之本性的恒久力量。对艺术创造来说，进化论或者进步论总显得有些虚妄，所谓手法技巧可能会有变化，但是极为有限，更多的是在艺术内部发生的绵延、展开、回响、呼应。真正悟得三昧者，无不全部身心投入其中，其作品也难以离析所谓形式与内容、古代与现代、旧与新……车前子在一次接受采访时说：“水墨最让我着迷之处——能踏雪留痕、雁过拔毛，无微不至地封存起一个画家的心跳、眼神、体味，成全它的正是手的抚摸、拍打、抓挠、雅玩与亵玩。”这番话道出了游戏笔墨的真谛。也正因为如此，艺术家的创造才有审美之光烛照虚空之境。像车前子的画，富有力度的线条构筑起似有若无的框架，这些线条体现了控制的力量，却又充满了出其不意的峰回路转。泼墨着色，也每每有突然的绚丽意外地盛开，或欲膨胀挣脱，或蹭着边界游走，或内敛收缩，丰富的层次和节奏，都在歌唱似的感染着你、牵动着你、勾引着你，跃动的色彩仿佛是一只只扑闪的眼睛，渴望着、打探着、邀约着。灌注其间的几许情绪，几份情感，一点心思，可能是梦幻，也许是错觉，甚或是臆想。

三

这样的游戏在根本上当然是主体的自由选择。贡布里希说，世界上没有艺术这种东西，只有艺术家而已，话说得有些绝对，不过是为了提醒我们站立在作品背后的是艺术家，也就是艺术创造主体的存在。我们通常说睹物思人，观其文思其人，大概也是这道理。这当然不是说，我们看了陶文瑜略有几分清瘦的书法就觉得他是个纤弱清秀之人，或者看了荆歌跳脱圆润的书法就觉得他是个富态滑头之人。作品背后的这个人，作为一个精神的主体存在，将禀赋、性情、人生态度投射于作品之中，能够为观者感受，并驱使观者进入与精神主体的对话。贺野先生的《春江水暖鸭先知》这幅画里，两只鸭子一只有几分欢悦，一只有一点点茫然；鸭子富有质感的翅膀划过水面，波光与春光辉映。逆溯画面展开的视角，我们似乎看到画外投射而来的眼光温润迷离，喜不自禁，尽享如期而至又不期而然的自然之趣。《夜半客来茶当酒》传递的更是一种饶有兴味的生活态度。夜半时分还有客来，这该是怎样的客人？这又该是怎样的主人？惺惺相惜气味相投，不期而至而又喜出望外，兴致如此之高，需要一点儿酒来助兴。可是没有酒，那也无所谓，茶权当酒，开心就好。那一抹红色，照亮了安于淡泊的生活里并不缺少的温暖、热情和活力。在这些新文人书画里，我们随处可以感受到顺应自然、呵护内心、不离自性的趣味。在荆歌那里是对白云的礼赞，为此他不惜改变天上的云与屋宇的通常比例；牡丹花的每一根线条都动感十足，仿佛池塘中的蝌蚪，充满生机与活力。在陶文瑜那里，哪怕是触着痛处、有点感伤的人生感喟，也会从小鸡觅食的生动景象里，从莞尔回首与生机勃勃的花树对视中，激发出一点儿戏谑，得以自我开解，释怀一笑，完成情绪的逆袭。在他们的书画作品里，每每是一段挥之不去的旋律，一个难以忘怀的细节，从笔端流出，以水墨的淡雅、书法的飘逸和诗文的韵致，共同构成了一种情感的氛围，超越了时间的无情，创造出安定、恒久的闲适之境。

这些书画在笔墨游戏之间传达的上述况味，当然只是我个人观看的一孔之见。需要说明的是，对他们的作品进行索解是一件吃力不讨好的事情，因为在很多时候，他们的作品表现出了某种“有意味的没有意思”。“有意味的没有意思”是九十三年前周作人在评价赵元任翻译的《阿丽丝漫游奇境记》时的说法，是对葆有天真、童心未泯的写作的礼赞。这些新文人书画里，也正有着内心深处的天真，没有精心算计，只有兴之所至，散淡里有灵光乍现，稚拙中含慧心一瞥。当各种虚妄的约束加诸世人，窒息了创造和想象的时候，还有这样的一些文人，嬉戏于水墨的世界，仿佛在一个平行的宇宙里，运行着自己的轨迹，些许孤独，些许骄傲，些许自恋，但不自欺，这，不啻为一种平衡的力量，值得庆幸和珍视。

说起文人画

车前子

说起文人画，就要讲到王维。其实也不需要那么远。我说文人画，常常从“元四家”讲起。

宋代画论中的关键词是“理”。

元代画论中的关键词是“意”。

元代绘画之前的绘画——它的细节是形的细节。到了元代，尤其“元四家”，绘画中的细节在于笔墨的组织上。这个变化了不得，让中国画成为真正的中国画。真正的中国画，或许就是文人画。这是大觉悟。

“元四家”的线条都很磊落大方。

“元四家”的线条真讲究，一笔下去忽枯忽湿忽浓忽淡，神龙见首不见尾，他们是有数的，我们莫测端倪。在艺术上作者越讲究，读者越莫测端倪。

“元四家”最会用水——有水才有笔墨。

“元四家”画画，不像前辈画家那么叙事了，怎么不叙事了？我也不知。只觉得他们有些抒情。

“元四家”画画，从再现到表现。

一点一线不论大小长短，出手皆要有虚实。悟此方知黄公望《富春山居图》的妙处。《富春山居图》是笔墨大全。

内在之虚实决定点线之状，一笔下去，半梦半醒。

（黄公望可以说皴而不擦，出处见锋。倪云林略有擦笔，常常与染组合，所以滋润。董其昌与八大山人擦笔多了，难免气息薄了一点。）

“险韵萧萧人品系，篆籀浑浑书法俱”——倪云林的这两句，把文人画给道尽了。

倪云林还写过这样的句子：“到如今世事难说，天地间不见一个英雄，不见一个豪杰。”

以笔墨舞之蹈之

荆 歌

我觉得，一个作家，或者说文人，写字画画，是一种与写作既相同又不太一样的活动。相同的地方在于，你生命里的许多积累，你所感受到的世界和生活，你的审美，你的观察，你的想象和虚构，要表现出来，用文字，或用水墨和色彩，不管怎么样，都是有相同相通的地方的。而不同又在于，文字是说话，是讲述。而书画呢，则是墨色、线条、造型、构图。当然，作为一名作家，写字画画儿的时候，也常常是会把文学上的积累，影响到那些用墨用色的左顾右盼中去。

而这种长期的文学训练和写作所带来的不断向内心掘进所获得的丰富和偏执，是一种专业优势，并不是随便就能够获取的。

所以如今许多作家都在写字画画儿，咱们要珍惜咱们的优势。咱们不要写得和他们一样，不要画得和他们一样。不要使自己面目不清。不要让咱们的毛笔显得那么中规中矩，那么人云亦云，看不到才华。咱们是要用笔墨抒情，用笔墨调情，用笔墨歌唱，用笔墨舞之蹈之。用笔墨言人所未言，状人所未状。要让笔墨与文字互补，与文字互文，与文学共鸣共振，与文学你中有我我中有你，你我不分，你我一体。让笔墨去遐想，用笔墨去虚构，去探险，去恋爱，去偷情，去交欢，去背叛，去如入空林，去超然物外，去拥抱尘嚣，去旅行，去隐逸，去啸傲，去沉默，去冥想，去捣蛋，去捉迷藏。去做一切可能做的，比如是文学所曾经做过的，比如是文学所未曾做过的。

否则，咱为什么是一个作家呢？否则，咱为什么要去写字画画儿呢？

朋友聚聚

陶文瑜

我们几个主要卖文为生计，称为文人也可以，文人不是职务，也不是职称，当然也没什么可丢人的意思，大大方方认下来，有什么呀。

其实我才不在意叫什么名称，三十多年的朋友，还能志同道合地聚在一起，多么美丽的日子啊。

三十多年前，我和车前子踩着自行车前往吴江探访当时还在中学任教的荆歌。荆老师热情接待我们，并将我们安排在学生宿舍度过了一晚。之后在好多场合，荆歌都说起来，那一天晚上，混在学生宿舍的我们，问起同学家里有没有姐姐，姐姐长得漂亮吗？当时我们还是很不错的青年诗人，怎么这么流氓腔？但我已经不记得了，青春真的很有意思。

第二天荆歌带着我们去了一家羊肉店，好像叫羊肉阿六吧，羊肉阿六的店堂里挂着荆歌的书法。荆歌的神色有点开心，一颗书画的种子，其实已经早早埋在青年教师的心里。

但我们只是进去看看，当天的午饭荆歌领我们去了阿拭那儿。阿拭应该算是名门之后，他的父亲王西野是很地道的老一辈文人。阿拭因为当年在学校办民刊，毕业后分配到吴江去教书了。当时办刊物似乎是大逆不道，因为要给他一点警示和教训，学校毕业分配就发配他去乡镇了。但我一直在想一个问题，城市里相对管理还比较严格规范，乡镇可有点天高皇帝远，乡镇的孩子，一样是祖国的未来啊。事过境迁，我也管不了那么多了，阿拭后来调入《苏州杂志》社工作，之后我竟成了他的同事。青石弄里四株玉兰，春天开花的时候，满树灿烂，这一年阿拭搬了新居，孩子也顺利考上了重点中学，阿拭心满意足地站在玉兰树下拍了我要為自己的書法作品集起一個名字。想到幾個有意思的，但不能十分確定。要麼，就磨墨寫字吧。人磨墨，墨磨人。墨越磨越短，人越來越老，大半輩子重重複複地。人生就是這樣簡單。記不得這話是誰說的了。好象是一位名人，又彷彿是我。我自己沒有這樣的境界和水準的。不久之前，一所大學派我和大家交流書法。我非常樂意地接受了這個任務。我想我去交流書法，并不是因為自己的書法十分出色，或者取得了很大成績。而是因為我對書法的喜歡。好多人是書法家。但他們和書法的關係是一種婚姻狀態。柴米油鹽地過日子，傳種接代地延續日子。如果書法僅僅是橫平豎直而少了細膩和細節，少了情感和情懷。我以為就意義不大了。我想我和書法基本上真保持着一種戀愛的形式。有一段距離，但心中牽掛。不因為門當戶對束縛。也不攀比或者嫌棄。這樣的戀愛，幾乎是生命裡光彩和榮耀的瞬間了。我一直靠文字安身立命。愛好書法之後，文字工作做得少了。似乎有一種和文章各奔東西的意思。這是很一時衝動的想法。文字陪伴我大半輩子。并且還要陪着我走下去。說到底寫文章和學習書法，都是愛好吧。愛好不是婚姻，非要一夫一妻。成家立業了還可以有紅粉知己呢。收集在磨墨寫字作品集中的書法，絕大部分是我自己的句子。散文詩歌書信之類。要是覺得我的書法太粗糙。大家就當文章看看吧。

乙未年春陶文瑜於青石弄

落花文章流水名

一张照片。没多久阿拭生病了，一年之后就离开了我们，这时候陆文夫还在，老人坚持要去送一送阿拭。大家劝说白发人送黑发人不好，老陆迟疑了一下，无奈地摇摇头。现在老陆走了已经十年了。不久之前在相城一次笔会上，遇上了上海作家赵丽宏，我和他说起差不多三十年前我和他在太湖中一起游泳了，回家之后我找到了和赵先生的合影，那个时候年轻的我真是容光焕发，现在都老成什么样子了。

文人画展在角直举行，本来说好我开车带上车前子的，我才学会开车，那天是第一次上高速，想来想去还是打电话给飞鸣，请他去的时候带上车前子，我不希望给老朋友一点点不安心和伤害。老车听说我自己开车，特地打来电话叮嘱我千万小心。看看，我们都成熟得能够设身处地为别人着想了。

所谓文人画，就是将自己的心思用线条和色彩表达出来吧。

兴致尽了，就回家

——吴地文人画杂议

朱文颖

一

在台北“故宫博物院”跟随人流走。很多人拥着看毛公鼎。在中国，有两件青铜器堪称青铜器之最，毛公鼎便是其中之一。它太有名了，于是我也停下来看一会儿。

在暗的光下，青铜器显得庄严、方正。所有的一切都在暗示着它的重量。它是重的，即便是那32行497个篆书文字，不管大小、厚薄、深浅，全都不容置疑地显出沉甸。虽然四周晕出光，器物本身的光，以及外部世界给予的光。即便是这样轻薄透亮的光，也丝毫不能改变它的重量。

我相信，几乎所有人都怀着一颗肃穆的心走过毛公鼎。然后，才能重新变得轻松起来。有些事情就是这样奇怪。

然后就看到了范宽的那幅《溪山行旅图》。仍然很多人拥着看，来台北“故宫博物院”能看到此画，实乃幸事。大家或看或议，再远远地退到休闲的地方，坐下来接着看。看着看着，我的一位朋友突然对我说：“在远处看它，看久了，我真想哭。”

肃穆的东西很少能让人哭的，能让人哭的，通常柔软，或者能够让人变得柔软。

事情变得有点意思了。

二

来台北前几个月，苏州的几位兼书兼画兼作家的朋友办了次展览。从展厅、布展、座谈，直到作品的归类定义都显得自然随意而绝不拘谨，它们被定义成一个有趣的名称："新文人书画"。

其中，荆歌、陶文瑜、车前子均为老友。贺野和裘一峰略生疏些，但其名却也闻之已久。在散漫的空间散漫地观其画，因为形式以及空间的留白，一切突然变得虚静起来。仿佛画的本身也成为了一种留白。这种留白是轻的，但轻得舒适可亲，让人不禁小心翼翼地探究，仿佛它们其实别有意味，在那些看似信手拈来的笔墨下面，有绝不容忽视的内容和意义存在。

参展画家、诗人车前子有这样一段文字：无论是《阳春》还是《白雪》，都带有青铜器的重量，庄严、肃穆，对我而言，也就有些不可亲近。我知道《阳春》《白雪》的好，却不能亲近。它是庙堂之器，本不是我这个贱民能够感受的。我喜欢滋润、柔软的东西，更喜欢随意的东西。

《阳春》《白雪》是有名的琴曲，车前子用了这样的比喻：《阳春》《白雪》是实实足足的，像站在山顶上往下一看，底下全是村庄城市。

"新文人书画"里是看不到村庄城市的，非但没有阔大的全景，呈现的全是碎片中的碎片——假山旁斜出一枝梅，一个很古的古人独坐林中弹琴，一个很古的古人在几个很古的古人间踯躅踱步……一切仿佛残局，又仿佛一场没有下文的对答。如此笔墨，对于天地、万物、心境的描绘，不禁让人联想到中国人对于"自然"一词的定义：中国人从未把"自然"一词简单地列为名词，而是更愿意将其归属为形容词，因为这样更接近"天理""造物""天然"等等语义，也更符合中国人的精神实体及其认同的价值取向。其内在还包含着：独立精神、行为内省、道德欲望等等。

所以说，"新文人书画"里的自然，并没有预设的概念。一切从心而生，这或许就是车前子所说的"随意"吧。

三

明周文靖国画精品《雪夜访戴图》，讲的就是这样一个关于"随兴"

的故事。

王子猷，东晋大书法家王羲之第五子，居住在山阴（今绍兴）。

一个冬天的晚上，他从睡梦中醒来，发现窗外不知何时已飘起纷纷大雪。他再也睡不着，索性把门窗打开，命人取来杯盏，一边饮酒一边赏雪。四处望去，一片洁白银亮，不禁兴味盎然，于是起身，慢步徘徊，随兴吟诵起左思的《招隐》。

低吟间，王子猷忽然怀想起一位朋友——画家、音乐家戴逵。戴逵是当时的名士，品行高洁，其时远在曹娥江上游的剡县（今浙江绍兴嵊县），但王子猷立即叫家人准备小船，他坐着小船连夜去拜访戴逵。

小船飘摇了一夜才到戴逵家附近。眼看戴家的大门已相距不远，王子猷却突然说："不进门了，回去吧。"

随从们都很纳闷，问道："已经来到戴逵家门口，为什么不进去呢？"

王子猷回答说："我本来是乘着兴致前往，兴致已尽，自然返回，为何一定要见戴逵呢？"

我想，《雪夜访戴图》中所呈现的，无论其境其情，都是"新文人书画"中那些参展者绝不陌生的。这奇境和随兴就是他们的生活，或者说，就是他们想要通过笔墨表现出来的某种生活态度。

相对于一切的规整和方圆，就如同那个问句："已经来到戴逵家门口，为什么不进去呢？"一切都应该是有目的的呵。

但是，没有，画家们借以变幻的墨团，夸张的造型，片断的截取，这一切却分明在说——为什么不可以"乘兴而行，兴尽而返"呢？是呵，为什么一切都要有目的呢？兴之所致，随行随远，一切仿佛孩童所为，一切却也是至理真谛。

所以说，文人画，特别是以山林隐逸、怡情奇气为底蕴的吴地文人画，它的产生、流传与承继，它的形式与表现，都不是为了通常的理由。文人画别有途径，另有原因。

四

还是回到范宽的那幅《溪山行旅图》。

这幅画具有一种非常独特的构图，前景、中景、远景的比例刚好是1：3：9。用墨也有意味，远景主山的墨色和前景一样重，更由于体积的巨大，它的强度仿佛比前景石块更为剧烈。直接打到你的眼前。在台北故宫博物院里还同时展出一幅后人仿作，仿的同时，构图略作调整，把1：3：9的比例调整为更合情理、中规中矩的1：3：6，笔墨不变，景致未减，那种令人咋舌的震撼的力度却再寻不见了。

《溪山行旅图》的构图或许随心而生，古所未有，因为现实世界里是看不到这样的前后景比例，以及相应而生的透视关系的，但此种“随意”却绝非真正的随意。有研究者论，三段景其实分别代表三种层次。前景是凡俗世界，炎夏中，行旅者赤膊扇扇，四头驴背驮重物，步履蹒跚，前路似乎宽广，却永远无法提升层次，而且连抬头的时间都没有。中景树丛后则有一位穿着僧侣袍的求道者，而这名僧人要从画幅的左方翻山越岭，经过危桥，在道路隐晦、丛林密布中探求摸索，才能到达画幅右方树丛后的寺院。

而远景，则是占画面整整三分之二的主峰，也是这幅画中最为独特的部分。它高得突兀、不合常理……更为诡异的是，即便你好像站在山脚下，但其实又不是。因为这里还有一个很虚灵的云雾，你根本不知道距离它究竟会有多远。

于是又想起在台北“故宫博物院”同赏《溪山行旅图》的那位朋友，他先在近处细看很久，然后退远，最后他非常认真地对我说：“在远处看它，仔细地盯着看，看久了，我真的非常非常想哭。”

我琢磨着这句话，琢磨出其中可能存在的三层意思。

1. 山可真高呵！在这样高的山面前，就什么话都不要说了吧。

2. 唯一能够与山体联结的是一道流瀑。然而，这条通天之道既窄且幽微，山势如此之高，平面距离又难以测量，且无路攀登，人如何上得去呢？

3. 但是，我真的看到了什么……那片虚灵的云雾……你们可以看到吗？

你们可以看到吗？

或许，我们可以这样来定义吴地文人画的“别有途径，另有原因”。无论是吴中四才子文徽明、唐寅、祝允明、徐祯卿等，还是此次“新文人书画”展中的贺野、陶文瑜、荆歌、车前子和裘一峰，他们都有着某种通灵的本事，于万千人之中，他们能看见那片很虚灵的云雾，能感知那条既窄且幽微的通天之路；他们所作的，也正如他们所代表的“新文人书画”，其本质，只是在这样一个特殊的时代里，用特殊的方式，给予自己的内心和世界一个特殊的解释。

于他们，无非乘兴而行、兴尽而返而已。

于我们，或许多少可以一问：“我们——可以看到吗？”

文人

亦　然

拙政园举办的苏州文人书画展我认真看了两遍，觉得其中很有一些话题可以拿出来说说。

比如说文人。文人是一些什么样的人呢？在夏天的拙政园里说文人，就会想到碗莲。大家都爱莲花，但能够爱出一种碗莲来，只能出自文人之手。有好多事情，但凡文人一掺和，那事情便开出新生面，升华至全新的境界，让人觉得意味无穷而爱不释手。这方面的例子颇多，比如紫砂茶壶，比如印章。本来都是技术人员做的事，文人挤进来了，艺术也就挤进来了，原先那堪为立身之本的技术一下子退至次席，游戏规则重新来过，于是风云易色、城头换旗，文人似乎就是一群热衷于夺主的喧宾。

绘画史告诉我们，在笔砚彩墨之上，文人也是冲进画师集群的搅局者，一直弄到人们干脆把写意画叫作文人画，当然也有一些文人在那新疆域里安营扎寨、安身立命，成功实现战略转移，一门心思繁荣艺术了。有意思的是，后来的文人与他们似乎刻意保持着距离，文人是一个身份暧昧的词，但他对职业化保持着明确的警惕——我不吃你那碗饭，但端得出不一样的菜。

文人是一些什么样的人呢？我不知道标准答案。但我想，文人总是与读书、想事、写作有着脱不开的干系，更注重自身的文化养成，而这些都是与职业无关、与实用无关的。用现在的眼光看，这实在不是一桩

精明的营生，加上一些其他原因，文人似乎越来越稀有。特别是半个多世纪以来，好像应了“黄鼠狼看鸡，越看越稀”的那句老话，我们身边的社会越来越变本加厉地技术崇拜。有人简单地将其归咎为 20 世纪 50 年代的高校系科调整，我觉得至少要上溯到艳羡人家“船坚炮利”的时候吧？

近年来喜欢老车、荆歌、陶文瑜书画的人越来越多，这是很有道理的，大家都说他们的作品别有意味、耐看，与市面上流行的不一样，对了，这“不一样”正是这个书画展的价值所在，她来自于文人的奉献。

读夏回

薛亦然

夏回耐读。

我读画有时会不由自主地在内心把画作的枝干背景部分统统驱除，只留下主体，将其置于迷茫寥阔的虚无之中，看它是不是手足无措、局促不安，能不能舒展自适、元气沛然。我喜欢的作品总是经得起这样的考验，不惧怕那种不怀好意的折磨。耐读，首先是能够耐得挑剔推敲，然后才是耐得一咏三叹。如同夏回。

夏回耐读在于他的丰富——丰富的笔墨意趣，丰富的生命体验。读夏回的作品就像观摩一场姿态横生的独舞，善解人意的笔触如同敏感而机灵的舞者，被满腹情思驱使着，一路腾挪跳跃，洒脱而清健。你可以从灵动的线条上读到他的愉悦，从恣意的点染中读到他的向往，从枯涡的顿挫里读到他的默想。包括夏回作品中时而出现的长长的题跋同样精彩，那飘逸不羁的书法漫天飞舞，纷纷扬扬，左顾右盼，意态盎然，不知从何而来，向何而去。书画同源在夏回这里变成了书画合流，我是把夏回的字当画来欣赏的，那是他作品的重要构成，至于写的什么内容已经不重要了。

夏回的丰富来自于他的不确定,在他的笔下常常会跳出意外的惊喜，芭蕉竟可以那样摇曳，湖石也能那样妖娆，一枚昆虫能让人读到顽皮，一页飘飞的叶子突如其来地宣布不可阻遏的秋意。我想，这种突如其来的不确定更是对画家的奖励，来自造物主的快意，让站在画幅对面与躲

在画幅后面的人们都意有所获，这正是艺术创造的魅力，也是花鸟画能够千百年风神不减、历久常新的奥秘。

夏回最让我喜欢的特质无疑来自精神层面的认同。他的花鸟无一不是飘逸而自由的精灵，在他的花鸟世界里，永远是和风丽日，宁静祥和。我好几次对着他的画作想起少年午睡醒来时的心绪，周围的世界是那么安静，院子里的阳光水一样在阶前荡漾，一只猫蹑手蹑脚从门前路过，走出视野前还留下温柔的一瞥。后来在张爱玲和胡兰成的缠绵里看到“岁月静好”的说法，也会联想到那种午睡后的心境。但是，夏回笔下的岁月静好又显然有所不同，它是觉悟后的自在，是历经沧桑后的风轻云淡，甚至，我会从夏回的一些作品中体验到一种生命的恣意狂舞，我看到他笔下那些曼妙婀娜的精灵，旁若无人，盘旋回转，情至兴至，不管不顾，透露出一派任人歆羡的自由状态。

我和夏回经常在一些文人雅集上相聚，虽然没有更多的深入交往，但可以真切地感受到，在生存态度上，从他言谈里读出的与在他作品中读到的，都是可以很好地互为佐证的，那就是对心灵自由的向往与护卫。夏回作品里很少有“溅泪”和“惊心”那一类的表达，多是平和淡远的意象，但总是可以品读到那种苏州人性格深处特有的柔软包裹着的坚定。我想，夏回作品的这种特质对于那些挣扎在钱权浊浪中不胜其苦的人们来说，真的是一种润物细无声的精神滋养，一种宝贵的鼓励和慰籍。

花鸟画的最高境界无疑是抵达心灵后的绽放。花鸟画的价值追求当然应该是丰富多样的，但那种能够以令人愉悦的方式表达出美好的生命情感和睿智的生存态度的作品，更能够打动人，更具有长久的艺术生命。比如八大山人在历经了人生的大起大落之后，用花鸟画的形式创造出独一无二的孤愤而冷逸的精神形象，透露出那个时代的人性辉光；比如齐白石以他朴素而深挚的情感真实而生动地表现了具有悠久农业文明传统的人们对乡村自然的讴歌与留恋；比如潘天寿以他雄奇险怪的花鸟形象和博大沉雄的风格表现出一个时代对崇高的景仰。夏回作品透露出这个纷繁世界中一个艺术家清明自在的精神操守，也给我们留下了颇为深刻的印象。

夏回的纯净也不得不说。丰富与纯净往往是互为表里的，从丰富当中表现出来的纯净更为难得，那意味着画家一以贯之的艺术品位。如果把夏回的画当作刚煮成的咖啡，肯定是经得起过滤的，因为我们很少看到其中的杂质。夏回的画往往呈现出两种状态，一种似在燃烧，一种几欲融化。无论是如有参天之荫的芭蕉，还是稚拙可喜的白菜，甚至是绿意盎盎的螳螂，夏回都能赋予其透明感，点染涂抹的淡墨如是，皴擦勾勒的枯墨亦如是。

我不知道这种可人的笔墨意趣是如何做到的，但我知道这不仅和画家的审美趣味有关，还与他的生命品性有关。我总觉得他的许多水墨表达是属于诗人的，诗性的纯粹蛊惑着引导着画家，最终成就了现在的夏回。我曾经在一篇谈论江南画家的文章里觉得夏回是一个有趣的异数，很难把他归到哪个群里，现在我可以说出其中原委了：披着画家外衣的夏回其实是诗人——对于美术界来讲，这至为难得。

航拍需要高度

——捕捉民航客机舷窗外的风光

陈曙光

俯瞰，又称鸟瞰，说的是人们到达一定高度后回看大地。当人类还不能真的像鸟一样飞上天空时，只能登上高山，来作俯瞰的感受。唐杜甫诗云："会当凌绝顶，一览众山小。"描绘了那种登高望远的眼界和居高临下的感觉，自然美妙无比。自从飞行器发明和运用以来，人类便真的可以自由翱翔于天空，借上帝的眼睛，来观看和审视自己生活的那片美丽大地了。

再后来，人们运用飞行器把摄影器材带上空中，到达一定高度后，边航行边摄取看到的地面物体画面，那就是航拍。尤其是商业化飞行出现后，乘坐民航客机的机会越来越多，航拍也变得越来越便利。

但是航拍，需要高度。

一、物理高度

航拍首先要解决的问题，是如何将拍摄器材提升到高空并完成拍摄。人类首次进行空中拍摄的尝试，是法国人乘坐热气球完成的。随着科技发展，今天已经有了足够多的升空种类的选择。于是近年有人将运用各类飞行器进行拍摄的活动，根据航程、高度和功能作了分类。

低空拍摄：高度为一千米以下，通常使用的飞行器有热气球、飞艇、动力伞、遥控航模，甚至风筝。用于城市建筑物拍摄、大型活动记录、农林监管以及观光体验等。

中空拍摄：高度为一千至三千米，通常使用的飞行器有直升机、小型固定翼螺旋桨飞机和无人机。一般用于地图测绘、气象观测、科学研究以及军事侦察等领域。

高空拍摄：高度为三千六百至一万米左右，这个高度只有大型固定翼螺旋桨飞机和涡轮喷气动力型的飞机才有可能到达。除军事和科研用途外，比较容易涉足的就是民用航空班机了。

另外还有一种最新的分类，叫超高空拍摄。是指宇航员在外太空绕地轨道上，透过宇宙飞船的舷窗拍摄的地球图片，或通过安装在人造卫星上的相机，传回地面的图片。不过本文想着重围绕乘坐航空班机过程中进行的拍摄作些探讨。

乘坐民航班机，透过舷窗领略大地风采，谁都会因为体验到翱翔在万米高空中俯瞰大地的感觉，而兴奋不已。摄影师就更会有，用手中相机拍摄下这美景的冲动。一般“波音”或“空客”的飞行高度在万米左右，摄影中把这个高度的拍摄，称作高空航拍。

二、艺术高度

航拍出现至今仅一百多年，因为它具有独特的视角，已经迅速地、广泛地被应用于国民经济建设、军事和科学研究等许多领域，但其成果更多的是形成了无数直白的档案和枯燥的数据。摄影是一门技术，同时又是一门艺术，技术靠钻研，艺术靠修养。如何让高空所拍的照片，准确回放人们在空中俯瞰时感受到的兴奋和美妙，达到艺术的高度？近年

来不少摄影师开始运用艺术摄影的手法，参与到高空拍摄中来。

运用光影效果拍出好片。摄影是光与影的艺术，它区别于中国绘画技巧的单线描绘，吸收了西方美学最基础的一种表现形式，真实地反映我们肉眼所能看到的实物。不同季节、不同时间，阳光对物体照射不同角度的情况下，能表现出所摄画面在光影作用下产生的投影效果、强烈的气氛、立体的质感、明暗的形体和透视的空间来，抓住其中的每一个瞬间，都能得到精彩无比的创作体验。高空艺术拍摄，同样要注重光影运用这个基本技巧。

运用线条变化拍出好片。航班在飞行中，是以每小时近千公里的速度快速移动，大地上各种物体和位置不停变换，尤其是线条透视在航行中的变化。线条的透视规律和画面线形的远近、大小、粗细，线条的扩

散与聚集随着飞机航线的变化而变化，为我们手中的快门提供了可选择的拍摄时机。在飞机转弯压坡度时，可利用这个机会拍摄，使景物在光影中形成坡形线条，产生动感。曲线是摄影艺术中常常喜欢运用的手法，如梯田、码头、海湾的曲线变化，会给人一种活泼欢快的感觉。

运用色块渲染拍出好片。万米高空俯瞰大地，一切具象的物体都已难以看清。由于距离，大地被抽象成山川、河流、田地、湖海、戈壁和草原牧场等万般变化的图案。还有当春夏秋冬四季轮转中，这些抽象的图案还会出现不同色彩的变化。其中有大自然的鬼斧神工，也有人类在生活、劳作过程中对大自然进行改造形成的特定的图案。在高空充分利用这些视觉元素进行创作，拍出的画面会产生意想不到的美丽效果。

运用构图裁剪拍出好片。与科研航拍不同，艺术航拍不一定要严格直录高空看到的图像，而是将高空看到的一切当作创作的艺术元素，在按动快门时进行艺术摄影的创作。万米高空，视野广阔，进入眼睑的画面十分浩瀚。摄影师就要通过取景器和变焦镜头，对能看到的画面进行切割、舍取、调整和改变角度，加之运用光影烘托出的气氛，充分发挥手中相机的各种技术功能，拍出具有艺术感染力的作品。

三、知识高度

空中对地面摄影，其成像过程与一般摄影是一样的。需要选择感光度高、反差适中、有较高分辨率的拍摄器材，以获得影像清晰、层次丰富的高质量航空相片。要想拍摄出理想的高空艺术相片，除了必须具备摄影的基本知识之外，还必须要对天文地理、气象变化和航空器作为特殊的拍摄场地所带来的特殊环境要求，有所把握和了解。

熟练掌握手中的摄影器材。航班拍摄对器材并没有特殊要求，由于机舱座位相对局促，大型相机反而施展不开，一般单反就可。但毕竟航班拍摄是在高速移动的飞行器上完成的，常常还会遇到气流使飞机颠簸，再加上飞机发动机的震动，都会影响到成像的质量，所以熟练操作相机非常重要。我在拍摄中通常使用 AV 档，首先保证快门速度在二百分之一秒之上，其次尽量使光圈小于 F8，焦段选择一般常用 70mm 至 120mm 之间。如飞行下方是高反光的湖、海区域，建议使用偏振镜。

熟悉与航线有关的地理环境。乘坐上航班，航行途中就有你拍摄的对象。能拍到什么？要拍什么？最初可能是顺其自然，逮到什么就捞到什么。拍多了，你就会有意识地预先做好功课。充分了解每次飞行的航线起点和终点之间，会飞越哪些可拍摄的地区，如大江大河、城市村镇、山川雪峰、戈壁草原等。还有这些可拍摄的景象会出现在航线的左侧还是右侧，航班飞行的时间与太阳光线的角度，以及出行当天的天气状况

等。并根据这些条件，选择好适时起飞的航班，选择好乘坐的客舱座位。做好充分准备，才会有更多拍摄到好片的概率。

熟知航班拍摄环境和规定。乘坐航班，除个别支线使用小型螺旋桨飞机外，绝大多数都是大型喷气飞机。但用于支线、干线和国际航线的机型还是有一些区别的，如机型的大小、载客的多少、被机翼和发动机遮挡的座位有哪些、靠舷窗的座位有多少等。在选择座位时要考虑到适合拍摄的靠舷窗舱位，确保在飞机升空后能清楚地俯瞰到大地。简单说，或者选处于机头部位的公务舱，要不就选尽量后排的靠窗座位，国际航班机型都比较大，需要时可到空乘人员工作区两边的舷窗处拍摄。升空前，用湿巾纸把飞机窗玻璃擦拭干净，以免影响照片的清晰度。另外，为了保证飞行安全，航班会提醒飞机起飞和降落时关闭电子设备，最好服从管理。

航拍改变了我们的视角，然而让我更感兴趣的是，飞机是高速运动的载体，飞行中拍摄的瞬间，永远无法重来，绝对是唯一的。它独特的审美体验，可遇不可求的创作等待，天时地利，在速度中和人的思想碰撞出来的创作兴奋感，都让人回味无穷。再有就是，航拍获得的每一幅永恒的瞬间，都由于它的拍摄难度，而凸显出艺术价值。

读过这篇小文，相信你如有机会再乘坐飞机，也会带上相机，充实你的空中旅程。

雄强朴茂　神气充沛

——关中陶文及其他

周联一

一个偶然机会，遇上了这批主要出自关中地区秦汉至唐代的陶文，即刻被深深地吸引。往古之“物勒工名”，先人不独为我们遗留下一份珍贵的文献资料，于古文字学、史、地、考古等不无裨益，更难能可贵的是蕴涵其中的艺术价值：陶文书法和章法布局的精美让人拍案称奇。陶文是用印章钤盖在砖、瓦的湿坯上再入窑烧造而成的，多数为小篆字体，间杂楷隶。线条方圆并用，巧拙相生。少则一字，多不过六七字。虽形小者居多,但都雄强朴茂,线条凝炼而神气充沛,分朱布白一任自然，蕴涵其中的秦汉魂魄和魏晋风度扑面而来。古人深邃的艺术精神和精湛的技能驾驭力，在这有限的方寸间表现出了万千气象，让人感慨系之。

黄宾虹先生在提及古玺印时曾赞叹道：“一印虽微，可与寻丈摩崖，千钧重器，同其精妙。”（《黄宾虹金石篆印丛编》第九十页）先生画名冠天下，但他对于古玺印和古陶文的大量收藏和深入研究，世人知道的却并不多。他在《陶玺文字合证·说略》一文中还有个精辟的论述：“古陶拓片文字，既可实证玺印之用，书体中有雄浑秀劲约分两种，皆足为书法源流之参考。又刻笔画极细者，尤恣肆有奇致。”（《黄宾虹金石篆印丛编》第一百六十三页《说略》）观千剑而识器，先生于书法、印章创作及古物鉴赏均造诣极高，他之所以能成就为画坛之大宗师，其超常的识见和金石之道的深厚学养至关重要。无独有偶，大收藏家陈介祺先生在论及古陶文字时说：“其字之古有出钟鼎外者，有过于凿印及画沙、印泥、屋漏、折钗者。使鲁公见之，当不知如何精进。不意彝器秦汉碑之间，又复有此……古人之文字即其心，文字下道理一等，而理与心亦寓焉。闻而知之，见而知之，心中扩一分境界，即涵一分灵明也云云。”（《黄宾虹金石篆印丛编》第二百零一页《虹庐笔乘》）自古道言为心声，陈介祺先生认为“文字即其心”，以观赏陶文的“闻而知之，见而知之”升华至扩“境界”、涵“灵明”的感悟,实在是参透了古人玺印陶文的精髓而发自肺腑的真知灼见。两位先贤都是一代杰出之大家，学养、识见和眼力自有非凡的过人处，他们对陶文的见解着实让人心生敬佩，更让人感慨于丰富的先秦两汉艺术对有“心”人的给力和滋养。可知见多识广，从鉴赏到审美的感悟升华，那一定是既流连忘返于“寻丈摩崖，千钧重器”的欣赏，又不拒涓涓细流“一印虽微”的深入探究。这是一个高境界，是入“道”，能使颜鲁公“不知如何精进”的更上层楼；是量变到质变的必然，更是叩响艺术殿堂的不二法门，也是我愿将这些“彝器秦 / 汉碑之间，又复有此”看似不起眼的小陶片刊发的原因之所在。

这一百五十五品陶文由篆隶而至楷书入印，有着似断似续纵向的传承脉络和血缘关系，投影在古代玺印发展的历史长河中，其意义之重要和作品的珍贵不言而喻。如曹魏至北朝年间社会动荡和政权的频繁更迭，致使这一书体书风发生重大变革时期的玺印陶文面世十分稀少，至今未能引起有关方面的足够重视。有些陶文带有鲜明的北朝时代风格，印风由隶入楷，有一个较为清晰的逐渐演变过程，陶文书体以多样化的面貌呈现，非独观赏，作为今天篆刻创作的借鉴和应用亦十分有益。还有几品陶文属于十六国后赵这一特殊时期的遗存。学者苏靖先生在评介十六国后赵陶文时说：“后赵的这批戳印铭文砖，补上了在中国古代玺印发展史中民间使用玺印从东汉至南北朝时期缺失的一环。这类砖铭使用楷书参以隶意入印，不仅在书法风格上丰富了中国古代书法史，也为古代玺印的发展史提供了重要的素材。黄惇先生所著《历代印匋封泥印风》中也唯独缺失这批后赵的铭文砖，不能不说是件憾事。”学者区耀豪先生在博文里展示十六国砖铭藏品时附文说：“此类砖铭的书法大多楷隶

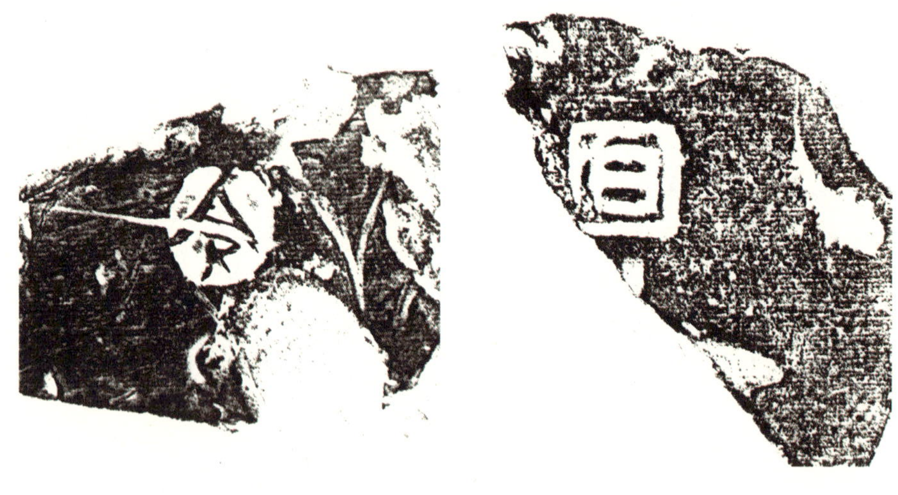

相参，古朴自然。”并引用王镛先生题跋同时期的“石安曹处”砖铭拓片：“此为纪元三世纪之后赵砖文。因其国祚短促，故其书迹极罕见。察其书体高古雄放，遍观汉隶碑中亦无此奇拙，是可宝贵也。”倘若能借此引起专家、学者的兴趣和广大篆刻爱好者的关注，拓展视角，即我心所愿。

文学时空

青年评论家专辑

青春一梦留痕

——评尼楠的《仲夏之梦》

张　颖

《仲夏之梦》是尼楠的短篇小说集，看到书名，难免想到莎士比亚的《仲夏夜之梦》。翻完全书，知道这是里面一篇小说名，但觉得这也的确适合作为书名，它作为对全书共同潜在主题“青春”的概括，真是再恰当不过。这些小说里逝去的一切，都如同时光中散落的珍珠，被尼楠的构思连缀成串，于是时间定格，青春不老——写作的意义也大抵在此吧。虽说“青春”是这些小说共有的色彩与背景，但在这薄薄一册书里，也初初展现出作者思考人生的不同角度、把握题材的能力，以及她独有的叙事方式。

一部女孩成长简史

诚如荆歌说过的，这些小说呈现出一种“散文化”的风貌。这当然是指叙事的方面，然而从小说的创作主体方面来说，“散文化”也意味着那种不可避免的“自传式抒情”的倾向，一种从“我”的视角出发的、甚或是糅入了自己部分生命经验的创作。这样的具有强烈主观性的中外作家并不少见：伍尔夫、普鲁斯特、西尔维娅·普拉斯、三岛由纪夫、郁达夫、废名……《仲夏之梦》里大多写女孩子的故事，即便不是以女孩为主角的，在视角上也具有相当的主观介入性。总的来说，它们写的就像是门罗那一类女孩成长故事的“中间偏前段”——大部分是从十来岁写到三十岁左右的故事。这段时间，女孩们经历了青春期的懵懂、两性的探究，以及一定的时间沧桑感。

这里面又可从两个方面去看。一类是直接写女孩成长故事的，一类是穿插在别人故事里的以旁白的声音出现的女孩。

前者有《年方十八》《仲夏之梦》《此间迷惘》《出走》这样的。里面的“我”从年少懵懂，过渡到年轻迷惑。《年方十八》是写得虽稚嫩而很动人的一篇。这里面有似曾相识的女孩们之间友谊的故事。一个纤细敏感，一个聪敏娇蛮，互相欣赏，又各自寂寞着。这两个女孩子很要好，要好到可以同睡一张床上，可以互相拥抱，就只差那么一点点就发展到同性恋的地步了。但这“一点点”又像一道不可能跨越的鸿沟，阻隔在懵懂和成熟之间，跨过去，那种迷人的关系就不复存在了。这里面的心理探讨非常细腻、大胆而动人，是属于尼楠特有的感知方式，也是一种珍贵的艺术感觉。《仲夏之梦》读起来有点使人迷惑，但如果不求甚解地去读，那其实是一个女孩子眼中最初的世界是什么样的：有一点混沌，有一道如梦如烟的帘幕横隔在自身与成人世界之间，这道帘幕使得女孩子生活在自我意识的纯粹光芒里，免受污染，保持纯粹。而且它还具有一定程度的嘲讽之意，成年人看待孩子的世界是不可解的，反之，孩童眼里的世界或许更为荒诞。这篇小说某种程度上很像是一篇童话，它是自足的、纯粹的。《此间迷惘》篇幅较长，里面有好几个人物出场：“我”“阮晓红”“钟鸣”“林向南”“黄老师”。阮晓红是贯穿始终的一个人物，她是个越剧演员，奈何缺乏机会（也可能是不够有才能），年华逝去，梦想破灭，于是回到小镇寻找新的生活。“我”谈了一场莫名其妙的恋爱，看上去不动声色，其实深受伤害，“谁年轻的时候没爱过几个人渣”，大概是这样的故事。“黄老师”兢兢业业，却徒劳一场，猝然去世。而“我”在“失恋”后重病一场，似乎有了那么一点沧桑的味道。

后者，比如《出手》《天亮了，落雨了》《杜老师的青年时代》等等。这些小说仍以“我”为叙事者，主角却是别人。但是在对他人命运的描述里，也交织着自我的一种自省与映照。《出手》写一个老好人大宝，惧妻、平庸，做过的最出格的一件事是在火车上摸了一个女人的手。“我”一边观察着这个男人，一边显露出自己初入社会的种种局促、尴尬与不适应。很奇怪，这些第一人称的描述，对于一个人物故事来说，几乎是不必要的。可是也许正是这一点，构成了尼楠小说当中比较吸引人的主观色彩。《天亮了，落雨了》写“我”对一个打工家庭的精明、早熟男孩由偏见到理解的过程。这期间也穿插着“我”对自身境遇的描述：一个二十多岁的女孩子，读了些书，失恋了，整天躲在家里多愁善感着，对人生灰心失望着。慢慢地，又从那种失恋的阴影下走了出来，“获得了一种新的生活经验”。很难说，男孩天亮的故事，与“我”的故事有什么必然的联系，至少在小说里，这两部分是存在一定程度的割裂的。但是，纳入到女孩成长的过程里去看，对社会的认知，对人性的宽容和豁达，又是与自身的生命经验同步进行的。《杜老师的青年时代》里，尼楠对杜老师青年时代的描述十分细腻、从容，勾勒出一个乡镇男教师青年时代的生活轨迹，以及那令人忧伤的理想消磨的过程。其间，“我”又略显突兀地闪现了几回，写自己青春期有过一段为杜老师“失魂落魄”的过程。这些不经意的笔触，这些闪闪烁烁的言辞，也令小说的人物重心在一定程度上出现了偏离，这些小说里，都有一个无处不在的、成长中的“女孩”。

不用多说，这些故事里的“我”都明显有着作家自我气质的投射：安静、羞怯、敏感，有一颗不易被发觉的、年少懵懂莽撞的心。她与女孩们的友谊，她恋爱的故事，她是怎样开始接触社会和理解社会的……贯穿了小说的每一个角落，成为青春脚步踏过时间的回音。

一束小镇故事

尼楠长居吴江的小镇七都，也许是受这种居住环境的影响，她很擅长观察小镇生活，写到了小镇生活的许多方面，因而，她的作品也带有相当程度的“地方色彩”。“地方色彩”当然是个褒义词。笔者一向认为，小说未必要写多么波澜壮阔的社会场景，或者多么重大的历史事件。只写一个地方，一个小地方的故事，照样可以写得新意迭出，令人印象深刻。20世纪上半叶的乡土小说大抵是写小地方的生活的，这方面，废名、沈从文等乡土作家都成绩斐然，写出了具有世界性的乡土文学。但是尼楠的小说又不是传统的乡土小说，它们不那么具有泥土气息，但也不是跟都市文明对立的，而是两种文明兼而有之的小镇生活——有农业社会的留痕，同时正受到现代文明的冲击。因而想到西方也有一些擅长写小镇故事的作家，门罗、奈保尔是那样的，舍伍德·安德森尤其是那样的……这些作家也都将眼光深入到自己生存的周遭，从平凡的生存景观里挖掘出了不平凡的、具有普遍意义的故事。

尼楠的小说里，也有这样的“小镇情结”。这里面时隐时现的，也恰是她的江南小镇所散发出的种种气息。它有时封闭恒久，有时又充满了动荡与变化。

所谓的封闭，不是空间上的，而是时间上的静止与永恒性。“年年岁岁花相似，岁岁年年人不同”，这句话颠倒过来，或更能形容尼楠小说所传递出的那种悠长情味——时光流逝，改变了多少人，但这种改变像是可循环重复的情景，因为无论人怎么变小镇就在那里，带着亘古不变的凝视，目送着远行人，安抚着那些受伤归来的人。《此间迷惘》中，这个小镇被称作“桥镇”。阮晓红少女时义无反顾离开这地方，在世界走了一遭，没成名角，却步步下滑，沦落到草台班子里去，最后无以维持，索性洗净脂粉，嫁人，开起了夫妻店。小说里的“我”也一样，曾想借人际关系离开桥镇，离开桥镇的念头使“我”分外激动，然而最后也以失望告终，仍旧留在了桥镇。外面的世界，终究被隔在了外面。小说最后，阮晓红怀孕了，似乎象征着一种新希望的开始，然而也未尝不能理解为一种宿命，一种轮回的开始。《杜老师的青年时代》里，以小镇中学为故事生发的环境，写了杜老师从二十来岁到三十多岁的变化。但看起来很像是写了一代代小镇老师共同的命运：起初是理想主义的，觉得自己的生活充满了可能性，或也向往过离开小镇，最后又都留了下来，志气慢慢消磨，成为温和的、疲乏的，对重复感到厌倦又挣脱不开的人。相似的，还有《遗言》《不要问我才哪里来》等篇，俱散发着命运写就、无可更改的宿命感。在这小镇，时间虽然流逝，但它的流逝仿佛无始无终，那些人、事永远像是在一代代重复着原地打圈。

但是，这些故事里的“小镇”又的确处在一种时代的动荡中。《此间迷惘》里，阮晓红的失败也是传统文化在现代社会的消隐；《天亮了，落雨了》，小男孩天亮身上所带有的那种泥土味与精明气息，一方面烙印着乡土文明的色彩，另一方面，亦是商业社会价值观影响、冲击下的产物；《杜老师的青年时代》里，杜老师的离婚，也恰恰是由于他与周红所代表的两种价值观的碰撞导致的结果：周红是一个商海里的女强人，她开放自主，具有能力和魄力，很快获得了成功。她作为从商业化浪潮中尝到甜头的获益者，思想上也发生了巨大的变化，她希望丈夫跟随她的脚步一起下海，但杜老师却温温吞吞，继续着他平静似水的教书生涯。两人终因跟这个时代的合拍程度不同而离婚了。表面看上去，是两个不同性格的人的分道扬镳，实际上，也是小镇这个地方现代与传统的一次挥别。

尼楠的这些小镇故事，风格优柔婉转，恰似江南小镇的徐徐流水，映照着小镇的变与不变，在人、事的沉浮中提炼出一种独有的美感。如果依着这条路走下去，相信尼楠还可以发掘出无尽的题材，因为小说正像三棱镜一样，可以将看上去单调寻常的地方与人物，折射出美丽丰富的光谱。

没有故事的故事

尼楠的小说里，写的多是些没有故事的故事。这当然首先是叙事上的特点：散文化的、没有多少跌宕起伏和戏剧转折。另一方面，这也是她选择写什么样的人物的一个共性——所谓“故事”，不过是一种完成，经过了若干的努力、波折，而完成了什么事情。尼楠小说里的人物，却纵使做出了努力，也并没有完成什么，或者，所完成的，不过是一场虚妄。这类看上去碌碌庸常的小人物，也是《仲夏之梦》里出现得较多的。然而，小说是要从“无有”中挖掘出“有”，从无意义中发现意义。再平凡的人物，也许也有过一些不为人知的隐秘经历，正是这些隐秘的、潜藏的所在，是值得加以探究和叙述的。

《出手》里的公司职员大宝，年纪很轻，衣着整齐，懂得生活，有一些很寻常的诸如围棋之类的爱好，脾气温和，惧内……是个再寻常不过的好好先生，但是这样一个人，竟然会在火车上突然去握住一个陌生女人的手。《此间迷惘》里的阮晓红就更不用说了，徒然挣扎了许多年，还是回到了小镇，就结局而言，阮晓红的离开小镇似乎没什么意义，但这无意义的行为恰恰是定义阮晓红人生意义的关键所在。《不要问我从哪里来》里的成明珠，这个名字就起得很有意思，令人想到贾宝玉关于女人的一段妙论，她本来也的确是一颗美丽夺目的珍珠，奈何到最后，只是成了一个卖鱼妇（令人想到“死鱼眼珠子”），嫁了个自己并不爱的男人。她曾经努力地去追求自己想要的生活，然而失败了，覆水难收，她想要的生活已经不可能重新获得。《遗言》里的叶四，一个体面的机关女干部，历经生活的磨难，依然体面地活在人前，但这体面背后早已千疮百孔。另外像其余小说里的出走的“我”、杜老师等等，也都是这样的看上去死水一潭、但也曾暗流汹涌的人物。

尼楠的这类小说中，笔触常常是淡淡的、抒情的，甚至是缠绵的，她总是写着写着就大发感慨,用一些抒情的话语去解读这些人物的人生。笔者在想，她在写这一类平凡人物时，不知是不是因为自己身处其中，熟悉他们，了解他们，因而不自觉地用一种温情的眼光去打量他们的人生。“努力了，却仍旧没有起色或成功”的人生，在一般小说里可能会具有的那种悲剧感，在尼楠的抒情性语言里被稀释了，被演绎成一种日常性的情绪。因而，她的小说，其实谈不上深刻，她不会将这些人物的命运与人生归结为“孤独”“生命的悲剧感”“人生的荒诞处境”这些形而上的命题，她基本上是平视这些人物的，笔端的那点淡淡的怅惘，说是对着人物发出的，还不如说是对着逝去的时间的。从某种意义上来说，她更像是一个抒情散文作者，对笔下的一切都有一种发自内心的熨帖与理解。但在写法上，若有什么惋惜之处的话，那就是，那种浓郁的抒情色调，毕竟削弱了小说深层表现的力度，妨碍了人物在一种更高的层面上展现他们的命运。有时候，主观介入过深的叙述，反而不如客观、冷静的描述来得犀利和彻底。

总的来说，《仲夏之梦》是一本很有“性格”的小说集，虽然，这里面也有一些不尽如人意之处——除了主观介入过于频繁，结构上，也颇多可以推敲之处。比如说，有些小说的结尾过于仓促，或者显出浅显和直白。叙事上，有时也会出现多余的赘笔和紊乱。然而，尼楠也充分展现出她的优长：她写作情绪的纯粹和专注，她对人物心理的精确把握。尤为重要的，是她小说里不乏现实的反思和悲悯的情怀（尤其像《天亮了，落雨了》《苏苏》这样的），显示了她的小说在未来或许有更丰富的可能性。作为一个小说作者的第一本小说集，笔者认为，它作为对个体记忆的述说与打量（以文字的方式留下青春的脚印），也许要远胜其他方面的证明，而这其实是一个小说作者最为真诚的起点与动机。

作者简介：张颖，女，1984年生。现当代文学博士，毕业于苏州大学，现为南通师范高等专科学校人文系教师。研究方向主要为现当代散文，在《文学评论》《当代作家评论》等学术期刊上发表学术论文近10篇，另在《读书》《文学报》等期刊、报纸上发表随笔、评论数篇。曾获第五届江苏省作家协会紫金山文学奖评论奖（第二作者，2014年）。

“在黑夜中的治孤战里”

——论苏野的“拟古诗”创作

杨　隐

如何在诗变的链条上处理传统和现代的关系，是中外诗歌一个永恒的议题。不论是布鲁姆所谓的“影响的焦虑”，还是艾略特提倡的“历史意识”，都在提请我们用整体主义的眼光看待二者的关系。“现代性”对于每个诗人都是一种魅惑，但俄耳甫斯这样的绝世歌手却会选择回过头去，哪怕付出最惨烈的代价也在所不惜。汉语停驻在古典传统之中的巨大能量在召唤着那些有禀赋的诗人转过头去。苏野，一个幽居江南古镇的诗歌写作者，无疑是其中的一员。他的一系列拟古诗创作，思接千载，为历史上诸多的溺亡者画像，让时间开口说出秘密。他像一个亡灵的接引者，又仿佛是亡灵本身，用一己之力深入历史和人性的深渊，又用批判性的审视眼光决然回望。在《夏夜登如方山——追和津渡、育邦、臧北》苏野写到自己深陷“在黑夜中的治孤战里”（“治孤”，乃是一种高级的围棋下法，为了破坏对手的大势，而着孤棋深入对方腹地，冒着被对手剿灭的风险冒死一搏以期扭转局面），可作为他在诗歌写作上孤绝努力的写照。这种独特的写作形态，一定程度上拓展了当代汉诗的内在精神疆域。

一、反抗遗忘：一种“墓志铭”式的写作

“诗人只与潜在交谈者关联。”（曼德尔斯塔姆《论交谈者》）同

样的情形，正好适用于苏野，他说“我只与自己/与少数丧失自我的人保持连线”（《短歌行》）。种种穿越时空的呼应，正是归因于遥远乐器的旋律经由共鸣拨动了现代写作者的精神之弦。与其说以这种方式，陶渊明、王维、孟郊、韦应物、谢朓、叶绍袁、叶小鸾、黄梨洲、刘过、李煜、夏完淳这些苏野称之为“伟大的幽灵”们（《夏夜登如方山——追和津渡、育邦、臧北》）进入到苏野的诗中，毋宁说，苏野从故纸的火山堆中挑中他们，让他们通过他的诗歌得以再一次复活。也许，在苏野看来，在诗歌中复活这些亡灵，要比在其他的文体中安放他们更为神圣、更为庄严。苏野在实践着一种墓志铭式的写作。如一个一丝不苟的考古学者，他总是在精心研读那些墓主人的史料、心迹时，穿越过去，设身处地将他们所经历的一切重新经历一次，不论是欢笑或痛苦，荣耀还是落魄，再活一遍，也再死一遍，用自己的“诛心之见”重新书写一份悲情的墓志铭。

他写韦应物的追悔：

像满月，消减光辉
我曾经跋扈、愤怒、尖刻、愧疚
享乐，以及膨胀的爱

——《韦应物》

写陶渊明的无奈：

我这一生，几乎
与天梯完全绝缘
我活着，像那潦倒、愤怒
而又运气不佳的赌徒
守护着时间与自我

——《陶渊明》

写黄宗羲介入现实的义无反顾：

你将半生献给了现实
可以为时代体检
它的心脏、钙质、血常规
以及铅中毒，可以
谈论心学，传道，修史

——《在余姚化安山黄梨洲先生墓——致育邦、商略》

墓志铭，乃是对一个人一生的评判和总结，某种程度上类似于个人小传。这一点在这首《叶绍袁，1645—1648》中体现得尤为鲜明。

我，一个人，一个父亲
一个儿子，一个为死所环抱的人
一个逃亡者、僧人、道德家
秘密抵抗者，相信暴力的楔子
与德行同等重要，本性
比死更可怕。曾经的

持不同政见者，午梦堂的主人

风雅制造商。如今的遗民、术士，山水

旁观者和惊奇者，节烈的歌者

和失败者。我搬运愤怒

灵异、精神的重力，和想象的价值

在恶的瀑布里，我深信

悲伤，被歌颂得远远不够

绝望也需要捍卫。——我不是所有人

一个未来已经足够，我

只是我：叶绍袁，号天寥

释名木拂，一部日记的作者，《甲行日注》

受阅读所限，我好奇这个叫作叶绍袁的人，在查阅了相关生平资料后，我继而信服于苏野的书写。苏野的笔法精确、俭省，无一句多余，却字字有来处，一个遗民、一个忠贞节烈之士、一个历史的隐匿者，他的落拓一生就这样显现出来定格于这首诗中，被我们看见。

米沃什在《诗的见证》中说："如果某种事物不能在更深刻的层次即诗歌的层次上被予以证明，我们就有理由怀疑这一事物是否货真价实。"鉴于苏野诗歌大量涉及对古代诗人、学者乃至籍籍无名者的见证，而且这种书写还在进一步延展之中，有理由相信苏野正在借助这种看似笨拙的碎片化书写，为我们重新还原一张业已遗忘的人类精神图谱。

这一点，让人想到鲁迅的雄文《为了忘却的纪念》。遗忘和记忆，是一对永恒的矛盾。再深重的血迹，也会被时间的洪流冲刷得一干二净。我们最终都将堕入忘川。"时间最终会把我们都给忘了"（《自述》），这是苏野的焦虑。在他看似无焦虑的洒脱无碍的书写之下，恰恰隐藏着无比深重的焦虑和渴意。那就是拯救那些被遗忘者，让他们的面目重新升起在星空，将善与美德，永远悬挂，尽管这种美往往点缀着苦难。就像鲁迅式的反抗绝望，苏野让人肃然起敬的地方在于，接受遗忘的必然性，并将之作为反抗的起点。历史的风云激荡，多少人事灰飞烟灭，但苏野却在记忆的废墟之上执意重塑那些可贵的灵魂。它们，像塔一样高耸，给人振奋和指引，也像铜镜一样照亮我们自己，反躬自省。苏野写道：

> 我见过他们，以及
> 那些物：飙尘、星象、百草
> 磐石、松柏
> 在变而又不变的空间中
> 经营丧失的时间，以及死
> 有，像塔基。有得
> 越多，丧失的塔
> 就越恢宏。韭菜般的焦虑”
>
> ——《重读古诗十九首》

在“重读”、重塑的过程中，为我们勾勒出人性复杂的纷繁面影。他在提请我们注意那些痛苦灵魂的绝叫和呻吟。他们所经历的恶和苦难，他们衍生的愤怒和哀愁，其实并未消隐，而是埋伏在“此在”。换句话说，苏野在证明一个事实，那就是我们绝非幸存者，他人经受的，你必经受，“不要旁观，我就是你们”（《李煜》）。

苏野的尝试惊心动魄，却又是危险的，这种写作具有可以预见的吞噬性。他一次次沉潜入亡灵幽暗精神腹地的深水区，又一次次带着信念浮出水面。这个江南小镇的隐者，却经历着最阔大的苦难。那闪现在诗歌中的无数个“我”发出的声音，既是亡灵的，又是苏野的，他在将自身作为导体，来承接那些电流，他把自己像一粒灰尘一样摁进历史循环的星轨中，让一个人的心灵去承载无数其他灵魂的绝望和哀鸣。“就像我，证明了 / 他们，你，以及所有人”（《重读古诗十九首》）。这绝对是一个考验：需要足够博大的内心，才能转化那些超大负荷的负能量，以免为其所伤。而这一点，也许对于苏野来说，他早已做好准备。在他这里，写作接近于一种“降格的修行”，《秋夜感怀》中他详细描述了这个过程：

在白昼，我
一直在学习如何交出
旁观者的自由
放弃转义
肉体训练着精神

我枯坐、息心
模仿那黑色的底座
念及浮世之远，念及清净
和肉体像风，而
自我为空，念及波旬

之万千化身，那饥渴的
平均数，幻化为我
这曾经的、未来的无
我知道，我降格的修行
只需认知和忍耐

通过与那些强大灵魂的碰撞，在幻象的风暴中历练心神，毕竟不同于在人世中经历活生生的业障。在这个意义上，我们才能理解为何这种修行被称之为“降格的”，但修行的真意也便在其中了。

二、异质语汇碰撞："震惊"体修辞格

以上，本文分析揭示了苏野诗歌内在的抵抗性，这是里尔克所谓"古老的敌意"的东方式回响，格调高远，有如黄钟大吕。这种墓志铭式的"招魂"术，自然使苏野诗歌的形态"更加接近古典的构词、气韵，重新接受儒道等传统精神的照耀"（江离《读苏野〈夏夜登如方山〉》）。但这些明心见性之作毕竟并非单纯的复古，而是在修辞上有了新的突破，以更好地展现现代生活。阅读苏野近年来诗歌的第一印象，即是其诗歌中大量古典语汇、学科术语、现代新事物学名之间的异质碰撞。

肉体的银行增长着存款
我增长着昏沉、无趣
和倒闭的愿望，厌于盈余

——《春困》

遥控的月亮在上，潮水的
永动机在下，分辨着
本我，将犹疑、崩溃，及泥沙的催化剂

——《怀疑之诗——在钱塘江边，致我的诗歌兄弟们》

我要求信仰的花盆
来盛放虚无。与含混的方程
角力，要有巫师
来温暖肉体
像跳动的心脏温暖着道

——《虚无之诗》

啊！一盒黑夜已过去

自我又一次

以自身为标尺，得到了

它所需要的黑暗

充盈，和范式，增加了

笺注，和函数值

——消逝也有重力，要有深度

——《侵晨的自我》

如今，你是遗忘

是少数人的信仰之熵

像果蝠，带着低展弦比的翅膀

倒挂在时间之树上

——《叶小鸾》

我，一个被氧化物

招募失败，调校着仇恨的底盘

以匹配于痛苦

仿佛我是储存痛苦的银行

——《孟郊》

用幽灵们的雾霭，筑起一座山

一座多宝塔，作为停云二维码的扫描器

——《谒灵岩山》

“肉体的银行”“催化剂”“方程”“函数值”“信仰之熵”“被氧化物”“停云二维码”……这些冷僻词汇在其诗歌中的大量繁殖，致使苏野从一大拨一般性的新古典主义写作者群落中凸显出来，有着自己独特的品相和面目。苏野有意在经典化的古典语境中横生枝节，这些奇怪的词犹如外来物种被苏野大胆地引入，它们的存在引发的蝴蝶效应势必造成诗歌内部生态系统的失衡。而这似乎就是苏野的修辞策略，异质语汇的集聚和碰撞，衍生出了更为美妙的意义空间，让阅读者产生类似本雅明式的“震惊”体验。

考察苏野的诗歌，你会发现作者对这一修辞策略的应用，有其内在考虑。“震惊性”体验，对感受者的感官冲击巨大，它让记忆、印象变得深刻，从而成为反抗遗忘的有效形式。在苏野的诗中，震惊性体验的营造，不仅仅在题材、内容的选择上，更是体现在对特殊语词的选用、修辞的构造上。正是学科术语、新事物学名的大量涌入，让他的诗歌显得分外醒目。这种诗不是单凭感应情绪就能轻易进入的，你还必须冷静地思考，让思绪的电流跟上作者的节奏，你需要对各种“代数”交织构建的方程式，进行审慎的求解。你需要调动一切知识，来投入到这些诗中。苏野的抒情方式，某种程度上是硬的，它趋于理性，颇近于魏晋玄言体的智性。

不过事实上，在上述那些看似玄奥的诗歌文本中，苏野并不拒绝阐释和解读，文本是敞开的，他采用本体和喻体并置的手法来设置谜面，在词与物之间留出一道缝隙，召唤阅读者进入。比如这一句“我，一个被氧化物”，就我的目力所及，尚未在其他人的诗中看到如此新奇的比喻。被氧化物，在化学方程式中居于被氧化的位置，《孟郊》一诗中苏野在下一句中用“招募失败”这个短语精确巧妙地使“被氧化物”成为“我”的客观对应物。在无所不在的氧中，被氧化物无法拒绝被氧化的命运，它将被一点一点侵蚀得面目全非。这是一个类似于凌迟的恐怖过程。联系孟郊屡试不第、仕途艰辛、中年丧子等艰难苦厄的生活遭际，他不正是一个被“失败”围拢的被氧化物吗？诗歌中挥之不去即是那份对穷愁困苦的怨怼情绪。在此，苏野祭出了他的反讽：“时代的寒意，像打点滴 / 刺入静脉，治好了我的乐观。”

从此诗，我还想到苏野对这些奇崛冷僻的喻体的使用，似乎有着更为宏大的考虑。在古典诗歌史上，孟郊以其“寓奇特于古拙”的瘦硬奇僻风格而自创一格，他对语言的苛刻态度，以致获得“诗囚”的绰号。但是其为表现深刻的内在体验，而用语言强力渲染、裹挟客观事物的努力，却值得后世尊敬和称道。因了孟郊，一些过去诗中少见的僻字险韵与生冷意象，得以进入古典诗歌的版图，在诗的理想国中赢得一席之地，客观上增进了古典诗歌消化现实的好胃口。在这一点上，孟郊所做的努力，跟胡适在《尝试集》中所做的努力确乎是一致的了。然而新诗发展到今时今日，一意练就这副好胃口以致泥沙俱下，其对现实的观照不可谓不广，但其文体意识却日渐淡薄，几到“分行即诗”的地步。而即是在一点上，苏野所做的努力也便凸显出来。在传统和现代之间，苏野尝试着做一调和。他的拟古诗，以古典的气韵为体，却又杂糅现代的全新意象，既有对传统的坚持，又进一步放大诗歌对当代世界的表现力，但在整体的效果上又未败坏读者的阅读美感和快感。这些诗读起来是庄重古雅的，但内容、思想的锚地却又是极富现代性的。苏野诗歌的文体学意义，值得我们认真审视。

三、同里湖：苏野诗歌的精神原乡

海德格尔曾借荷尔德林的《返乡》，如是说道：“诗人的天职是返乡，唯通过返乡，故乡才作为达乎本源的切近国度而得到准备。”在这里，海德格尔指的是故乡，是否可以做这样一种引申：还乡中的“乡”应并不仅仅对应于出生地，更可对应于诗人的萦心之所。每个写作者，都有自己内在的精神原发地。作为一个基点、原点，令他不断出发又不断返回。我很好奇，诗写者苏野弥漫在诗歌中那股静气和冷峻，他像钟表一样精准的诗行，他不经意间吐出的警句，都让我有这样的印象：这是一个书斋中的沉思者。注意到他在博客上晒出的超级书单，我更加咋舌于他巨大的阅读量。他是在用一座图书馆对应一首诗。我在想，这种沉潜的状态是在怎样的环境中修炼而成的？也许答案在他的诗歌中可以找到。

一个有意思的发现是，在苏野的诗歌中经常会提到一个地方——同里湖。他的诗歌直接或间接提到同里湖的篇目粗略计有：《午后，眺望窗外的同里湖》《一夜读书，看黎明从同里湖升起》《晚饭后，在同里湖边散步》《春日，楼上观湖》《同里湖》《拟古：在湖边》……

能够让一个写作者不停写到的地方，是可疑的。一个邮票般大小的湖泊，仿佛生长着魔力，让苏野不断地凝视、玄想，个中一定暗藏着某种因果和秘密。就湖泊本身而言，它比一般的河流、池塘要雍容大度，与大江大海比又沉敛静默，正符合苏野诗歌的气质。在《深夜，阅读中，眺望同里湖》一诗中，苏野在诗前引了梭罗《瓦尔登湖》中的一个句子："……凡能观察者都可以阅读它们……"也许，正是借由对同里湖的观察和想象，苏野写出了他真正意义上的成熟之作。在这个神启般的瞬间，苏野凭借其卓越的诗歌自觉性，将同里湖之于他的意义提升至瓦尔登湖之于梭罗的高度。

他写道：

梭罗，那湖边的梦游人
说过："在我们能看见之前
我们一定寻找了很久

清风、虫鸣
这黑夜的辽阔草丛中
简朴深长的呼吸
潜望镜中稳定的梦
正是对我们痛苦白昼的最好补偿

——《深夜，阅读中，眺望同里湖》

这是一个沉迷于阅读和书写的劳作者形象。他埋身于湖泊的内部，借助阅读的“潜望镜”窥探尘世之梦，每有兴会，便生发出“在我们能看见之前，我们一定寻找了很久”的感叹。我们看到。如同在百万颗沙砾中寻找钻石，一首诗的诞生便是如此。同里湖确乎是苏野所要守护的“那达乎极乐的有所隐匿的切近之神秘”，并且他“在守护之际把这个神秘展开出来……”（海德格尔《荷尔德林诗的阐释》）。

这元朝的湖面和楼阁
多像大理石墓碑
冷静、简洁、流畅
抛弃了起重机
我只爱昨天积累的修行
和今天显影的镜中之空

——《午后，眺望窗外的同里湖》

“多像大理石墓碑”，“冷静、简洁、流畅”，这几句用来形容本文第一部分描述的苏野“墓志铭”式的写作形态也是如此妥帖。而他明白道出的这句“我只爱昨天积累的修行/和今天显影的镜中之空”，则正体现出对心灵修行的坚持和遗忘之必然性引发的虚无感之间的矛盾。我们无法苛责苏野，他有他的世界观和参照系。海德格尔说：“我们越走近危险，通向拯救之力开始发光的道路就越是明亮，而我们也就变得愈加需要追问。因为追问是思的虔诚。”苏野在诗歌中流露的虚无和绝望感，便是思之虔诚的追问，它会在反面消减着无序世界的熵值。

苏野的诗中，有太多的二元对立：信仰和虚无、轻逸和沉重、宏大和渺小、灵魂和肉体……而同里湖，确乎成全了他笼罩心灵之上的这些巨大幻影的投射：“是山川，也是草木/像肉体的一些倒影，苍翠的元音/呼应着雨的律法。”（《拟古：在湖边》）同里湖，将“虚无”

赐予他作为“裂水而行的口诀”，同时它教导的“水的哲学”，那种源自老庄哲学的通脱、旷达，也让苏野找到了决然前行的生之寄托：“既然我能在此地归于尘土 / 我就能在这个现实的任何地方 / 寻找到卑贱却安宁的坟墓 。”（《拟古：在湖边》）

那些伟大的幽灵，为我们分配着悲伤。
在黑夜中的治孤战里
登高，偕同追远，编织着
精神实空的经纬。
——《夏夜登如方山——追和津渡、育邦、臧北》

在本文的最后，读这几句，一种远行的悲壮感油然而生。我想到围棋名手赵治勋的一段话：“其实，当时我对此处能否走出棋来也并没有把握，但是，我抱着我属于治孤型棋手的这种信念， 而我的人生本来就如同一条治孤的道路，世界之大，岂能无容身之所，风浪再急，总还有停泊之港湾，在治孤的人生中，只有狭窄的空间，而没有狭小的胸怀。”

苏野无疑也是一位治孤型的诗写者，一意孤行，埋头赶路。祝福苏野越走越远。

作者简介：杨隐，1983 年生人，曾用笔名“木羊”，文学硕士，籍贯温州，现居苏州。有诗歌见诸《诗刊》《星星》《诗选刊》等，著有诗集《镜归何处》。

谦逊的自我

——臧北诗歌印象

思不群

韩东说："好的文学往往产生于害羞的人，孤独的性格，忧郁的情绪……在一定程度上这是一种鉴别。"确实，你会发现许多写作者往往不善言谈。我猜臧北就是这样一个人。我和臧北从未谋面，唯一的接触是通过一次电话，所以这种感觉更多的是来自他的诗歌。我认识的很多作家都是这样，在人前嘴巴笨拙，在文本中汪洋恣肆。原因可能在于这本是一个口吃的时代，诗人被破碎、断裂、无序的现代生活惊得目瞪口呆，欲言又止，内心的沉重使得到嘴边的话又吞了回去，并不断下坠、下坠，掉落成一个个坚硬漆黑的铅块。臧北曾经写道"我也宁愿做个哑巴"（臧北《有赠》之七，以下未标明作者出处的，皆为引自臧北诗集《有赠》），他甚至写过一首《哑巴之歌》。从言谈转移到纸上，也许是他的一种自主的选择，目的在于内心的积蓄与酝酿，在于更认真地谛听至深本质的回响，因为"……宿命者倾听上帝 / 盲目之人却窥见真理"（《拟古》之十六）。而根本的原因，或许还在于他的古典气质，在于他沉默背后的谦逊。面对世界万事万物，他总是慎于言，敏于思，把自己放低，一种低到尘土之下的谦逊，却使人拿起十二分的尊敬来阅读他的诗歌。

一、土地与爱情的见证

我猜臧北出生于农村，至少在农村生活过很长一段时间，否则就很难解释当他写到土地、草木与劳作时，他的诗歌中显现出的那种平静与喜悦。实际上他的诗歌里弥漫着一种无处不在的尘世气息，这是一派气息，并不关乎诗歌内容与主题。当他生活在农村，他肯定对土地与劳作有很深的爱，就像现在作为诗人他对诗歌有很深的爱一样。他这样写农村的夜晚：

土地从潮湿中获得了美
青蛙从稻田和沟渠里现身
仿佛月亮的合唱
小丑脱下伪装
回到禁欲的童年：
便秘和绝望曾经阻碍过他的成长
他热爱书籍
却因此放弃思想

哦，就像此刻肉体放弃了抵抗
灯光全照进黑夜巨大的编织袋里
被投递给黎明
仿佛灵魂不曾有过
微弱者重新掌握权柄

（《土地在潮湿中……》）

这是农村与往常一样的夜晚，夜色中，大家坐在村口有一搭没一搭地说着话，在黑夜的母体里，土地、青蛙、肉体……一切又回到了它们自身，宁静深邃，而又生动自然。“灯光全照进黑夜巨大的编织袋里/投递给黎明/仿佛灵魂不曾有过/微弱者重新掌握权柄”写出的则是大地与真理、黑暗与正义的本性统一。“灯光全照进黑夜巨大的编织袋里”这样的句子和“黑夜—编织袋”这样的意象充满了力量感和冲击力，仿佛一轮瞬间升起的朝阳将人从睡梦中唤醒。只有在农村生活过的人才写得出这样的句子，那仿佛是一个懵懂少年奔跑在农村的夜晚，头顶是漆黑一片的夜空，农家小屋漏出的灯光仿佛是他从这幕布上遁世而出的出口。在21世纪来谈论乡土似乎有点太不入时了，就像当年美国主流书评报刊把谢默斯·希尼的诗歌称为“迷失在田园里的诗篇”，说他的“指甲缝里还嵌着前人的泥土”，但是希尼把英国文学传统和爱尔兰民间乡村生活结合起来，以一种带有现代文明的眼光，冷静地挖掘品味着爱尔兰民族精神。臧北也是如此。他深刻地认识了土地与劳作与写作的关系：

收获土豆的时候
汗水消逝在土壤里的一瞬，我发现了真理
像一条躲藏在草丛里的响尾蛇
身体的劳作把它惊起

（《拟古》之十六）

写劳动与收获的关系非常直接、明快，充满了喜悦与欢快，像农人的朴素箴言。但你也可以认为他意指的是写作，是冥思苦想之后一个忽然跃入脑海里的崭新意象或诗句所带来的惊奇与喜悦。这种喜欢是明快的，也是朴素的、谦逊的，就像他的爱情一样。他写到爱情的时候，都是以一种倾诉的口吻，像是面对着自己所爱的人，把内心的爱恨交织和盘托出：

我打算去看你

我积攒了大半辈子

很快就可以动身了

就看看你

然后就回来

心满意足地完成我的大事记——

我爱上了你

却不知道你的名姓

（《拟古》之七）

这首诗集中体现了他的爱情观。这个人信奉爱情，“爱得像地狱一样深”，那爱的对象就是唯一能救赎他的上帝。但是他宁愿自己深陷在“地狱”里挣扎，却从不大声向着她呼喊，因为他爱她，他怕打破了这自己制造的梦境，他只是不断压低自己，以显出她的高大，值得他久久的仰望。就如这首诗中，他“积攒了大半辈子”的爱，准备去看看对方，“就看看你/然后就回来”没有任何要求、没有任何目的，然后就“心满意足”。他必须无怨无悔地奉献出自己的爱，虽然连对方的姓名都不知道，仿佛只有在爱中他才完成了自己。他甚至设想一种最为极端的情境，以死来证明爱：

我想

如果我死了

你或许会对我好一点

你或许来看我

洒下一些泪

你或许会对你的朋友说

这个人曾经爱过我

（《有赠》之二十六）

这仿佛是一种祈求，而在祈求的同时，他不断地说“或许”“或许”“或许”，于是肯定变成了否定，希望变成了落空，这祈求没有证明“你”对“我”的爱，但却进一步确证了“我”对“你”的爱，这是被爱捆绑后对痛苦心甘情愿的忍受。在两者的彼此对比之中，映照出他爱的炽热。臧北诗中的这种爱与舒婷在《致橡树》中写到的爱情完全不一样，在舒婷的诗中，“我必须是你近旁的一株木棉/作为树的形象和你站在一起”，她强调的是平等，是对自我的上升与强化，是共同的承担与分享。而臧北的诗中，爱情是毫无保留、毫无底线地付出。《致橡树》敏感地把捉到思潮的律动，顺应了青年人对新的爱情追求的需要。而臧北的诗则回到了爱情本身，在一种爱的沉醉中乐天知命，它更符合爱的本质。而有时，他强化了这种对照感，将“你”“我”的高低对照推到极致，让双方直面，在视角的相互转换之中，以物来对“我”命名，并心甘情愿地被对方所占有，这“物”在低低的尘埃中抬眼渴盼，眼中满是爱的疼痛与深刻。比如：

那一瞬
我看见你在这房间里
使用我这个异性的身体
正端着茶水
踱步来到窗前

（《有赠》之十六）

我不过是你的一件
丑陋的艺术品
可你为什么总是让我
想到美呢

（《有赠》之十九）

这两首诗的共同特点，是将自己由一个人置换为一个物，人时时有心底的波澜，而物则面对世事、波折，仍旧无声无息、无痛无痒、无动于衷，这种将“我”客观化，实际上是欲盖弥彰，从另一个侧面反衬出爱的强烈，就像一个突然间遭受噩耗的人在一瞬间呆住了一样，在这种关系的倒置中，通过自我的矮化，显出对方在自己以目中的高大，仿佛一位女神立在自己面前，好献出自己的爱意，所以它本质上表达的是一种极端谦逊的爱恋之情。

二、自我与上帝的对证

孔子说三十而立，四十不惑，五十知天命。他没有为二十命名。按照我的经验，二十觉醒。一方面他对人情世故有了一定的积累，初步懂得了世间百态；另一方面，知识眼界的打开，开启了他的心智，他急切地想要认识自我，所以他从外界把目光收回，转向了自己的内心。而在臧北这里，表现得较为特殊，他仿佛是一步跨过了二十岁、三十岁，远远地站在多年以后，隔着遥远的时光注视，以一种平静、自省的姿态对自我进行了扫描。

它老了

羞于回忆

缩在房间里

它感到这一生

全浪费了，在无边

情欲的大海里

它的脸烧得通红
感到惭愧
于是把头更加深深地
埋进了粗糙的手掌里
它只有裹在厚厚的
黑暗的茧壳里
才感到稍微自在

（《我的心》）

这首诗仿佛是出自饱经风霜之人，它低调、谦逊，写出了短暂一生，以及经历烦琐世事之后的孤独与平淡。但实际上它不过是臧北对自己老去之后的一种虚拟和揣测，这代表了他对生命的一种敏感，在时代的风中生命的琴弦时时弹出温柔的颤音。他没有虚拟地去追寻事业的功绩，或者像海子那样感叹功业难成（“巨大石门越来越不接近完成”（《太阳，你是父亲的好女儿》）），他关注的是内心，是自我灵魂的摆放妥帖停当。对于生命与自我，他取一种放任独处、淡泊由之的态度，“迷阳迷阳，无伤吾行”，放弃执着，自觉将自己放低，在混沌大化中，只取一个孤独的据点，独自抚摸自己的内心。

当我的心感到饥饿
我就喝一小杯糖水
哦，只要一小杯
它就满足啦
就会继续闭上睡眼
而我也就不再受到它的指责

（《有赠》之十三）

这种生命的幸福与满足既简单又卑微，没有雄心壮志，没有非分之想，也放弃了对真理与教义的追求，自我浑融在大地与世界之中，他没有向外挣脱的欲望，只想在大化的巢窠中满足于“喝一小杯”生命的“糖水”，品味生命的苦涩与甜美。在对自我的观照中，他必然一步步走到对生与死的揣度与思考。我曾经在另一篇文章中说过，年轻的诗人往往喜欢“虚拟生死”，这里面既有年轻的心开始在思想上觉醒的因素，还因为青春是可以任人挥洒生命、时光的年龄，他在这个生命的阶段想要对一切进行验证和探究。在他的想象中，甚至连死亡也是美好的。

哦，上帝
我吃饱饭啦
我虚弱的心灵安静多了
我不再抱怨
只希望慢腾腾的死亡
能快点

（《有赠》之二十五）

好多人死了
他们在临死的时候说
我受够啦
这样苦闷的生活

然后就坐在飞毯上
但是他们从不会回头
告诉我们这些继续受苦的听众
他们飞到了哪里

（《有赠》之二十九）

这是一个谦逊、宽厚的人对死亡的想象，没有诅咒与憎恨，他对死亡的想象是兴高采烈的，仿佛带着美好的期盼，做一次美好的旅行。当然或许因为他缺少真正的死亡体验，死亡对生命的直接消灭，他没有真切的感受。他是站在远处，以看风景的姿态，隔岸静观死亡的戏剧，艺术性地呈现出美感。同时还由于他不想因为死亡来伤害自己的单纯与美好的青春想象，他对死亡进行了诗意的处理。在有些诗中，虽然语气决绝，如：

我已经厌倦了你的那些鬼把戏
请快点动手吧
哦，上帝
像你对付稻田里的稗草那样
把我连根拔去

（《有赠》之三十）

但这里呈现出来的死亡本身却并非面目狰狞，仿佛一个朋友的邀请。可喜的是，在对死亡的想象中，他发现了自己的上帝。在上引诗句中有对绝对主宰的吁求和祈愿，但在大多数时候，他与上帝的关系不是诉求与救赎的关系，而仿佛是面对一个多年的朋友，至多是一个年长的朋友。

上帝
感谢你的赐予
我吃饱饭啦
我心眼里的空缺被食物塞得满满的
那种空落落的疼痛

最终还是输给了你的无所不在的智慧

（《有赠》之十七）

这里讨论的是在上帝之光观照下凡尘生命获得的完满与疼痛，它要表达的内在意旨是严肃的，但是在诗歌风格上，特别是语气词的使用，将严肃消解掉了，使得它仿佛是邻居间的家长里短。但是，内在里他的态度是又认真的、虔诚的。这种虔诚，并非是因为他需要上帝作为精神上的救赎者，将他从尘世中救起，他需要的是一个优秀的倾听者，来倾诉内心的快乐与忧伤。这让我想起了另一位诗人穆旦对上帝的发现，由于时代和生活环境的巨大差异，他们对上帝的讨论有着本质的不同：

我不再祈求那不可能的了，上帝

当可能还在不可能的时候

……而我匍匐着，在命定的绵羊的地位。

（穆旦《我向自己说》）

我什么也不干

只是等

等天上那个唯一孤独者

在水面现出倒影

（臧北《拟古》之十三）

齐奥朗说："世人谈论上帝，不只是为了在某处'安顿'自己的疯狂，也是为了对此加以掩饰。只要忙于上帝，你就有了悲伤和孤独的借口。上帝？一种法定的疯狂而已。"（《眼泪与圣徒》）也许对穆旦来说这是对的，但对臧北来说却并非如此。穆旦是在不能承受他所背负的时候投向了上帝，他虽然口中说着"而我匍匐着，在命定的绵羊的地位"，他却时刻准备着背叛这地位。他几乎是咬牙切齿地说的。穆旦是时时准备着抗争的，所以在20世纪六七十年代，严苛的环境不允许他写诗，他就通过大量的译诗来训练和保持自己对文字的敏感。而臧北对上帝的发现是源于一种生命本身内在的契合，他的谦和、逊让使他可以心平气和地接受一个高高在上的裁判和“命定的绵羊的地位”。他并不需要上帝帮他担荷什么，他只是天然地需要一个更高的倾听者，一个可以祭拜的对象，来奉献自己的单纯与敦厚，同时自身也在这倾诉与仰望中获得满足与平静。

三、过去与未来的生长

就我所知，臧北的诗歌主要集中在2010年出版的诗集《有赠》中，这本诗集是老铁主编的“新昆山人文学丛书”之一，共有六辑，从中我们可以看出臧北在诗歌写作上成长之快。最初的《杜撰的爱》《古诗》两辑中的诗歌还比较稚嫩，但是到第三辑《有赠》他迅速成长，有了质的提高，并迅速跨过第四辑《癞蛤蟆之歌》的短暂反复，最后到《拟古》《也许是风声》两辑他基本找到了自己的写作方式。细读这本《有赠》，你会发现臧北的诗歌渊源有自。《有赠》这个诗集名称（也是诗题）本身会让人想起戴望舒的同题诗，并进而品咂到一种诗歌的古典韵味。戴望舒是20世纪30年代现代派的代表性诗人，在形式上他是完全现代的，他的诗歌体式、音节等处理得非常好，没有闻一多等新月派作家偶尔会出现的生硬之感。但是从诗歌风格上来说，他又是传统的，他诗歌情调里面虽然也掺入了现代的因素，但脱不了古典温婉、感伤、孤独的调子。凡是读过他的诗歌的人都会强烈感觉到他诗歌中弥漫的古典韵味，他对生命感受的抒发也是古典的，让人又不由联想到晚唐诗人温、李的诗歌。臧北的诗歌因着时间的淘洗，表面的颜色已经有所褪色，但是骨子里古典的情怀依然没变，他的情感在淡淡的抒发中，显得节制、温和。比较一下：

谁曾为我束起许多花枝，
灿烂又憔悴了的花枝，
谁曾为我穿起许多泪珠，
又倾落到梦里去的泪珠？
我认识你充满了怨恨的眼睛，
我知道你愿意缄在幽暗中的话语，
你引我到了一个梦中，
我却又在另一个梦中忘了你。

我的梦和我的遗忘中的人，
哦，受过我暗自祝福的人，
终日有意地灌溉着蔷薇，
我却无心让寂寞的兰花愁谢。

（戴望舒《有赠》）

我该用什么形容这岁月呢
那时缓时疾的飞鸟
从我的田野上空飞过
我该用什么形容这田野呢
数十年，我吸取它的养分
可它依然肥沃

在这块平缓的山坡上
杂草和我的麦苗一起成长
哦，我也将加入它们
在一次醉酒之后
我躺在温暖的土壤里

我的爱人早已成了它的俘虏
阳光下，懒洋洋的
伸展着臂膀

（臧北《拟古》之四）

虽然两诗所指不同，一为写爱情，一为写功业，但是在诗歌风格上都是采取一种低低的、倾诉的语调，又仿佛是自言自语，又仿佛是一个人独坐在风中的遥想。翻看一下臧北这本诗集，从《古诗》到《有赠》到《拟古》，无不体现出他的古典情怀。一个谦逊的诗人，他选择这种古典的诗歌美学是一种本能的，因为他低调、温和、不喜张扬，念兹在兹的是“深具东方诗的神韵“的“田园乡愁与牧歌情怀”（李伟超：《意象、意境与诗思 ——戴望舒诗歌民族品格的现代建构》）。这种古典的巢窠对于他温婉的心灵来说再合适不过。

但是，这种古典之风在诗歌上也有限制，那就是它能表达的情绪总是有限的，而且无论他在技术上、语言上如何创新，最终所呈现出来的格调总是旧的，与时代隔着一层，不能表现这新世纪人类脆弱的心灵不能承受之重。而且这古典的诗意有如老照片一般，虽然有一种泛黄的沧桑之美，但总不如新照片来得新鲜。而臧北似乎已经意识到这种诗歌风格的短处，也在寻找突破，尝试新的风格，比如近作今年出版的《南方七人诗选》中，他的《玛丽》等几首应该是新近作品，诗名完全是西化的，尤其是《玛丽》（“我们回到乡下吧”）一首在体式上采用长篇大段，虽然篇幅并不长，却让人有汪洋肆虐之感，在语言上放得更开，无所束缚，在信手拈来驳杂的语言中呈现出日常生活的诗意。

我相信臧北的诗歌，在不远的未来，一定会走得更远。

作者简介：思不群，原名周国红，1979 年生，文学硕士，苏州市作家协会会员，现居苏州。大学开始写作，有诗文发表于《敦煌》《绿风》《扬子江》诗刊，《星星》《翠苑》《浙江作家》等报刊，编有《苏州作家研究·车前子卷》(合作)。

倒淌的河流

——关于吴苏媚的纪实写作

朱红梅

吴苏媚的纪实散文有种天然的难度，在她自在、散漫如闲话家常的语言背后，涌动着生活的潮汐，她的所言所行所悟，如一径河流，却呈现出倒淌的姿态。万物都遵循着地心引力这一强大原则，她却以常人难以企及的勇气和毅力，去过一种迎难而上的生活，并记录下所见所思所得。她并不热衷于构筑文字的七宝楼台，因为在其质朴、生活化的表达之下，有着结结实实的生活作底。异于常人的敏感和特立独行，使得她自然就生活在了别人的上游。翻阅她的文章，可以在轻松俏皮的语词里，捕捉到某种逆势而上的生命力；她独自一人的旅行中不乏孤独、疼痛、危险，甚至饥寒交迫等等与幸福的常态背道而驰的东西，正是这一场场貌似自讨苦吃的历练甚至冒险，才让她具备了独处所培育出的强大，体会到疼痛碾压后空前的轻松，与危险伴生的极限体验，甚至只是一夕温饱后的满足与坦然……因为无法被轻易模仿和取代，她的写作从而具备了倨傲又独特的气质。

一

当“一场说走就走的旅行”之类的心灵鸡汤更多地挑起人心的逞强和冒险欲时，吴苏媚却用文字和行动，为所有将要出发和可能出发的人，提供了一个行动指南，或是一记当头棒喝。关于旅行，她是个强有力的实践者，又是一个诙谐而机智的记录者，她把一个美轮美奂的“旅人星球”，推送到所有好逸恶劳的读者的面前，告诉你，为自己打开一个全新的、生动的世界，并没有想象的那么困难。但是，她所处的真实，对大多数人却是一种近乎虚构的存在；换言之，相当一部分读者追捧、喜欢她，为她的文字与生活方式所倾倒，不是因为他们也会效仿这样的生活，而是因为终其一生，都不可能去践行这种方式。对于普通人来说，她的文字提供的只是一种近乎缥缈的“真实”：这样的人和人生真的存在，但你却永远无法企及！

这就是吴苏媚和“心灵鸡汤”的区别，她其实没有那么亲和、那么简单、那样易于复制，她甚至有些高不可攀。这个旅人的世界，离我们很近，也很远。人们可以选择喜欢她，或者不赞同她，只是无法忽略她。

而在吴苏媚自己看来，“旅游和旅行是两回事，短期的旅游是为了享受生活，找个美丽的地方度假。而长期的旅行，意义何在，只能自己去摸索，如果你真的听到了内心的召唤，就会走上这条命中注定的路途，寻找自己的答案”。[1] 她无意于充当导师的角色，负责给普罗大众一个正确答案。而人生的意义和价值，恰恰在于这是一个需要求诸自身的问

1　菊开那夜：《像嬉皮那样晃荡行走·后记》，第275页，人民文学出版社，2012年。

题，它只能从自己的内心出发，由自己探索和窥破，而不是别的什么人。

现实中大多数的人们，习惯于以世俗的成功为己任，对于幸福有着具体的定义和可量化的目标，生活中早就设置了种种边界和不能打破的常规。对于他们而言，生活是不假思索和因循的，一己的思考变得多余，甚至成为一种冒犯。不过，也总有着一小部分人，他们与身外这个喧嚣和功利的现实社会无法水乳交融，因为他们保有和珍视自己的内心世界，忠实于自我，灵魂时时发声，指引和督促着他们，偏偏选择一条艰难的小路来走。

吴苏媚就是这少数人中的一员。“人最难的就是与自己的心对话”，她意识到并做到了这一点。当大多数人在享乐主义的物质世界里打拼和漂流的时候，她却带着那么多的疑虑和心理冲突在生活，内心的痛苦让她对于现状诸多不满，而对于将来和未知，又存着那样深重的渴望和疑虑。旅行的过程，也是她逃离、寻找和释然的过程。她不是比大多数人高明，更不是全知全能，只是在对于未知的恐惧中，对人生世态的探求中，比普通人多了一点质询的勇气和行动的力量。“我想自己一定是个非常容易厌倦的人，内心深处潜伏着太多对未知的好奇，它的力量远远大过了对于陌生的恐惧。也许远方什么都没有，但是，如果不到远方，又怎么能断言什么也没有呢。”[2]

一个人的长途跋涉，看过无数的人和无数的景，也长久地体会到了那种路在脚下、水自东流的自由自在，使得她对于舍与得、爱与自由等人生关键词有了更为深入的体会和实践，也坚定了她独自行走下去的信念。书本可以教会我们那么多实用的成功经验和生活技巧，但是它们永远不能让你体会到脚底被磨出水泡的切身痛楚，也永远无法领略在异乡

---

2 菊开那夜：《像嬉皮那样晃荡行走·后记》，第276页，人民文学出版社，2012年。

繁星点点的夜空下，向大自然裸露自己最纯真睡相的坦荡……人生的安稳固然可贵，但若是将安稳视作固守成规，将复制设定的成功人生视作己任，就丢失了人生的真义。无论成功与否，人生对于每个人都只有一次，与其用来攫取一些虚幻的浮名及身外之物，不如积累更多鲜活的人生感受，去过精彩的“一手”人生。就像吴苏媚在书里所说：“人类需要用低成本的方式实现自由行走，有时，单单这样走着就能感受到灵魂的快乐。”[3]

由此看来，她的独自行走，即是她抵达自由彼岸的摆渡方式，她用尽力气只是为了抵制和反抗平庸之恶。在多数人竭力为人生做加法的时候，她则致力于为人生减负，果敢地对自己的生活修枝剪叶，回归一种简单和节制的人生。因为在这一切之上，有着她重视的精神生活。“只有当一个人身无长物地漂流在一个陌生之地，才能安静地、毫无挂碍地跟自己对话，面对心里最真实的想法。感受在这个世界上，什么才是真正需要的东西。——在真正的生命里，我们所需的东西极其有限：阳光、水、空气、整个大自然，这些最重要的东西，都是免费的……其实，真正重要的东西，自从我们出生以来，已经拥有了。”[4] 这些道理如此明白浅显，她却用脚步和汗水，为此做出了最好最生动的注解。

“旅行改变了我”，吴苏媚说。这种改变几乎是醍醐灌顶式的。从一个飞来飞去的“腐败游”拥趸变身为一个资深背包客，她的强大并非空穴来风，也并不是长久的心理建设的结果，而是一路颠簸下来自然生成的。人的胸襟与眼界的开阔程度，基本是成正比的；而拥有开阔眼界和胸襟的人，无疑更易获得坚强的内心。当她能够在即将进站的印度火

---

3 菊开那夜：《像嬉皮那样晃荡行走·后记》，第 276 页，人民文学出版社，2012 年。

4 吴苏媚：《去印度学倒立》，第 4 页，江苏人民出版社，2012 年。

车上，众目睽睽之下，堂而皇之地用裹裙为遮挡，迅速地换下被婴儿屎尿弄脏的尼泊尔长裤，那种非常态的时刻下，她自然流露的冷静、机智和坦然，已然宣告，她与出发之初的那个吴苏媚，早已判若两人。

“解放自己，让自己活出更多的可能性，活出个人的自由意志来，是一件值得尝试的事。如果年轻时候不尝试，你可能只是把别人的生活重复一遍。你不曾让自己丰盈过，你没有去聆听自己内心深处阵阵的声音。”吴苏媚将自己的第二本游记命名为《去印度学倒立》，她在后记里说，我学会的不是肢体上的倒立，而是观念上的。这可要比headstand难多了。我懂得了用另外一种角度去看待生活，看待生死，看待一切。——而这样的改变，在吴苏媚看来，它不用去刻意追求，是会自然而然发生的。因为刻意代表执着和欲望，它必将打破平衡，与自由背道而驰。而自然的改变，是一种必然，就像人必然要生活在内心的平衡和自由当中一样。

二

写作其实就是一次次突围，不是为了超越别人，而是为了克服自己。作为一个自由写作者，吴苏媚从网络文学起步，早期著有一系列青春言情小说，颇有人气；而她的游记，则真正呈现了一个独立、果敢而富有勇气的女性形象——在她单薄、纤弱的外表下，潜伏着一个既能享受世俗生活，又能想飞就飞起来的灵魂。

在多数人将旅行定格在游玩的层面上时，吴苏媚却一头扎进了自己的苦旅之中，并称其为“修行”。她近乎严苛地对待自己的衣、食、住、行，以守住“钱袋子”为己任，也因此，她收获了沿途诸多陌生人的善意和施舍，也颠覆了往常自己对于“得失”的初心和成见。她“苦其心志，劳其筋骨”，并且也没有一个天降的大任需要去完成，这种近乎跟自己过不去的做法，却给她的写作带来了别开生面的气象。

读她的文章，我常常不由自主地捏一把汗，无论是在语言不通、人地生不熟的越南，遭遇兔唇车夫的勒索；还是孤身一人在尼泊尔，腹泻到脱水的惨状；甚至是深更半夜，搭陌生人便车的凶险……很多时候，你不能理解她近乎冒险的执着，比如，凌晨时分在异国街头来回奔走，只为省下一点住宿开销；风雪交加的时候，去走九死一生的安纳普尔纳大环线……

正如不能洞悉她独自行走的动机一样，我也无法深刻地领会肉体与精神的双重冒险究竟给她带来了多少的愉悦和震撼；文字的狡黠就在这里，它让我们了解了很多，同时也明白——自己错过了更多。

从国内到国外，从印度到中东，乃至地球上更遥远的国度，吴苏媚的旅程渐行渐远，其间，写作无疑起到了推波助澜的作用。首先，这是她主要的谋生手段，她依赖和信任自己手中的笔，也对自己的才华和生活方式抱有某种自信。在她的字里行间，不经意就流露出对于当下旅居生活的满意和自适。

而且，写作是她内心的需要，是自我袒露的表现，也是她认识这个世界并与其沟通的途径与方式。她是个话不多的人，即使在热闹的一群人中间；她最擅长的，就是把满腹情思演绎成笔底波澜，让它们像涨潮时的大海一般，一波一波涌来，将读者冲刷或是击打；她又是用文字在梳理自身的经历和观念，让它们互相碰撞，彼此塑造。

在《我的中东》后记中，她说，我始终认为，最美的旅行，事先没有地图。连你自己也不知道下一步去哪里，这不是更有趣吗？你把自己完整地扔在陌生的土地上，抛给未知的岁月，完全地丢掉了过去，也没有将来——所谓彻底的自由，大概就是这个意思。

在行走和思考中，她一步步逼近了她想知道的答案和真相——我们需要什么样的生活，以及，靠什么样的途径来抵达它。

有人说，文学的意义并不在于它能告诉我们生活是什么样子，而是在于它要告诉我们生活应该是什么样子,这也许才是它更大的“可能性”。——正是这种“可能性”，让阅读者获得了重新审视自己生活的角度和距离，懂得在比较和差异中领会生活的复杂和丰富，人生的美好和不可预知。也许是天赋，或者是巧合，吴苏媚与这种可能性迎面撞上了。

李娟在《阿勒泰的角落》里说，自然总是公平的，总会平息一切突兀的情感。她是从人自身以外的地方找到了信仰和依靠，获得了力量。在她的视域中，自然凛冽而又慷慨，在遵循其威严法则的同时，也孕育出无限生机，赐予人类一切，人只要顺势而活。李娟的天与地是开阔，踏实、一览无余的。而吴苏媚却带着我们走向了丛林深处，那里不仅是自然的丛林，更是人类的丛林，遇见形形色色的陌生人，跟他们对话，交流情感,或是给予恶意……那种向不可预知的困难和危险挑衅的态度，让人不自主地心惊肉跳，却又暗自欢喜。她勾引出人类禀赋中就有的冒险精神，和对未知的某种恐惧，每走一步都像踩在厚厚的草丛里，让人领略到清新的草香和松软的快感，也常怀一种惴惴的不安——在前方的某一处，是否潜藏着未知的困难和威胁!

答案是显而易见的，并且可能遇到的最大的逆境，往往源于自身。长期的旅行和不间断的自省，日常生活所掩盖的消极自我常常暴露无遗：自私、无知、怯懦、畏惧、墨守成规、好逸恶劳……这些蛰居在自己内部的消极因素才是阻挡自我获得自由的根源所在。

所以，文字记录下的每一段旅程都是一次次的交锋，外界和自我，自我和自我，好的“我”和那个不怎么样的“我”……正是在这种悲喜交集、自我互搏的复杂体验中，吴苏媚将自己的弱点和痛处，看得明明白白。她是在借助文字,来完成对于自己的梳理和清算。吴苏媚曾说《像嬉皮一样晃荡行走》是本“快乐的书”，她认为“人生最重要的事情就是寻找快乐”。不过行走带给她的，当然不仅仅是快乐，走过每一程，她都在完成着对自己的刷新。每一次的出发和归来，她早已经不是原来的那个自己了。

对于像我这样的读者来说，不费吹灰之力得来的感悟，正如隔靴搔痒，雾里看花，远不是主要的。重要的是，置身于喧哗的时代列车上，我们每个人都被速度和惯性挟持着，一往无前。蓦然看见一个人，在文字搭建的静谧时空里，自己与自己对话、搏斗着，总有种莫名的敬佩和感动。而这种敬佩和感动之下的心理活动，才是文学与心灵真正相关之处。

所以，吴苏媚解放的不只是她自己，那些被她的行动或文字所感动、所蛊惑的人，在他们心里的某种平衡被打破的同时，已经迈出了不寻常的一步。文字的力量也许微弱，但只要它的存在还能激起一些人尝试的愿望，尝试着“去聆听自己内心深处真正的声音”，那它的意义就已经得以体现：它解放了更多人的心灵和愿望，让更多的“可能性”被释放了出来。

当然，即使没有以上种种理由，吴苏媚的写作仍然是迷人的。她的文字与人如此契合，机敏、率性、有趣，常有即兴的抒情和感怀，却没有半分的浮夸、做作和故作高深。文学的意义和难度，这些书生气的问题，可能在她来看，都不在话下。她在还年轻的时候已经成长为一个文章老手，对语言的掌控如此自信和自如。作为一个对写作有态度，已经具有良好语感的写作者来说，她的行走和写作变成了自己的两条腿，保持平衡，并且互相成全。这给她的人生带来了许多意想不到的气象。就像她在自己的书里形容的，“月明星稀，风沙四起”。

作者简介：朱红梅，原籍镇江，现居苏州。2003年毕业于苏州大学中文系，文学硕士。江苏省作家协会会员。业余从事散文、文学评论写作，出版散文集《一风吹散》。

幸福的阐释与阐释的幸福

——徐玲作品印象

胡笑梅

文学是有使命的。成人文学侧重通过粗粝残酷的生活真相，追溯生命的本质和人生的意义，儿童文学主要通过细腻温情的现实场景，阐释成长的理想和幸福的真谛。纵览徐玲的儿童文学作品，几乎每一部都以童稚明净的语言、生动隽永的故事，阐释人类亘古不变的追求——幸福。

什么是幸福？见仁见智，莫衷一是。在徐玲笔下，幸福不是遥不可及的流星，而是触手可探的生活点滴："幸福就是在饥寒交迫的时候，可以端上一碗热气腾腾的面条"[1]，"幸福就是当你一觉睡醒，闻到了爸爸熬的大米粥的清香……最大的幸福，是每天跟亲人在一起"[2]，"珍惜和自己所爱的人在一起的时光，并且好好地爱自己，尽量做到没有遗憾"[3]。聪颖的作者从不板起面孔做道德的评判，她就像慧心天成的织女，以妙笔为银针，以幸福为丝线，精心为孩子们编织出一幅幅关于家庭与学校、城市与乡村、成长与蜕变的锦缎玉帛，一丝不苟地用园丁的爱心和责任，用作家的良知和担当，为孩子们的身心健康成长保驾护航。

---

1 徐玲：《我要努力去长大》，第 110 页，浙江少年儿童出版社，2014 年。

2 徐玲：《等你在千里之外》，第 5 页，浙江少年儿童出版社，2014 年。

3 徐玲：《我想和你在一起》，第 128 页，中国少年儿童出版社，2014 年。

家·校·时尚元素

徐玲是一位奋战在基层教育前线的优秀教师，也是一位贴近青少年儿童生活的多产作家。教师和作家的双重身份，让徐玲在教学和写作中游刃有余，自由转换。她既能准确把握多姿多彩的儿童世界，“在故事里思考，在思考中创作”[4]，真实再现他们的语言、爱好和情感；也能巧妙地“在创作中植入快乐和感动的因子，让读到它的人都能收获智慧和幸福”[5]，沉潜于纯真无邪的童心天地，快乐着儿童的快乐，悲伤着儿童的悲伤，像春风，如春雨，悄无声息地把真、善、美，把快乐、希望、幸福的种子播撒到儿童的心田，用人世间最动人的亲情、友情、师生情拨动他们的心弦，引领他们在对平凡生活的感悟、感动、感恩中茁壮成长。

徐玲的小说题材虽然重在与孩子成长息息相关的两个方面，一是家庭，二是学校，但二者之间却不是片面孤立的，而是通过主人公活动场景的切换，把家庭、学校和社会生活有机联系起来，从而为小说设置更为广阔的背景环境，让小说的人物形象更丰满，让小说的故事情节更丰盈，让小说的主题更丰厚。在“我的爱”系列小说中，徐玲充分发挥女性作家特有的细腻、温婉、精致，将如水柔情的母爱，如山伟岸的父爱渲染得淋漓尽致。《我会好好爱你》通过一个自始至终从未露面的大熊父亲，一个举止神秘的坚强母亲，一个徘徊在真相之外的女孩熊苗苗，一群可爱真诚的“合谋者”，共同演绎了一曲爱之切切又痛之浓浓的交响乐，让读者在催人泪下的娓娓叙述中，走进一个爱意绵长的世界，感受母亲为爱女而承担的重压，女儿为希望而承受的忍耐，亲朋好友为责

4 徐玲：《我会好好爱你》，第9页，中国少年儿童出版社，2014年。

5 徐玲：《我会好好爱你》，第9页，中国少年儿童出版社，2014年。

任而付出的努力，最后，当疑窦重重的悬念揭晓之时，亦是人间至爱彰显之日！其姊妹篇《我想和你在一起》，实际上沿用了中外文学史上的“寻母”主题，例如我们耳熟能详的我国特伟的《小蝌蚪找妈妈》，日本宫崎骏的《三千里寻母记》，韩国申京淑《妈妈，你在哪里？》等，小说表面描写秦小琲千辛万苦寻找妈妈的历程，实际上侧面表达母爱对一个人身心成长的重要作用，以及世间另一种超越血缘的至爱亲情。秦小琲很幸运，在大家的帮助下，找到了善良、美丽、无私的“妈妈”舒亦楠；读者也很幸运，徜徉于徐玲小说的字里行间，找到可以支撑我们幸福一生的能量——爱。人们常说“女儿是母亲的贴身小棉袄，是父亲的前世小情人”，很少有人具体比喻过儿子和母亲、儿子和父亲的关系。但，自古至今，儿子对母爱和父爱的讴歌从未断绝。在孟郊的笔墨里，母爱是“慈母手中线，游子身上衣”，在朱自清的回忆中，父爱是“蹒跚的背影”，在《我和老爸的战争》中，赵天平和赵子牛父子是互不服输的两个男人，“像一个笼子里的两只老虎，互相撕咬，互相折磨，谁也不肯退让”[6]，直至遍体鳞伤之后，才发现彼此是世界上最在乎、最重要的人，故事尽管有些另类，却在我们身边真实发生着，给人一种意料之外的震撼和感动。徐玲曾如此比喻：“如果我们是一列懵懂的火车，那么爸爸妈妈就是我们身底下两条并肩的铁轨，他们以仰卧的姿态，匍匐于蓝天之下、大地之上，托举起我们的身体，为我们舒展开前进的路，送我们到达幸福的未来。”[7]诗意形象地告诉读者：真水无香，大爱无言，我们一定要在拥有时懂得珍惜，在相处中学会相亲相爱，千万不要留下丝毫“子欲养而亲不在”的遗憾。

《流动的花朵》是一部励志小说，也是徐玲最有代表性、最具影响

6 徐玲：《我和老爸的战争》，封底，中国少年儿童出版社，2014年。

7 徐玲：《我会好好爱你》，第7页，中国少年儿童出版社，2014年。

力的校园小说。推开这扇精美的窗户，仿佛打开一部农民工及其子女，为改变个人及家庭命运的城市奋斗史：主人公王弟，和其他农民工子女一样，随父母从偏远落后的山区来到繁华发达的城市，租住在城里人闲置的车库或破旧的公寓里。艰苦的物质条件，不但没有浇灭他们对美好生活和辉煌未来的希望之火，反而锤炼了他们永不言弃的坚强品性。同时，他们也收获了城里孩子的真诚友爱、身边老师的悉心呵护，以及周围邻居的热心关照，与城里孩子共享社会优质教育资源和均等的教育机会，树立正确的人生观、世界观、价值观，奠定了改变其一生命运的基石。“流动的花朵”，是自卑脆弱的花朵，呼唤更多的阳光和雨露；“流动的花朵”，是乐观坚韧的花朵，值得更多人学习和敬重；“流动的花朵”，是内涵深邃的花朵，它让我们惊喜地发现，在这座美丽的城市里，流动的不仅是花朵、是云彩、是清风，而且是梦想、是真情、是感动，这一切都是儿童健康成长的生命动力和幸福密码。

此类书写家庭亲情和校园生活的小说，有一个共同特点，那就是立足当下，很“接地气”，字里行间充满时尚元素。文本中的“经济危机”“出国留学”“网上购票”“电话订票”“无缝对接”“首席理发师”“高层电梯”“蜘蛛侠”“木糖醇”“汉堡包”“下岗”“给力”“surprise”“iphone5”“炒股”“超女”等词汇，看似信手拈来，实则匠心独具，直接反映着孩子的生活现状和时代的发展变化，让人有一种脚踏实地的亲切感和身临其境的真切感，极富表现力和感染力。

城·乡·苏州味道

文学创作作为一种创造性的精神活动，具有鲜明的主体性，每个作家都有各自熟识擅长的题材和领域。正如冈察洛夫所说：“我有（或者曾经有）自己的园地、自己的土壤，就像我有自己的祖国，自己家的空气，朋友和仇人，自己的观察、印象和回忆的世界——我只能写我体验过的东西，我思考过或感觉过的东西，我爱过的东西，我清楚地看见过的和知道的东西，总而言之，我写我自己的生活和与之长在一起的东西。”[8]可见，对作家而言，人生阅历（无论苦难还是幸福）是一种具有审美特征的认知方式和记忆体验，对创作会产生广泛、深刻而持久的影响。在很多作品中，都能找到作家本人生活的影子和痕迹，例如夏洛蒂·勃朗特《简·爱》、高尔基《童年》、曹雪芹《红楼梦》、艾青《大堰河，我的保姆》、萧红《呼兰河传》等，比比皆是。

徐玲也不例外。她生长在长江南岸的一个小乡村，是农民的后代，对广阔的农村有着特殊的情感，长大后，又定居城市工作生活，亲历了苏南乡村的飞速奋进和城乡一体化的显著变革，她惊诧于“生我养我的乡村彻底变了，变得年轻，变得朝气，变得亮丽，变得生态，变得文明”，她兴奋得像一个时代的鼓手，更像一个希望的歌者，用蓬勃铿锵的文字旋律，书写现代乡村的民风民情，讴歌现代乡村的文化文明，“激发更多的人关注乡村、发现乡村、建设乡村和热爱乡村的热情”[9]。《桑桃的村庄》以作者的亲戚为故事原型，真实再现了沿海大都市和江南小乡村的今昔变化。曾经的城市，发达、繁华、热闹，什么都有；曾经的乡村一穷二白，湿漉漉、脏兮兮的泥土路，低矮破旧的茅草房，“跟城市没法比”[10]，曾经的乡下人“跟城里人也没法比”。现在的城市，由钢筋、水泥、混凝土构建而成，虽然“什么都是簇新的，什么都是世界上最先进的”，但一切都显得局促、紧张、不安，城里人“住的是上不着

8 冈察洛夫：《迟做总比不做好》，“古典文艺理论译丛”第1辑，第189页，知识产权出版社，2010年。

9 徐玲：《桑桃的村庄》，第1页，希望出版社，2013年。

10 徐玲：《桑桃的村庄》，第196页，希望出版社，2013年。

天、下不着地，而且贵得吓死人的鸽子笼；出门闻的是尾气，听的是噪音；回到家吃的是饲料鸡蛋、激素鱼”[11]；现在的乡村“有枕河的粉墙黛瓦，有花园式的联排别墅；有蜿蜒的盘山公路，有便捷的乡村轻轨；有一望无垠的油菜花地，有热闹繁华的购物广场；有参差动听的蛙鸣蝉叫，有无拘无束的山歌笑语……”[12]既享受优美的田园风光，又享受发达的现代文明。从新农村建设到城乡一体化发展，让每一个乡村人及其后代倍受鼓舞，满怀感激，心存自豪；让每一个城里人及其子女瞠目结舌，另眼相待，心向神往；让每一个读者清晰地感受到：乡村和城市的距离，不再是地与天的距离，而是兄弟姐妹般情同手足，共荣共生，“手握手、肩并肩，你中有我、我中有你的依靠和相携并进”[13]。

鲁迅先生在答复沙汀和艾芜《关于小说题材的通信》中，强调小说创作的“选材要严，开掘要深”。以此观之，徐玲的作品，之所以引人入胜，正是因为长期浸润苏州文化的精致、优雅、温婉，所以才会像苏州园林一样曲径通幽，开口很小，挖掘很深，切入很妙；徐玲的作品，之所以回味良久，正是因为她有苏州人的柔韧、娴静、安适，所以她才会坚守创作信仰，始终书写对社会、对人生有价值的作品，大力弘扬真善美，用心传递正能量。《等你在千里之外》从“我”手上小小的冻疮落笔，极力渲染江南冬天的阴冷，含蓄暗示“新年”的迫近，巧妙引出关于“回家过年”的激动心情和曲折故事，深刻揭示农民工及其子女“打工之路的艰难”和“回家之路的艰难”，以及中国特色“春运大潮”的伦理本质——浓厚的乡土情结。毋庸置疑，农民工兄弟，是城市发展不可或缺的力量，为了建设美丽都市，为了改善生活条件，他们背井离乡，

---

11 徐玲：《桑桃的村庄》，第197页，希望出版社，2013年。

12 徐玲：《桑桃的村庄》，第104页，希望出版社，2013年。

13 徐玲：《桑桃的村庄》，第248页，希望出版社，2013年。

把辛劳的汗水留给异乡，把思念的泪水留给家人，每到年关，他们既为出门发愁，又为团聚祈祷，无论汽车、火车、摩托车，大风、大雪、大寒，再穷、再苦、再难，千难万险，千山万水，千方百计，心中只有一个念想——回家团圆，因为这是对望眼欲穿的家人的庄重承诺。尽管回家的路很长、很远、很难，但是回家路上，房东奶奶的一双“编织手套”，超市老板的一个“打折猪脸面包”，城里同学的一台“便宜照相机”，老师送的“龙宝宝和笑脸娃娃”，大作家的“亲笔签名书”，从手到胃到心，抚慰着“城里的候鸟”和“流动的花朵”，温暖着他们的漫漫回家路，栩栩如生地勾勒出和谐社会的动人画卷。

值得一提的是，徐玲作品中的“港城”，就像福克纳笔下的奥克斯福小镇、莫言的高密东北乡、苏童的香椿树街一样，成为其作品中特有的符号和象征。尽管作者没有正面描写苏州，但无论是写景、记事，还是塑人、抒情，处处流淌着浓郁的苏州味道——小桥流水、粉墙黛瓦、古镇幽巷，氤氲着一派安宁祥和、恬淡惬意、文明富庶的气象。

成长·蜕变·中国特色

“成长”是儿童文学最常见的主题之一。

安徒生《丑小鸭》通过丑小鸭最终战胜暴力和冻饿，走出精神的歧视和隔膜，表现生命冲出逆境的精神力量和蜕变成长；约翰娜·斯比丽《海蒂》通过小海蒂的成长，表现儿童的成长智慧和胆魄，以及儿童世界的深邃和广阔；黑柳彻子《窗边的小豆豆》通过纯真可爱、懂事善良的小豆豆的成长历程，让读者爱上尊重学生的小林校长，爱上自由开放的巴学园，并深刻反思当下家庭和学校教育的弊端所在。这些作品，都直接或间接地启迪儿童，认识自我、生活、世界，辨别真善美和假恶丑，找到通向幸福未来的路径。徐玲的小说，不但有着中外优秀儿童文学作品中的“成长”精髓，而且能以小见大，从一个主人公的“成长”，拓展到一群人、一个城市、一个乡村、一个国家、一个民族的“成长”，让单薄、单纯、单一的“成长”主题变得具有厚度、宽度和高度。

如果“成长是一件身不由己的事，与其抱怨，不如勇敢地接受，快乐地面对”[14]。《我要努力去长大》较为集中地叙述了“个体”的自我成长。主人公巫当当，是一个被青奶奶收养的男孩，特殊的身世和困窘的生活，使他特别自卑、胆小、脆弱，觉得自己就是一个彻头彻尾的“倒霉蛋”，不敢奢望未来，更不敢想象长大。“倒霉的”他，为了赔偿枣枣的笔袋，鬼使神差偷了奶奶的钱，羞愧不已离家出走；收养他的青奶奶哮喘反复发作；鬼爷爷的早餐店被迫关门，他和青奶奶失去了生活的来源……一次次地遭受身心的打击和伤害，又一次次地获得鬼爷爷、青奶奶、老师、同学、《假如给我三天光明》的呵护和鼓励，当爱与责任在心底滋润、发酵、膨胀，巫当当听到骨骼拔节的声音，同时也听到心灵成长的声音，终于可以“大摇大摆”、自信、乐观、勇敢、坚强地面对人生，憧憬未来。《流动的花朵》则塑造了王弟、王花、钱国钱、叶客倩、刘端端等外来民工子弟“群体”成长，他们在全社会的关注中，在学校老师的教育下，在自我与他者的观照中，成长为懂礼貌、守规矩、有理想、自尊自爱、自立自强、不卑不亢的文明新市民。是的，“苦难是人生的必修课。吃苦也是一种珍贵的经历，只要不被苦难打倒，挺起胸膛站起来，一切都会过去……只要我们自己看得起自己，自强不息，没有人能看低我们”[15]。《桑桃的村庄》通过一个微小家庭的故事，叙写了现代乡村的巨大变革，折射出城乡一家人的亲情，乡村人负重奋进的意志，城市人搏浪创业的精神，这是“乡下的成长，乡下人的成长，我们大家的成长”，也是“一个民族的成长，整

14　徐玲：《我要努力去长大》，第69页，浙江少年儿童出版社，2014年。

15　徐玲：《等你在千里之外》，第108页，浙江少年儿童出版社，2014年。

个国家的成长”[16]，使其小说水到渠成地拥有了开阔的视野和思想的高度，并在审美的文字里，润物无声地融入了作家的人生观、价值观，以及对具有富裕、文明、人性美、道德感、法治世界的呼唤，具有一种鼓舞人心的强大力量，就像作品中随处可见的“阳光”意象一样，时刻给人以温暖、光明、希望和憧憬。

写作是为时代作证。徐玲直面现实，从不刻意“去政治化”，其小说中所涉及的，那些“贵得离谱的房价”“拆迁”“家电下乡”“送戏下乡”“农民工团体票”“大学生村官”“上海世博会”“铁饭碗”“年货街”“校本教材”“经典诵读”“择校之风”“三集中（农民向社区集中，耕地向规模经营集中，企业向园区集中）原则”等，都是中国特色社会主义建设过程中的新表情、新名词，是研究和描写中国特色社会主义建设新现象、新成果所绕不开的话题。对此，徐玲能够举重若轻，收放自如，而且，她还敏锐发现每次重大活动前，中国特色的冗长的“领导发言”（《流动的花朵》《等你在千里之外》），以及理想预设和现实操作的矛盾（购买民工团体票的弊端），充分彰显了其难能可贵的文学才情和写作智慧。

16　徐玲：《桑桃的村庄》，第248页，希望出版社，2013年。

毋庸置疑，徐玲是一个“会说故事，能把故事说好，能把好故事说得更好”的作家，她驾驭家庭、学校、城市、乡村题材的技术已经炉火纯青，臻于完美。只是，小说创作是一个永无止境的高峰，在未来的写作中，如何突破已有成熟的写作模式，让读者心中对徐玲作品独有的幸福要义和丰沛正能量的认识更为巩固？如何让“江南书院”凭着徐玲一个人的不懈坚持，制造出中国儿童文学的一个传奇和样板？这些都注定了徐玲的创作将会经历更多的艰难跋涉和自我超越。我相信，这些正是善于思考和创新的徐玲正在想着、做着、幸福着的事儿。

作者简介：胡笑梅，女，1976 年生，浙江宁波人，教育、文学双硕士，江苏省作家协会会员。首届“金圣叹文艺评论奖”获得者，出版文学评论专著《楼梯上的三重奏》《梅花怒放的盛宴》两部，在《文艺报》《文学报》《民族文学》等发表文章四十余篇。

许瘦蝶文学创作

许 霆

许泰（1881—1948），字颂和，又仲瑚、颂瑚、仲蝴，亦字久安、疢庵、疢盦，别署瘦蝶。江苏太仓人，擅诗词，亦能小说、小品文。在《小说丛刊》《红杂志》《礼拜六》《月月小说》《著作林》《申报自由谈》等刊物发表小说、诗词和杂论，是民国新旧文学过渡时期的重要文人，与郑逸梅等众多民国文人过往甚密。如郑逸梅早期作品《味灯漫笔》和《近代野乘》合集出版时，收录了十人题词，其中有柳亚子先生的题词，而许泰以许瘦蝶署名的题诗居然列名第一（排列次序可能据收稿先后）。据《上海新闻志》说，许泰又是《新闻报》副刊“快活林”等的经常撰稿人，与民国时期诸多江浙沪报刊均有密切联系。

一

许泰留存多篇述说家族事考的短文。据《高阳宗支表自序》说，“吾族著籍徽歙，世居许村。自始祖某公迁鹤以来，弈叶绵延，已历数世。大率致力商业，间有精究医理者。继继绳绳以逮于今”。可惜，许泰编撰的高阳宗支表至今未见，无法具体考证其先祖事迹。另有《先考事略》《先妣事略》《元室事略》等，保留了简略的家庭情况。据此我们知道，其先父维坚，号厚山，国学生；其先母陆太孺人，事亲以孝谨闻。家庭

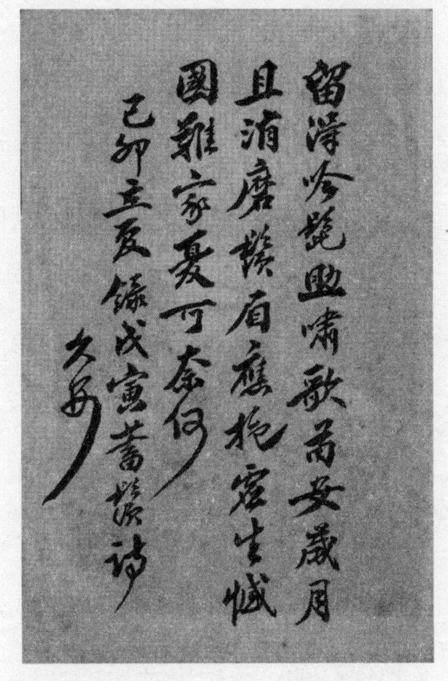

许瘦蝶（左）

许瘦蝶题诗

曾经洪杨之乱，生活艰难，父亲弃世时许泰仅五岁，所以他经常说的话就是“余少孤失学”（《蝶衣金粉自序》），“余生五岁而孤，赖母氏含冰茹蘖，抚之教之，始获成立”（《疚盦名说》）。许泰于庚子年（1900）与郑氏定芬结婚，生有四男两女，其中三男汝飞越三载而殇。家境较为清贫，依靠授业、卖文、就商隐居鹤溪为生。他的同乡陆稚勤在《蝶衣金粉》序言中说：“（许泰）幼即耽翰墨，能文工诗词。唯其人耿介绝俗，不屑功名富贵，品格迥非庸俗比。……当童冠时，余负笈他乡，瘦蝶亦就商印水（今太仓沙溪）。”

据现有资料，其文学创作经历大致是：学诗于名士毛丹梧，“偶成韵语，就质诸毛丈丹梧，每蒙奖饰”。1903年参与《海上同文沪报》消闲社吟咏，“与海内吟坛相周旋，获交社中诸健者”。1907年，居太仓岳王，与陆墨缘、金翼谋等唱和。1908年后，角逐于丽则、著涒文社之间，广结翰墨之缘。1922年参加虞社，1924年加入甲子吟社，“时相切磋酬唱几无虚日，所作渐夥而所业亦渐进焉”（《啸秋阁诗钞自序》）。抗战期间，蛰居故乡，杜门养晦，偶出感愤，托之篇章。自述“顾性喜涂抹，有得辄散佚。壮岁以还，致力于各报及杂志，借以刊布，益复不自存”（《元室事略》）。现在能见到他写的《上去辨似自序》《纪年倡酬集自序》《蝶麟酬唱自序》《我梦园十二金钗传自序》等，但未见相应著作存世。许泰存世著作有小品文杂论集《蝶衣金粉》（1922年12月新声杂志社版）。1946年10月在胜利印务局出版《许瘦蝶全集》。1947年4月将自撰的“鹤市续志”与“鹤市志略”合为一册，由胜利印务局出版，发行一百五十二册，内记载了王同文、薛金奎、陶德辉、王道士等乡贤抗日事迹。民国三十二年日军侵占太仓，许泰写有《壬申国难记》，真实记录了日军的侵略罪行，今列入《太仓县志》附录，永久地保存了这一历史真相。

许泰逝世后，郑逸梅发表《诗人许瘦蝶病逝鹤溪》，对其生平事迹和为人品行都有较为具体的叙说。这里引录其中两段：

> 年逾古稀之诗人许瘦蝶，顷以逝世鹤溪闻矣，虽生不逢辰，丁斯乱世，关山戎马，举目兴悲，其死固亦良得，然词坛耆旧，硕果不存，黄垆之恸，自有不能已于怀者。瘦蝶讳泰，字颂和，又字久安，一作疚庵，瘦蝶其别署也。学诗与名士毛丹梧，擅作绮丽缠绵之词，实则其人殊拘谨，生平不二色。癸卯，《海上同文沪报》，附设消闲社，专刊文艺，乃投笺入社，与海内吟坛相周旋，获交社中诸健者。丁未，客鹤溪，与陆墨缘、金翼谋相唱和。戊申，南北两社邀峙，南曰丽则，北曰著涒，词人云集，瘦蝶角逐其间，翰墨之缘益广，及文运中衰，旋即告辍。陈蝶仙起而创《著作林》于西湖之滨，把臂入林，湍飞逸兴，讵未两期，戛而亦止。壬戌，遇海虞陆醉樵，招入虞社。甲子，陆冠秋创甲子吟社，约之相助，与痴隐、鹗士、次青、翼谋、冠秋、无悲、小鹤辈，唱酬几无虚日，间亦为小品杂文，

发表于《申报·自由谈》，及予任编务之《金刚钻报》为多。

及夷氛扫尽，海宇澄清，乃欢然相叙，证诸文字，揆诸志节，感萍踪之聚散，话尘劫之沧桑。瘦蝶作而叹曰："幸哉吾侪之不为浊流所污也！岁寒三友，其可续乎？"瘦蝶磊砢偃蹇，独啸空山，未受暴秦之封，依然高超其德，因自拟为松；小鹤直节虚心，不改淇园之操，而神情潇洒，穆如清风，可比之竹；无悲孤山隐逸，与梅为缘。堪与松竹为伍，遂绘《岁寒三友图》，以留鸿雪，洵佳话也。

郑逸梅的两段文字，前段较为具体地介绍了许泰的文学事迹和翰墨之缘，尤其是"绮丽缠绵"更是点明了创作风格。后段则述说许泰的文品人品，予以高度赞扬。许泰留有《岁寒三友图记》，意在"息壤在彼，借以相勉"，说："岁不寒，无以知松柏；事不难，无以知君子；旨哉言乎。此世所谓松竹梅为岁寒三友也。夫夭矫长松，四时不改；萧疏修竹，万竿常新；而梅能见天地之心，傲冰雪而吐，愈寒而花愈烂漫；并列为友，不亦宜乎？"

二

许泰自述"偶有所作，信手散佚，不自存稿"，所以其文学作品大都发表在当时的江浙沪同人杂志，但真正编辑出版存世的著述仅《蝶衣金粉》和《许瘦蝶全集》两书。

《蝶衣金粉》是许泰的前期著作，出版在民国十一年十二月一日，总发行处为新声杂志社（上海南市王家码头 225 号），中国印刷厂印刷，当时定洋四角。郑逸梅在后来说到该书时说："曾汇刊之为《蝶衣金粉》，凡三册，今已绝版矣。"由此看来似乎《蝶衣金粉》有三册，但该书的版权页明确注明的是“全一册”，令人不解。证之书中诸人序文，有人提到《蝶衣金粉》有皇皇三十万言，而且编定为十类：文潮、歌坛、志林、瀛谭、野乘、谐薮、说苑、艳话、吟社、钟楼，似乎确有三册的篇幅。但最后公开印行的仅不足二十万言，所列也仅有前五类内容。这其中的真实原因和编辑过程现在无法获知。

要了解《蝶衣金粉》的写作，需要阅读作者的自序。《蝶衣金粉》文前有七篇序言和六篇题词，其中第七篇序言为自序，其余都为同人所撰。自序较短，这样叙述出版因缘：

> 余少孤失学，于文无所不窥，偶有所作，信手拈来，不自珍惜。十年以还，目击政潮之变幻，风俗之颓靡，杞忧无已，辄借滑稽文字以宣泄之，间及稗官野乘，用自排遣，积之既久，裒然成帙。比因目疾日剧，行将辍笔，以爱吾者之敦促，汇辑而付诸剞劂，颜曰蝶衣金粉，以公同好。

这里透露的信息告诉我们，《蝶衣金粉》中作品的基本写作时间大致是出版之前的十多年间，也就是辛亥以后的十年间。天虚我生客在序中说：“予与瘦蝶为文字交近廿年矣。曩时海上报纸，惟新闻报载文苑稍多，予别署为惜红生，同文沪报辟消闲录，而文会乃大盛，游戏之作，日新月异，一时骚坛健将，皆效力于其间。瘦蝶与予倡唱，即自兹始。”“民国建元以后，钝根辟自由谈于申报，始复见瘦蝶之名。由是复以文阵相抟战于翰墨之场。八年于此，国事屡变，人事日非，而吾侪之结习则犹似昔，唯无所表其志，则但嬉笑怒骂而为文章。瘦蝶于笔耕墨薅尤勤，积稿乃如收获之仓箱俱满。”其时许泰正当青壮年，是其创造力极其旺盛的年份。了解这一写作时间和写作情状，如果我们再把这时期的《蝶衣金粉》中的作品放在这十多年的政坛和文坛中去考察，就能充分见出其独特的文学史价值。

首先，这是政局剧烈变动的年代，王权倒塌，辛亥革命成功，但不久又失败，军阀混战连绵，外族入侵，卖国条约签订，袁世凯称帝，新文化运动兴起……一幕幕地在历史舞台上变幻着，意识形态的激烈变革导致文学价值多元。许泰蛰居的江南小镇也是风波不断，先是县民政署通告改用公历，撤州建县，建民众自卫队，维持地方治安；接着讨袁南军与北洋军队在太仓兵戎相见，几乎酿成屠城；又是连续多年天灾人祸，米价飞涨，民心恐慌；后是“齐卢之战”灾民涌入，施粥救济。因此许泰对此的概括是“政潮之变幻，风俗之颓靡”，是非常准确的。许泰《蝶衣金粉》中的作品也写友朋唱酬和纪游访古的题材，但多数作品都是对于时代风云和风情变幻的直接呼应，是“杞忧无已”、借以宣泄、“用自排遣”之作，绝对没有无病沉吟之文。正如学者所说：“虽说全书的文笔大都绮丽多姿，但是，纯粹的呢喃情语只不过占据着全书极少的分量。相反地，透过满纸烟霞，我们会惊叹于他的那种关乎人间寰宇的洞悉力，他的那份悲天悯人的云水襟怀和他的精神的学植素养。”（张庆《许瘦蝶和他的〈蝶衣金粉〉》）“道德”“气节”“忧国”这类词频见字里行间。如《拟自由谈跋》先说“欧风东渐，自由之声，腾沸众口；迨民国初建，自由载诸法，尤为社会所称”，然后说“予尝默察我国之现象，如身体，如财产，如宗教，如党会，如法律，如言论，经历层层之剥夺，几无一自由之足云”。在此基础上，他正面肯定自由谈专栏开辟之必要，愿“此一纸风行之自由文字，实能进人类于自由世界其功顾不伟哉”。书中《梦游罗浮记》就以寓言方式宣扬“超越现实，追求自由”的思想。如《游戏咏物篇》虽咏吟蝗蚊蝉蝇、风云星辰等，但刺世嫉邪尽显锋芒。再如《夏日杂兴八首》，其含义在各首诗后就直接予以点明，如“段总理解职后以反对清室复辟出任内阁”“讯新阁员”“蜻蜓俗名龙虱以喻复辟逆犯张康等已漏网故云”等。这些作品大都发表于当时报刊，借助现代媒体产生了重要影响。如天虚我生客的序言就说：“予编著作林月刊，海内文人投稿甚富。瘦蝶所作亦随时披露于著作林中。同时海上有国魂报社，由云间杨古酝丈执其牛耳，瘦蝶义殊雅兴不浅。虽寓沙溪，去沪江百余里，而诗成却寄，邮使之踵，辙相接也。”可见其盛。

其次，这是新文学文体创新的年代。《蝶衣金粉》的文体较多，也较自由，有纪游体、词曲体、杂感体、古诗体等，作者按照内容和文体的综合分成文潮、歌坛、志林、瀛谭、野乘五类。细察这些文体，毫无疑问我们会想起中国古代的文笔体裁，如笔记体、游记体、杂曲体，甚至古代的笔记小说体等。但是我们又要指出，这些体裁与五四新文学运动中的某些体裁也是有着紧密联系的，如新文化运动中的杂感体、政论体、论语体、小品文等。《蝶衣金粉》文体上的“两面性”正是辛亥到五四期我国文体所呈现的新旧过渡形态，从旧文体到新文体之间有一个过渡的阶段，这就是《蝶衣金粉》所创作的年代，刘纳直接把这种过渡称为“嬗变”，这是非常准确的。五四前后我国文坛出现了“杂感热”，谁能说许泰《蝶衣金粉》中那些文体自由灵活、内容面向现实和笔法冷嘲热讽的杂论与五四杂感热之间没有一种重要的联系？《蝶衣金粉》有意抬高小说、戏曲甚至辞赋文体的地位，把弹词、歌谣等民间通俗形式引入文坛，公诸报刊，这与五四文体观念又是完全一致的。朱自清认为五四期的散文“绚烂极了”，就是肯定其样式多样和笔法自由，这在《蝶衣金粉》中也能得到印证。尤其要提出的是，《蝶衣金粉》的语言是半文半白的，可以说是一种“浅近文言”，这又是很好地反映了晚清到五四白话文学发展的过渡性特征。从文学语言现代化进程看，浅近文言是由文言到白话的过渡形态，其主要特点是基本不用典，不用古字、难字、僻字，不讲究音节对偶，有时也不避俗字、俗语，语法更偏向于口语，叙述方式比较自由、随便。这是文言、白话两片水域对流产生的中间地带。而这种浅近文言的使用，主要就体现在那一年代南社诗人、鸳鸯蝴蝶文人包括许泰同人的创作中，其传播主要是通过报纸杂志等现代媒体。许泰的文字功底极好，其创作文字浅白流畅，但又不失雅驯绮丽，可以视为那一特定年代语言的典范。

说到《蝶衣金粉》，无法回避的一个问题就是如何看待“滑稽笔法”，因为集中的每篇作品大抵都有点“滑稽”，有的甚至显得“油滑”，基本要质是冷嘲热讽。对于这种创作风格，许泰在序言中有清醒的认识。他说：“夫文以载道，古人所尚。文而至于滑稽，卑陋甚矣，又何足存？愿滑稽虽小道，亦自附于谲谏之流，真性情寓焉。然则是编之刊，存余之性情而已。虽然，余之性情，乃仅仅籍滑稽文字以存，不亦可慨也夫。”这里的意思很明确，即滑稽虽属于小道，但愿通过滑稽来寓寄自己的真性情，借此使谲谏之流的性情以存。可见，这类作品表面的滑稽，是直接通向作者真性情的。如果我们放开视野来看，在那一个特定年代里，具有正义感真性情的作者文章中大都有着滑稽的风格，所以应该也算是时代的风格了。刘纳在《嬗变》中说，1912—1919 年，在中国政治舞台上演着出出闹剧，那是百年中国知识分子精神历程中的灰暗时期。在这一时期，实在“撇不住这一口鸟气”的文人发泄内心忧郁的愤恨，就采用骂世、警世、混世、劝世的方式。“于是写作骂世诗文便成了这一时期文人百无聊赖中用以解闷遣愁的一种游戏。中国文学固有的游戏性也正是在这一时期被扩张到极致。”这就是许泰《蝶衣金粉》那些带有滑稽笔法的文字诞生的时代，这也就使得这种文字成了前无古人后无来者的奇葩。我们完全应该理解这批文人的痛苦心情，应该肯定他们在滑稽笔法下表达真性情的愤激创作，因为他们是那一时代的清醒者，也是那一时代的嫉俗者。许泰这类文章数量较多，文学成就较高。除了《蝶衣金粉》中的篇什外，还有大量流失在报刊。如发表在民国五年十一月七日《申报》上的《祭无肠公子文》，题前有“游戏文章”四字，开始就说：“维年月日，许子谨以老酒三斤，生姜一碟，致祭于无肠公子之前。”然后嬉笑怒骂，尽写螃蟹骄悍刚愎，实为一奇文。我国研究螃蟹文学的著名学者钱仓水先生评论说：“以我所知，自汉至清，以书、以赋、以传、以说写蟹者，各有传世之作，以祭文形式写蟹则迟至民国始见，然这是第一篇，虽说受到唐韩癯《祭鳄鱼文》的启示，却是别开生面的，独标一格的。本篇名为祭蟹哀蟹，实为骂蟹嘲蟹，并以此讥讽其时‘武人’，寓意深焉，当不可以‘游戏文章’视之。何况，文体的驾轻就熟，对象的察物体性，角度的转切变换，语言的骈散结合，条理朗畅，堪称为妙文矣！”这种评价道出了许泰滑稽文字的内在品质和艺术素养，给人耳目一新之感。

三

《许瘦蝶全集》于 1946 年 10 月出版，胜利印务局（太仓城内南门大街 101 号）承印，是许泰晚年亲自编就的诗文集，出版后不久即离世。1947 年吴县图书馆进行“三六征书运动”，许泰在 6 月 19 日赠书，并题签“吴县图书馆惠存 许久安赠”。

《许瘦蝶全集》入选的文学作品以诗词为主，数量很多。自编简目如下：

啸秋阁诗钞　七卷

寄刘集　光绪甲辰至丁未正月　古近体诗六十六首

抟沙集　丁未三月至民托丁巳　古近体诗二百八首

卧沧集　戊午至癸亥　古近体诗一百四十八首

怡鹤集　光绪丁未至民国癸亥　古近体诗一百七十八首

洗甲集　甲子至辛未　古近体诗一百八十四首

独弦集　壬申至庚辰　古近体诗二百八十二首

耆余集　辛巳至乙酉　古近体诗二百首

共一千二百六十六首

梦罗浮馆词钞　三卷

卷一　光绪癸卯至宣统辛亥　令慢一百六十九首

卷二　民国壬子至癸亥　令慢一百三十五首

卷三　甲子至乙酉　令慢八十五首

共三百八十九首

由此可见，全集搜罗的诗词创作时限包括了作者从光绪甲辰年至编集时乙酉年的跨度，历经四十余年。在写于民国三十年辛巳七夕的“啸秋阁自识”中，作者说：“少作悉归淘汰，断自甲辰至庚辰，随年分集得诗六卷，敝帚自珍，聊资怡悦。偶一展诵，恍与故人刻烛联吟、停杯赌唱也。然欲如塾中之乐乌可得哉。此后天假之年则耆余一集将继而成之，请操之斯言以为作券。”可见，这里的七集古近体诗，并不包括少作，而且在民国三十年就已编成了前六集，然后又留出“耆余”之题把以后的创作编成第七集。其写作的过程，“自识”说明的大致就是以上郑逸梅文所列出的若干阶段，其文字表达也有相似之处。梦罗浮词钞大致也是按照时间线索，搜罗了自光绪癸卯年至乙酉年间的创作，时间的起讫基本相同。在“梦罗浮馆词钞自序”中，许泰也交代了创作和编辑情况。其词作创作主要是在参与甲子吟社和南北社期间；创作情况是“每当酒半茶初露朝星晚，叩幺弦以写愁，鼓长铗而寄感，有得斯存积久成帙”；后在朋友的反复催促下，“乃取全稿严汰而约存之编为三卷，藏诸箧衍以待后之知音。窃谓其于宣幽忧导湮郁之旨，犹或庶几云尔”，特意说明的是“少作悉归淘汰”。编成三卷词的时间据作者“自识”说也是在民国三十年，以后的创作应该是收入了全集词集的第三卷之中。从以上叙述可见，诗词创作贯穿于许泰的整个文学生涯，其作品数量之多、持续时间之长，在民国诗人中是极其少见的。新诗发生后，就以强势称霸诗坛，排斥旧体诗词；现代文学史论，同样墨守偏激观念，忽视旧体诗词。其实，新旧诗词争妍斗奇才是民国诗坛的真实面貌，新诗诞生后百年间旧体诗词始终存在。而新旧诗词的并存和竞争，有利于诗坛的繁荣，也有利于新诗的发展。所以在提倡重写现代文学史的今天，我们不能忽视民国期的旧体诗词包括许泰等人这一笔宝贵的文学创作财富。

许泰重创作轻理论，所以没有留下关于诗词创作的专题论文。我们今天只能通过他的序跋等零星地了解他的诗歌理论主张。如他在《啸秋阁诗钞自序》中说："尝谓人有性情斯有思想，其所表暴也粗也为语言，精则为诗歌。是诗固人人天分中同具者，亦在乎人之能否启发耳。予之为诗也，陶写性灵，不事雕琢，每以酝酿出之。顾时有慷慨沉郁之音，幽忧骚怨之作。盖囿于境遇，此其所以为啸秋也。四十年以还，囊盈积藁，眼底沧桑之劫，天涯翰墨之缘，回首前尘，空余斑鬓，比来端居避俗抚景伤时，发箧而编理。"在《梦罗浮馆词钞自序》中说："（词）调有定格，句有定字，声有定律，稍一纰缪便违法度，非如诗律之宽也。其为用则宜幽忧湮郁，凡诗所不能道，于词辄能以婉约杳渺之语达之。"在《馨园消夏诗序》中说："夫事有不忍言而不能已于言者，古人每假物以兴辞，浇其块磊。吾读江城画里人消夏之作，不禁深叹其得风人之遗旨矣。"在《巢云楼遗诗序》中说："诗以道性情，故非有真性情者，诗必不能进于道。"从这片言只语中，我们可以大致概括许泰的诗学思想，即重真性情，重写性灵，重诗之律，不事雕琢，其诗词是慷慨沉郁之音，幽忧骚怨之作，其总题为"啸秋阁诗"和"梦罗浮馆词"就是明证。这其实与诗人所处的社会环境有关，因为那是一个国将不国的年代，是一个道德颓丧的年代；同时这又与诗人的人格追求有关，诗人耿介绝俗，注重名节，堪与松竹为伍。在编辑全集时许瘦蝶的处境和心情，郑逸梅的文章作了形象而真实的勾勒："瘦蝶生前，与盛小鹤、陆无悲交最契，丁丑国难猝发，无悲授课海上，小鹤旋亦避地赴沪，瘦蝶蛰居故乡，杜门养晦，偶出感愤，托之篇章。及夷氛扫尽，海宇澄清，乃欢然相叙，证诸文字，揆诸志节，感萍踪之聚散，话尘劫之沧桑。瘦蝶作而叹曰：'幸哉吾侪不为浊流所污也'。"由此可见一斑。

《许瘦蝶全集》中的诗词，题材范围很广，但是最多的还是感时、酬唱、赠友和游历之作。这里从“啸秋阁诗钞”中选择前后期若干首诗附后，以见一斑：

溪云淡吾心，利禄安足挠。不义富且贵，何如清贫好。孤鹤貌虽癯，肯集污池沼。胸中丘壑宽，眼底乾坤小。一啸海天秋，金樽朝暮倒。

报国愧无能，抚躬呼负负。愿言避世嚣，饱领萧闲趣。买将山一朵，种得梅千树。猿鹤结朋俦，风月为盟主。奇书拥百城，封侯薄尘土。

——《寄刘集之短歌》

傲骨难投世网中，男儿低首尖雕虫。狂词撰出风闻远，想杀秦宫照胆铜。

牢愁难借妙言除，一树梅花伴索居。佛慧不过文士业，悲歌宁为食无鱼。

——《卧沧集之辑蝶衣金粉成集句自题六绝》选二

当头又见中秋月，坐对清光感若何？一十三年三度劫，难将因果问姮娥。

——《独弦集之中秋》

岁寒何处求良友，待访罗浮愿总赊。一夜西风吹梦醒，帅堂四壁尽梅花。

——《者余集之以画梅补壁戏成一绝》

这里的四首诗，既有述怀诗，又有写景诗，还有记游诗，既有早年短歌，又有晚年创作,但其中一以贯之的就是流淌其中的抑郁之情和傲然风骨。其语言自然，不事雕琢，自然流露出诗人真实性情和名士气节。同道文人对许泰的诗词有着较高的评价,如南社诗人金燕翼谋在序言中说:“昨者示我以啸秋阁诗集一卷，时也秋声满树、凉月在天，露盥蔷薇，香焚艾蒳雒诵一周,心魂兢爽。八音迭奏恍听雅乐于钧天,五色都迷如眩奇。”吴县汪鸣璋（率公）题词曰：“弇山瘦蝶才何雄，落笔疑有神鬼工。隔江贻我诗一卷，读之齿颊生清风。奇气磊落压千古，许子真是人中龙。”同乡缪朝荃在跋中说：“今读瘦蝶词绵丽似温韦，超逸似姜张，且其清拔之气，亦有不可掩者。曩昔吾乡老辈杨丈师白广文汪丈谧盦徵君，皆精研乐府，杨本善于言情，汪尤深于协律，今瘦蝶于分判合度中又复荡气回肠瑟然善感，可谓兼而有之矣。”这些评价虽是同道序跋，赞评有加，但许泰的诗词得到同好充分肯定，却也是事实。

相对而言,《许瘦蝶全集》中收入的散文则并不多,而小说则全然不收。据考，许泰还是创作了不少小说发表的，如《礼拜六》上就有社会小说《妖火》《蝗虫之利》等，在《女子世界》还发表过“红闺轶史”系列。如《红杂志》1923 年 9 月至 12 月，就有《桂华姑子小传》《芙蓉城主传》《黄华夫人传》《水仙王传》等多个短篇小说发表。按理说，既然编全集，就应该收入一些小说创作。《许瘦蝶全集》中确实收录了可以统称为“杂著”的散文作品，总共三十八篇，编为“疚盦文剩”一卷附后。按照分类来说，其中二十五篇是为自己或他人著作所写的序跋；五篇是记述家族事考的；其他散文仅仅为八篇，篇名是《梦游罗浮记》《访杨林湖故道记》《气节之士皆有情人论》《送春说》《饲鸟戒》《娄江三痴传》《疢盦名说》《吴痴隐先生传》。这八篇的前五篇均见《蝶衣金粉》。据郑逸梅说，在许泰编辑全集时，《蝶衣金粉》已经绝版，难以见到，在这种情况下作者编选全集时对自已的散文作如此处理，这又是一个值得注意的问题。作者编辑全集时的思维逻辑究竟是怎样的，现在已经无法获知。我们只能在作者编辑疢盦文剩卷的跋中找到一些答案。作者说："余不能文，顾性喜涂抹，有得辄散佚，·壮岁以还，致力于各报及杂志，借以刊布，益复不自存。兹因诗词集付梓，爰采辑旧刊，并益以箧衍所储，汇为一卷，附之于后。聊备一格而已，非敢以文自炫也。"这里的解释就是轶闻文散失不易寻找和"余不能文"，保存少量文章仅是"聊备一格而已"，似乎有其合理性，但似乎也是搪塞之词，因为作者自有《蝶衣金粉》一册在手，尽可筛选收录。我们猜测可能还与作者的文体观念有关。历来文人总是认为诗词是高雅文体，而小说、杂著不登大雅之堂；尤其是到许泰编辑全集的年份，由于阶级矛盾和民族矛盾导致文化管制，已经完全不具备发表和肯定冷嘲热讽的滑稽杂感的社会环境了，许泰等人虽然"不为浊流所污"，但也只能蛰居故乡，杜门养晦。在这种情形下，大量发表在报刊的应时之作尤其是那些所谓"游戏文字"不再入集似乎也是合理的。但是，在我们今天看来，许泰的大量诗词在民国文学中固然有着自已的地位，而那些带有滑稽笔法的杂论同样值得我们肯定。

抉微钩沉　探幽发隐

——评黄恽新著《缘来如此》

孙中旺

张爱玲、胡兰成及苏青是沦陷时期海上文坛的重要人物，也是近年来研究者关注的焦点，相关他们生平和创作的研究论著浩若烟海，尤其是对张爱玲的研究甚至有“张学”之称，成为一时显学。近日，苏州作家黄恽在福建教育出版社新出的《缘来如此》，就是一本专门谈张爱玲、胡兰成及苏青的优秀著作。

本书分为“张爱玲的世故”“胡兰成的自信”“苏青的隐秘”及“缘来如此”四辑，收入黄恽先生所撰的三十六篇关于上述三人的随笔。展卷而阅，张爱玲、胡兰成、苏青三人的人生经历及相互纠葛，汪伪时期文坛及政坛掌故均历历在目，不少观点不阿俗见，另辟蹊径，读起来令人耳目一新，有豁然开朗之感。

和一般谈掌故的著作不同，本书的最大特点就是运用很多新发现的独家资料还原了不少事实，尤其是对一些史实的考证可以说有拨云见日之效，使我们能够对张爱玲、胡兰成、苏青三人的生平及著作有更加客观而深入的认识。

本书不但考证的结果很有学术创见，并且考证的过程也很令人信服。如在《张爱玲的记忆》中，为了探寻张爱玲《小团圆》所记的刊载于《小说月报》中一篇“匈牙利短篇小说”的真实性，作者进行了大量的工作，首先是从民国时期出版的多种《小说月报》中筛选出张爱玲提到的应该是由茅盾、郑振铎先后主编的商务版的《小说月报》，然后就开始逐一检索。先从长达二十一年的全套杂志中仔细查找了所有匈牙利短篇小说，但都没有发现符合张爱玲所述情节的小说。后来又把查找的范围扩大，“不再限于匈牙利短篇小说，凡是翻译的短篇小说，除了日本、印度和俄国的短篇小说，每篇都看看”。功夫不负有心人，终于在 1929 年 1 月出版的《小说月报》第 20 卷第 1 号（新年号）中找到了符合张爱玲笔下情节的那篇小说，但发现该文作者并非匈牙利籍，而是奥地利籍，张爱玲在《小团圆》中不但把小说作者的国别记错了，甚至把小说中一主人公的名字也记错了。基于此例，作者认为的“即使《小团圆》完全是张爱玲自己认为的忠实回忆，它与事实的真相还是有相当的距离”，确实有相当说服力。另外作者还考证出张爱玲《小团圆》中的“打镰枪”为“打连厢”之误，也是发他人所未发。

不但如此，作者还大量阅读不同当事人对同一事件的描述著作，从中得到了比较客观的事实真相。比如在《张爱玲与周瘦鹃》一文中，首先摘引了张爱玲在《小团圆》中回忆的双方交往之事，此后又引用了周瘦鹃在1943年第2期的《紫罗兰》上对此事的记述，经过双方记载的对照，就明显地可以看出张爱玲文章中与事实的出入之处。再如在《苏青与诗人路易士》中，首先摘引了苏青在《续结婚十年》第八章《吴山点点愁》中和一个“吴诗人”的约稿轶事，又摘引了 1943 年 11 月 18 日《中华日报》的《中华副刊》上诗人路易士的一篇关于此事的亲身经历，对读了双方的记述，不但解决了苏青笔下“吴诗人”是谁的悬案，而且七十多年后的我们对此事的来龙去脉也因此可以了如指掌。

作者还展现了自己对另一类资料的利用功夫。在《传闻中的张爱玲婚姻与作品》一文中，作者从民国杂志《杂志》的一个常设小栏目《文化报道》中的几则短消息中发现了不少张爱玲罕见的踪迹，包括曾创作过未完成的中篇小说《苗金凤》、极力筹备与胡兰成的婚事诸事，甚至还发现了“张爱玲将和文友炎婴创办时装设计社，专为人设计服装”的报道，让我们得知张爱玲还曾有过做服装设计师的梦想。另外作者还在

1944 年 4 月初的《江苏日报》上发现了该报应苏青的要求而刊出的一则《更正启事》，并由此考证出不少相关问题。

虽然作者“相信文字而不相信回忆的话语”，但本书中还是运用了一些自己所采访到的口述史料。如曾经去拜访过九玉琪，了解胡兰成为其著作《留春集》题写书名的过程。在《我读〈续结婚十年〉》中也运用了自己采访到的纪庸之子纪英楠对苏青的回忆。这些口述史料的应用，也增加了相关论述的可信度。

作者黄恽先生多年来一直专注于民国时期苏沪文坛掌故，收藏了大量民国书籍和报刊，对当时报刊上鲜为人知的细节也耳熟能详，相关人物之间的交游和相互关系也了然于胸，正是建立在广泛阅读和掌握民国资料的基础上，在他的笔下，才能够把这些久远的掌故写得如数家珍，栩栩如生，张爱玲、胡兰成及苏青作品中的隐喻及影射均能一一道来，解决了围绕在三人之间的不少悬案和谜团。作者写作本书是想“在浩若烟海的文章中，杀出一条自己的路来”，通读本书，可以说他确实是做到了。

图书在版编目（CIP）数据

苏州文艺评论2015 / 朱栋霖主编. -- 上海：文汇出版社，2015.11

ISBN 978-7-5496-0092-2

Ⅰ. ①苏… Ⅱ. ①朱… Ⅲ. ①文艺评论－中国－文集 Ⅳ. ①I206-53

中国版本图书馆CIP数据核字(2015)第262109号

苏州文艺评论 2015

主　　编 / 朱栋霖
责任编辑 / 许　峰
装帧设计 / 刘　啸

出版发行 / 文匯出版社
上海市威海路755号
（邮政编码200041）
印刷装订 / 苏州华美教育印刷有限公司
版　　次 / 2015年11月第1版
印　　次 / 2015年11月第1次印刷
开　　本 / 787×1092　1/16
印　　张 / 20
字　　数 / 200千

ISBN 978-7-5496-0092-2
定　　价 / 39.00元